勝者の2級日商簿記!

本試験を徹底分析した予想模試

滝澤ななみ 著

本書は、『スゴい!だけじゃない!! 日商簿記2級 徹底分析!予想模試(マイナビ出版刊)』について、書名を変え、最新の試験範囲に対応するように改訂し、刊行したものです。

はじめに

■本書の役割

本書は「勝者の日商簿記２級 テキスト&問題集」を利用して簿記の学習をした方が、総合問題を通じて解き方を身につけるための本です。

すでにみなさんはテキスト＆問題集で学習をしており簿記の知識は持っていますが、その知識を答案用紙に反映できるかどうかは別の問題です。

野球で例えると、バットの振り方を知っていることと、そのバットでボールを打てるかどうかは別の問題ということです。

どのタイミングでバットを振るのか、どのような振り方だとボールが飛ぶかなど、実際に練習してみないと自分の実力を判断することはできません。簿記もまったく同じで、実際に解くことにより自分の知識の定着度、解くためのスピード、数値を集計するテクニックなどを学ぶことができます。

本書では、そういったインプットした知識を、いかにして上手にアウトプットするかを学びます。

■問題を解くことの意味

よくこういった質問を受けることがあります。

- 合格するためには何時間勉強すればいいでしょうか？
- 総合問題は何回ぐらい解けばいいでしょうか？

正直に言いますと、「わからない」が答えです。

基礎的な知識や学習しているときの集中力など人によって違いますので、明確な回答はありません。

また、総合問題を10回解いて不合格となった方もいれば、３回程度解いて合格した方も大勢います。

ただ、これだけは断言できます。それは、次の２点が試験に合格するための重要な要素であり、これこそが合格への近道ということです。

- 本番を意識した解き方をしているか？
- 間違った部分について、自分なりに分析し、同じ間違いを繰り返さないよう考えながら勉強しているか？

試験に合格するためには、制限時間内に70点とる必要があります。したがって、できる限り本番と同じような条件で問題演習をする必要があります。

例えば、本試験の問題用紙はA4の大きさですが、そのサイズの問題用紙に慣れることも必要です。また、問題文のスキマ部分に計算過程や目印を記入するなど、どのように工夫すればより効率的に問題が解けるか学ぶこともできます。

次に、総合問題５問のうち、どの順番で解くのが一番効率的なのかの見極めは戦略上、非常に重要です。簡単な問題から解くのが王道ですが、その見極めこそ事前に準備しておかないとできません。

また、総合問題を解く問題の分量ですが、本書では出題可能性が高い内容を８回分収載しています。

知識をインプットし、その知識を答案用紙に反映させるアウトプットは、繰り返し解くことで知識を「濃く」することができます。

しかし、試験直前になると誰でも焦ってきます。その結果、ネットでの情報などに振り回され、いろいろな教材に手を出した結果、自分の苦手分野を復習する時間を確保できなくなる。つまり直前に「薄めてしまう」勉強をする方も多数見受けられます。

直前こそ、自分ができる範囲の問題を解き、できなかった箇所につき、なぜ間違ったか、どうすれば間違わないよう解けるのかを意識することが必要です。そして、その知識を忘れないよう反復して復習する必要があります。

本書は８回分の問題を収載しています。８回分解くことで、本試験で出題される頻出論点はほぼカバーできます。８回で不安な方は、まず本書の問題ですべて満点をめざしてください。そして、すべて満点を取ることができたら、次の新しい問題を解けばいいのです。便利な時代になり、無料で総合問題を公開しているサイトもありますので、問題に困ることはありません。

実際、一日のすべての時間を簿記の学習に費やせる方はごく少数で、ほとんどの方は、学校での勉強、仕事、自宅の家事などがあり、簿記の学習の時間の確保が難しいと思います。そういった大多数の方々のために、最小限で効率的、かつ効果的な教材を制作しました。

簿記という学問は慣れるまでに時間がかかりますが、できるようになると非常に楽しい学問です。また、社会人として会計の知識は不可欠ですので、みなさんにはぜひ簿記を楽しく学び合格されることを心より願っております。

ホームページ
「滝澤ななみのすすめ!」

ネット試験対応の練習問題も
掲載しています。

https://takizawananami-susume.jp

ナビゲーターの
つくねちゃん

本書の効果的な使い方

STEP.1 計画を立てる

- 本試験の日程から逆算し、学習計画を立てましょう。
- 理想としては問題を３回転できるような計画にしましょう。
- 問題を解くだけではなく、間違った内容を復習できる時間を作りましょう。
- 確保できる時間が少ない場合は解く問題を少なくし、できなかった箇所を復習する時間を優先的に確保しましょう。

↓

STEP.2 総合問題を解く

- 時間を計り、本番と同じように問題を解きましょう。
- 時間終了後、採点して自分のできなかった箇所を分析しましょう。
- 知識不足で間違った場合は、テキストに戻り内容を確認しましょう。
- 知識はあるけど間違った場合、間違いノートを作成し、「なぜ間違ったのか」、「どのように解けばよかったのか」を分析して記入しましょう。

↓

STEP.3 間違った箇所の確認

- STEP.２と同様、時間を計り、本番と同じように問題を解きましょう。
- 前回、知識不足でできなかった箇所が解けたかどうか確認しましょう。
- 間違いノートに記入した部分ができたかどうか確認しましょう。

↓

STEP.4 ネット試験対策

ネット試験ではパソコン上で解答するので、パソコンを使って解く練習をしておく必要があります。本書の予想問題はネット試験対策として、読者特典特設サイト上で本書に収載されている全８回分の問題がすべて解けます。ネット試験を受験する方は必ず練習しましょう。

目　次　CONTENTS

はじめに …… 002

本書の効果的な使い方 …… 005

●統一試験とネット試験とは …… 007

●日商簿記検定２級の概要 …… 008

●日商簿記２級の出題傾向と対策 …… 010

・第１問対策 …… 010

・第２問対策 …… 011

・第３問対策 …… 012

・第４問、第5問対策 …… 013

●試験直前の学習方法 …… 016

予想問題解答解説

第１回　予想問題　解答・解説 …… 018

第２回　予想問題　解答・解説 …… 040

第３回　予想問題　解答・解説 …… 062

第４回　予想問題　解答・解説 …… 086

第５回　予想問題　解答・解説 …… 108

第６回　予想問題　解答・解説 …… 132

第７回　予想問題　解答・解説 …… 154

第８回　予想問題　解答・解説 …… 182

問題用紙（別冊）

答案用紙（別冊）

読者特典Webサービス（2026年３月末まで利用可）

<コンテンツ>

・答案用紙ダウンロードサービス

・模擬試験プログラム（本試験と同様の環境でネット試験を体験できます）

<アクセス方法>

「TAC出版」のホームページ内、「解答用紙ダウンロードサービス」、「書籍連動ダウンロードページ」へアクセス

https://bookstore.tac-school.co.jp/

統一試験とネット試験とは

① 統一試験とネット試験

従来の日商簿記検定は、年３回のペーパーによる試験のみでしたが、2021年度より、年３回の**統一試験（ペーパーによる試験）**に加え、テストセンターが定める日時で随時受験できる**ネット試験（パソコンによる試験）**も導入されました。

② 難易度や合格の価値などはどちらも同じ！

試験形式（出題形式および解答方法）が異なるだけで、試験時間や問題の難易度および分量、合格の価値などは同じです。

③ 統一試験では…

統一試験は、６月、11月、２月の年３回実施され、受験を希望する商工会議所に申込みをします。申込み後、受験料を支払うと、受験票が送付等されます。

試験日には、申込みをした商工会議所が定める会場で受験します。問題用紙、答案用紙、計算用紙が配布され、試験終了後はすべて回収されます。

試験後１週間から１か月後に合否が判明し、合格者には合格証書が交付されます。

④ ネット試験では…

テストセンターの全国統一申込サイトから、受験希望日時・会場、受験者情報等を入力し、クレジットカード、コンビニ払い等により受験料および申込手数料を決済して申し込みます。

申込みをした試験日時に会場に行き、指定されたパソコンに受験者情報を入力したあと、試験が開始します。

受験者ごとに異なる試験問題が受験者のパソコンに配信され、パソコン上で解答を入力します。計算用紙が配布され、試験終了後に回収されます。

試験終了後、**自動採点により合否が判明**し、合格者には**デジタル合格証**が即日交付されます。

日商簿記検定2級の概要

日商簿記検定2級の試験の概要は次のとおりです。より詳しく知りたい方は、検定試験ホームページで確認しましょう。

1 日商簿記2級の試験概要

受験資格	特になし
試験日	【統一試験】6月第2日曜日、11月第3日曜日、2月第4日曜日 【ネット試験】テストセンターが定める日時で随時
申込方法	【統一試験】申込期間（試験の約2か月前から）は各商工会議所によって異なります。各商工会議所にお問い合わせください。 【ネット試験】テストセンターの全国統一申込サイトから、受験希望日時、会場、受験者情報等を入力し、クレジットカード、コンビニ払いにより受験料および申込手数料を決済します。
受験料	¥5,500 （一部の商工会議所およびネット試験では事務手数料がかかります。）
試験科目	商業簿記・工業簿記
試験時間	90分
合格基準	70％以上
問い合わせ	各地商工会議所 検定試験ホームページ：https://www.kentei.ne.jp/

2 合格率

■統一試験

受験回	実受験者数	合格者数	合格率
164回 (2023年6月)	8,454人	1,788人	21.1%
165回 (2023年11月)	9,511人	1,133人	11.9%
166回 (2024年２月)	8,728人	1,356人	15.5%
167回 (2024年6月)	6,310人	1,442人	22.9%
168回 (2024年11月)	7,589人	2,187人	28.8%

■ネット試験

受験回	実受験者数	合格者数	合格率
2022年４月 ～2023年３月	105,289人	39,076人	37.1%
2023年４月 ～2024年３月	119,036人	41,912人	35.2%
2024年４月 ～2024年12月	84,663人	31,254人	36.9%

日商簿記２級の出題傾向と対策

日商簿記2級の出題傾向と対策は、次のとおりです。

第１問対策

仕訳問題が出題される第１問。
いきなり問１から解き始めるのではなく、まずは選択肢の勘定科目の一覧を確認し、問題文を全部読み、確実に解ける問題から解いて緊張をほぐしましょう！
また、選択肢として勘定科目が与えられているのも大きなヒントになります。こういったヒントも見逃さないようにしましょう。

■出題傾向

- 仕訳問題で問題数は５題です
- 配点は20点です
- 仕訳に必要な勘定科目は選択肢から選びます
- 簡単な仕訳問題から難しい内容までレベルはさまざまです

次に、第１問の出題内容です。第１問の仕訳問題はさまざまな仕訳が出題されますが、特に試験に出題されやすい仕訳は次のとおりです。少なくともこの仕訳は完璧にマスターしておきましょう。

■出題内容

- 収益の認識
- 商品の返品、仕入割戻し
- 小切手の未渡し
- 手形の不渡り
- クレジット売掛金
- 電子記録債権、債務
- 売買目的有価証券の購入、売却
- 固定資産の購入、売却
- 固定資産の割賦購入
- 固定資産の買い替え
- 固定資産の減価償却
- 固定資産の除却
- 圧縮記帳
- 未決算勘定
- 建設仮勘定
- リース取引に関する処理
- ソフトウェア
- 無形固定資産の償却
- 満期保有目的債券
- 子会社株式
- その他有価証券の評価
- 引当金に関する処理
- 株式の発行
- 剰余金の配当、処分
- 株主資本の計数変動
- 株式申込証拠金
- 消費税の処理
- 法人税の処理
- 外貨建取引に関する処理
- 税効果会計に関する処理
- サービス業の会計処理
- 合併会計に関する処理
- 連結会計に関する処理

第１問の試験対策です。

第１問は試験開始の合図のあと、最初に解き始める問題ですので第１問への取り組みは大変重要です。まずは深呼吸をして、次の内容を意識しながら解きましょう。

■試験対策

- 第１問の解答時間をあらかじめ決めておきましょう（10～15分程度）
- 試験開始直後、慌てずにまずは問題文全体を読みましょう
- 確実に解ける問題から解き、その解答を答案用紙に書き込みましょう。答案用紙に解答を書くことで、緊張がほぐれます
- 確実に正解かどうかわからない問題でも、答案用紙に答えを書き、あとで確認しましょう

第２問対策

第２問の出題傾向です。

最近の試験傾向では、第２問か第３問で難問、または超難問が出題されます。

そういった問題の取捨選択こそが合否のわかれ道になります。

■出題傾向

- 現金預金、商品売買、有価証券などの個別論点、株主資本等変動計算書の作成、連結会計など、さまざまな分野からが出題されます
- 配点は20点です

過去の出題傾向を分析すると、第２問はその形式に決まりがありませんので、比較的自由な問題が作りやすく、新しい形式、新しい出題範囲での出題が目立ちます。

したがって、問題自体が非常に難しい可能性もありますので、第２問を解くさいは問題のレベルを見極める必要があります。難しいと判断したら、先に第３問を解きましょう。

■出題内容

●現金預金　●商品売買　●有価証券　●有形固定資産　●リース会計
●株主資本等変動計算書の作成　●税効果会計　●合併会計　●連結会計　●会計理論

第２問の試験対策です。

例えば、株主資本等変動計算書の作成の場合、典型的な問題なので高得点のチャンスです。ここでぜひ９割は確保しましょう。

また、商品売買や有形固定資産の場合は取引こそ標準レベルですが、問題量が多く出題されますので時間配分に注意しましょう。

■試験対策

- 第２問の解答時間をあらかじめ決めておきましょう（20～25分程度）
- 第２問で一番大切なことは「問題のレベルの見極め」です。難しい問題の場合、決して手出しせずに後回しにしましょう
- 第２問が標準的な問題の場合、逆に第３問が難しい可能性があります。その場合は第２問で確実に得点を稼ぎましょう
- 難問が出題されても諦めないようにしましょう

第３問対策

第３問の出題傾向です。

先程の第２問対策とつながりますが、第２問か第３問で難問、または超難問が出題されますので、問題の取捨選択に注意しましょう。

■出題傾向

- 財務諸表作成、本支店会計、製造業会計を中心とした出題です
- 配点は20点です

第３問では、決算整理事項を中心に出題されるので、損益計算書、貸借対照表、精算表、残高試算表、本支店会計、製造業といった分野から出題されます。

■出題内容

- 損益計算書作成
- 貸借対照表作成
- 精算表作成
- 残高試算表作成
- 本支店会計
- 製造業会計

第３問の試験対策です。

第３問は決算整理事項が中心ですので、売上原価の算定、減価償却費の計算、貸倒引当金の設定など典型的な問題が問われます。こういった事前に準備できる内容は必ず解けるようにしておきましょう。

また、難問が出題された場合でもすべての内容が難しいことはありません。必ず得点しやすい内容もありますので、そういう問題を解いて得点を積み重ねましょう。なお、精算表が出題された場合は精算表に記入する時間もかかるため、問題を解く都度、答案用紙に答えを記入するようにしましょう。

■試験対策

- 第３問の解答時間をあらかじめ決めておきましょう（20～25分程度）
- 典型論点は本番までに完璧に解けるようにしておきましょう
- 難しい内容が出題されても決してあきらめず、その内でも簡単な問題を見つけて確実に得点を重ねましょう
- 精算表の作成は時間がかかるため、問題を解く都度記入しましょう

第４問、第５問対策

第４問、第５問の出題傾向です。

第４問、第５問は工業簿記からの出題です。近年、商業簿記のレベルが難化傾向ですので、工業簿記ができないと合格は難しい状況です。

■出題傾向

- 第４問では仕訳問題、費目別計算、個別原価計算、総合原価計算を中心に出題されます
- 第５問では標準原価計算、直接原価計算、CVP分析などが中心に出題されます
- 配点は、第４問が28点、第５問が12点です

工業簿記は出題区分の大きな変更はありませんので、安定したレベルの問題が出題されています。また、出題傾向も大きく変わらないので、予想問題を解くことにより本試験の対応もしやすくなります。

本書に収載されている問題については、確実に解けるよう何度も解き直しましょう。

■出題内容

- 費目別計算
- 個別原価計算
- 部門別個別原価計算
- 単純総合原価計算
- 組別総合原価計算
- 等級別総合原価計算
- 工程別総合原価計算
- 標準原価計算
- 直接原価計算
- ＣＶＰ分析
- 本社工場会計

第４問、第５問の試験対策です。

まずは、工業簿記の勘定の流れを理解しましょう。そして、計算する意味を考えながら問題を解きましょう。工業簿記は商業簿記より計算の背景が重要となりますので、計算する意味を考えながら学習しましょう。

そして、工業簿記を得意科目にしましょう。現在の試験では工業簿記ができないと合格することが非常に難しい試験になっています。最低でも８割以上は本番でとれるように準備しましょう。

■試験対策

- 各問の解答時間をあらかじめ決めておきましょう（各10～20分程度）
- 材料の購入から製造、完成、販売までの流れを理解しましょう
- 計算をする意味を常に考えながら学習しましょう
- パターン化された問題が出題されるので、苦手な内容は確実にマスターしましょう
- 商業簿記のレベルが大幅にアップしているので、工業簿記で確実に点数が確保できるように準備しておきましょう

次に、実際に本番で問題を解くさいの順番についてのアドバイスです。

本試験では制限時間内に合格点を取る必要があるので、合格点を獲得するためのアプローチが必要です。

そこで、まずは各問の特徴と時間配分を考慮して、次の順番で解いてみましょう。

問　題	特　徴	時間配分
第１問	●仕訳問題 標準レベルの仕訳から難しい仕訳まで出題	10～15分
第２問	●個別論点 パターン化した問題から新傾向の問題まで幅広く出題	20～25分
第３問	●総合問題 決算からの財務諸表作成を中心に出題	20～25分
第４問	●費目別、部門別、個別、本社工場など 仕訳問題から財務諸表の作成まで幅広く出題	15～20分
第５問	●総合、標準、直接などから主に出題 原価の計算から差異分析など幅広く出題	10～15分

第1問
目標時間：10分～15分
目標得点16点／20点

- ●気持ちを落ち着かせるため、まずは問題文を全部読みましょう

▼

第4問
目標時間：15分～20分
目標得点24点／28点

▼

第5問
目標時間：10分～15分
目標得点 9点／12点

- ●第４問と第５問を比べ、簡単な問題から解きましょう
- ●難しい問題のときは、最後に挑戦しましょう

▼

第2問
目標時間：20分～25分
目標得点14点／20点

▼

第3問
目標時間：20分～25分
目標得点14点／20点

- ●第２問と第３問を比べ、簡単な問題から解きましょう
- ●満点をめざすのではなく、簡単な問題から解きましょう
- ●残りの時間で転記ミスの確認、解けなかった問題に挑戦しましょう

試験直前の学習方法

ここでは、試験直前の学習方法についてアドバイスします。

ラストスパートで試験の合否は大きく変わりますので、直前の時期は大切に過ごしてくださいね。まず、直前期でのテキストの活用方法です。

■直前期のテキストの活用方法

- テキストに書いてある仕訳の総確認と継続的な復習
- 自分が苦手とする頻出論点の継続的な復習

簿記は「仕訳に始まり、仕訳で終わる」と言われるほど仕訳が重要です。したがって、理解が曖昧な仕訳に関してはこの時点でピックアップしておきましょう。次に、仕訳と同じように苦手としている内容も一緒にピックアップしておきましょう。そして、覚えるまで「毎日」復習しましょう。言うのは簡単ですが、毎日復習するのは結構大変ですね。

ただ、毎日机に向かって復習するわけではありません。例えば、

●曖昧な箇所に付箋を貼り、スキマ時間で確認

●該当箇所を携帯電話で写真に撮り、スキマ時間で確認

といった方法でも大丈夫です。まずは「苦手意識」を克服しましょう。スキマ時間で眺めているだけでもかなり違いますので、こういった学習を習慣化しましょう。

次は、直前期の問題の解き方です。これは試験の結果に直結しますので、ぜひ挑戦してください。

■直前期の問題の解き方

- 本番と同じように90分で解く
- 解いている途中で解説を読まない
- できなかった問題は、翌日に復習する

問題が解けないから途中で諦めて解説を確認することはやめましょう。解答を見てしまうと、本番で初めて見る問題に対処できなくなります。与えられた条件の中で考え抜くことも大切です。そして、できなかった問題は翌日に必ず復習しましょう。

解答・解説

第1回 予想問題　解答・解説 …… 018

第2回 予想問題　解答・解説 …… 040

第3回 予想問題　解答・解説 …… 062

第4回 予想問題　解答・解説 …… 086

第5回 予想問題　解答・解説 …… 108

第6回 予想問題　解答・解説 …… 132

第7回 予想問題　解答・解説 …… 154

第8回 予想問題　解答・解説 …… 182

第1回 日商簿記2級予想問題　解答・解説

	第1問	第2問	第3問	第4問	第5問	合計
配　点	20点	20点	20点	28点	12点	100点
目標点	16点	18点	16点	20点	9点	79点
1回目	点	点	点	点	点	点
2回目	点	点	点	点	点	点

■解答順序とアドバイス

第1問

- まず問題文全体を確認し、時間配分を考慮して確実に解答できる問題から解きましょう。少しでも考えさせられる問題と判断したら後回しにしましょう。
- ネット試験の受験の場合、例えば、「普通預金」と「当座預金」など、似ている勘定科目のプルダウンでの選択ミスをしないように注意しましょう。
- リース取引の利子込み法、利子抜き法に関する会計処理の違いを理解しておきましょう。

↓

第5問

- CVP分析は得点源です。満点を狙いましょう。CVP分析は計算式を暗記して解答する方法もありますが、本質を理解しておけば公式の暗記は不要です。応用力を養うためにも、CVP分析の本質を理解しましょう。

↓

第4問

- 仕訳問題は全体を確認し、時間配分を考慮して確実に解答できる問題から解きましょう。少しでも考えさせられる問題と判断したら後回しにしましょう。
- 材料副費の予定配賦は、処理自体は簡単ですがケアレスミスをする受験生が多い論点です。繰り返し復習し、内容をマスターしておきましょう。
- 等級別総合原価計算は冷静に解けば満点が狙える問題です。高得点が狙えるよう内容を整理しましょう。

↓

第2問

- 合併会計、連結会計からの出題です。近年の試験では連結財務諸表の出題が多くなっており、問題の難易度も上がっています。本問レベルの問題は満点がとれるよう準備しておきましょう。

↓

第3問

- 本問は損益計算書の作成問題です。最近は難易度が高い問題が出題されているので、本問のような比較的平易なレベルの問題が出題された場合、ミスなく得点できるよう準備しておきましょう。

第１問 解答（仕訳１組につき各４点） 合計20点

	借方			貸方		
	記号		金額	記号		金額
1	ア	売掛金	375,000	エ	売上	375,000
	オ	売上原価	300,000	ウ	商品	300,000
2	エ	子会社株式	43,500,000	ア	その他有価証券	7,500,000
				ウ	当座預金	36,000,000
3	イ	リース資産	300,000	オ	リース債務	300,000
4	オ	退職給付引当金	12,000,000	ア	預り金	2,500,000
				ウ	当座預金	9,500,000
5	ア	繰越利益剰余金	2,350,000	カ	未払配当金	1,500,000
				エ	利益準備金	150,000
				オ	別途積立金	700,000

第１問は最低でも３問は正解してほしいね！

第１問 解説

1 商品売買（売上原価対立法）

1 神奈川商事は、商品500個（原価@￥600、売価@￥750）を売り上げ、代金は掛けとした。なお、神奈川商事は商品売買に関して、商品を仕入れたとき商品勘定に記入し、販売したそのつど売上原価を売上原価勘定に振り替える方法で記帳している。

- 販売したそのつど売上原価に振り替える方法は、商品を仕入れたときに仕入勘定（費用）を使用せず**商品（資産）**の増加として処理しています。
- 販売時は、売上を計上するとともに、その売上げに対応する原価を**売上原価（費用）**で処理します。

仕訳

（売掛金）	375,000	（売上）	375,000
（売上原価）	300,000	（商品）	300,000

売上｜@750円×500個＝**375,000円**
売上原価｜@600円×500個＝**300,000円**

2 有価証券

2 取引先の発行済株式の15%を取得価額¥7,500,000で所有していたが、追加で60%を取得し取引先に対する支配を獲得することになり、代金¥36,000,000を当座預金口座より支払った。

- ✓ 追加で有価証券を取得することで、保有割合が50%超となり取引先は子会社となります。
- ✓ 保有していた**その他有価証券（資産）**を**子会社株式（資産）**に振り替えるとともに、新たに購入した株式を**子会社株式（資産）**の増加として処理します。

仕 訳

（子会社株式）	43,500,000	（その他有価証券）	7,500,000
		（当座預金）	36,000,000

子会社株式 | 7,500,000円＋36,000,000円＝**43,500,000円**

3 リース取引

3 ×1年4月1日、リース会社から複合機をリースする契約を結び、リース取引を開始した。リース期間は3年、リース料は年間¥120,000（毎年3月末払い）、リースする複合機の見積現金購入価額は¥300,000である。なお、当社の決算日は3月31日（1年決算）であり、また、このリース取引はファイナンス・リース取引（利子抜き法）で会計処理を行う。

- ✓ 問題文より、ファイナンス・リース取引で、かつ利子抜き法を採用していることが判明するので、利息相当額を控除した見積現金購入価額でリース資産とリース債務を処理します。

仕 訳

（リース資産）	300,000	（リース債務）	300,000

4 引当金

4 従業員が退職したため、退職一時金￥12,000,000から源泉所得税分￥2,500,000を控除した残額を当座預金から支払っている。なお、当社では従業員の退職時に支払われる退職一時金の給付は内部積立方式により行っている。

- ✓ 内部積立方式を採用しているので、**退職給付引当金（負債）**を取崩します。
- ✓ 源泉所得税については、選択肢より**預り金（負債）**の増加として処理します。

仕 訳

（退職給付引当金）	12,000,000	（預　り　金）	2,500,000
		（当 座 預 金）	9,500,000

5 剰余金の配当・処分

5 定時株主総会を開催し、繰越利益剰余金￥5,500,000の処分を決定した。なお、資本金は￥90,000,000、資本準備金は￥10,000,000、利益準備金は￥4,500,000であり、発行済株式数は3,000株である。

株主配当金：１株につき￥500　利益準備金：会社法が定める金額

別途積立金：￥700,000

- ✓ 会社法上、株主へ配当を行った際、資本準備金と利益準備金の合計が資本金の４分の１に達するまで、株主への配当金の10分の１を準備金として積み立てることが強制されています。

仕 訳

（繰越利益剰余金）	2,350,000	（未 払 配 当 金）	1,500,000
		（利 益 準 備 金）	150,000
		（別 途 積 立 金）	700,000

繰越利益剰余金　1,500,000円＋150,000円＋700,000円＝**2,350,000円**

未払配当金　500円×3,000株＝**1,500,000円**

利益準備金

①1,500,000円×$\frac{1}{10}$＝150,000円

②90,000,000円×$\frac{1}{4}$－(10,000,000円＋4,500,000円)＝8,000,000円

③150,000円＜8,000,000円より　**150,000円**

第２問 解答 合計20点

問1

(1) （２点）

借方科目（記号）		金額	貸方科目（記号）		金額
ア	諸資産	32,000,000	イ	諸負債	9,200,000
ウ	のれん	1,200,000	カ	資本金	15,000,000
			ク	資本準備金	6,000,000
			ケ	その他資本剰余金	3,000,000

(2) （各３点）

総勘定元帳

のれん

15

日付		摘要	仕丁	借方	日付		摘要	仕丁	貸方
4	1	前期繰越	✓	2,550,000	3	31	エ のれん償却	3	210,000
	〃	サ 諸口	1	1,200,000		〃	コ 次期繰越	✓	3,540,000
				3,750,000					3,750,000

問2 （各３点）

		借方			貸方		
		記号		金額	記号		金額
(1)		イ	子会社株式	43,400,000	ウ	当座預金	43,400,000
(2)	①	オ	資本金	40,000,000	イ	子会社株式	43,400,000
		ク	資本準備金	12,000,000	ケ	非支配株主持分	18,000,000
		カ	繰越利益剰余金	8,000,000			
		キ	のれん	1,400,000			
	②	コ	のれん償却	70,000	キ	のれん	70,000
	③	シ	非支配株主に帰属する当期純利益	1,200,000	ケ	非支配株主持分	1,200,000

③の借方は「繰越利益剰余金」でも可

第２問 解説

1 全体像の把握

企業結合の論点より、合併、連結会計に関する出題です。また、個別会計と連結会計の会計処理に関する比較に関しても問われています。

主に仕訳を中心に問われていますので、勘定科目を参考にしつつ簡単な問題から解答しましょう。

問1 吸収合併

1 合併時の仕訳

合併会社は、被合併会社の資産および負債を時価で引き継ぎ、その対価として株式を交付します。株式の交付額は問題文の指示にしたがって、資本金、資本準備金、その他資本剰余金などに計上します。

そして、貸借差額は借方差額の場合は**のれん（資産）**、貸方差額の場合は**負ののれん発生益（収益）**で処理します。

（諸資産）	32,000,000	（諸負債）	9,200,000
（のれん）	1,200,000	（資本金）	15,000,000
		（資本準備金）	6,000,000
		（その他資本剰余金）	3,000,000

諸資産	時価**32,000,000円**
のれん	(32,000,000円－9,200,000円)－@800円×30,000株＝**－1,200,000円**
諸負債	時価**9,200,000円**
資本金	@500円×30,000株＝**15,000,000円**
資本準備金	@200円×30,000株＝**6,000,000円**
その他資本剰余金	@100円×30,000株＝**3,000,000円**

2 勘定記入

① 当期以前に生じたのれんの償却

（のれん償却）	150,000	（のれん）	150,000

のれん償却	償却済期間３年(×２年４月１日～×５年３月31日) 2,550,000円÷(20年－３年)＝**150,000円**

② 当期に生じたのれんの償却

（のれん償却）	60,000	（の　れ　ん）	60,000

のれん償却 | 1,200,000円÷20年＝**60,000円**

問2 連結会計

1 株式取得時の仕訳（個別財務諸表上の処理）

名古屋物産の株式を50%超取得しているので、**子会社株式（資産）**として処理します。

（子会社株式）	43,400,000	（当座預金）	43,400,000

子会社株式 | @1,550円×28,000株＝**43,400,000円**

2 連結修正仕訳（連結財務諸表上の処理）

連結財務諸表を作成するための修正仕訳を行います。

① 投資と資本の相殺消去

東日本株式会社は名古屋物産の株式を70%所有しているので、残りの30%部分については**非支配株主持分（純資産）**として処理します。また、投資消去差額については**のれん（資産）**として処理します。

$$親会社株主持分比率：\frac{28{,}000株}{40{,}000株}\times 100（\%）＝70\%$$

$$非支配株主持分比率：\frac{12{,}000株}{40{,}000株}\times 100（\%）＝30\%$$

（資本金）	40,000,000	（子会社株式）	43,400,000
（資本準備金）	12,000,000	（非支配株主持分）	18,000,000
（繰越利益剰余金）	8,000,000		
（の　れ　ん）	1,400,000		

子会社株式 | @1,550円×28,000株＝**43,400,000円**
非支配株主持分 | (40,000,000円＋12,000,000円＋8,000,000円)×30%＝**18,000,000円**
の　れ　ん | (40,000,000円＋12,000,000円＋8,000,000円)×70%－43,400,000円
＝**－1,400,000円**または**貸借差額**

② のれんの償却

問題文の指示にしたがい、20年間にわたり償却します。

（のれん償却）	70,000	（の　れ　ん）	70,000

のれん償却 | 1,400,000円÷20年＝**70,000円**

③ 非支配株主に帰属する当期純損益の振替

当期純利益のうち、非支配株主持分について振り替えます。

(非支配株主に帰属する当期純利益)	1,200,000	(非支配株主持分)	1,200,000

非支配株主に帰属する当期純利益 | 4,000,000円×30％＝**1,200,000円**

第３問 解答 合計20点 （各２点）

損益計算書

自×2年４月１日　至×3年３月31日　（単位：円）

Ⅰ 売上高		（ 26,650,000 ）
Ⅱ 売上原価		
1 期首商品棚卸高	（ 680,000 ）	
2 当期商品仕入高	（ 16,750,000 ）	
合計	（ 17,430,000 ）	
3 期末商品棚卸高	（ 840,000 ）	
差引	（ 16,590,000 ）	
4 棚卸減耗損	（ 120,000 ）	
5 商品評価損	（ 30,000 ）	（ 16,740,000 ）
売上総利益		（ 9,910,000 ）
Ⅲ 販売費及び一般管理費		
1 給料	（ 7,200,000 ）	
2 修繕費	（ 235,000 ）	
3 保険料	（ 240,000 ）	
4 支払手数料	（ 124,000 ）	
5 貸倒引当金繰入	（ 44,000 ）	
6 減価償却費	（ 793,200 ）	
7 退職給付費用	（ 205,000 ）	（ 8,841,200 ）
営業利益		（ 1,068,800 ）
Ⅳ 営業外収益		
1 有価証券評価益		（ 50,000 ）
Ⅴ 営業外費用		
1 支払利息		（ 131,000 ）
経常利益		（ 987,800 ）
Ⅵ 特別利益		
1 固定資産売却益		（ 990,000 ）
Ⅶ 特別損失		
1 投資有価証券売却損		（ 320,000 ）
税引前当期純利益		（ 1,657,800 ）
法人税、住民税及び事業税		（ 497,340 ）
当期純利益		（ 1,160,460 ）

第3問 解説

1 全体像の把握

本問は損益計算書の作成問題で、決算にあたっての修正事項と決算整理事項について問われています。修正事項を先に解き、その処理を前提に決算整理を行うので、修正事項の仕訳が決算整理仕訳のどの部分とつながるかあらかじめ把握しておきましょう。

また、損益計算書の作成に関係ある収益、費用項目を中心に集計し、時間を意識して解きましょう。

2 決算にあたっての修正事項

1 商品の販売

当社は検収基準にもとづき収益を認識しているので、検収の連絡があった時点で収益を計上します。

(売　掛　金)	150,000	(売　　　上)	150,000

2 固定資産の購入

建物の内装工事にかかる金額は建物の取得原価に含まれます。したがって、**建物（資産）**の増加として処理するとともに、修繕費を減少させる訂正仕訳をします。

(建　　　物)	400,000	(修　繕　費)	400,000

3 退職金の処理

退職金に関する処理が仮払金で処理されているため、正しい処理を行います。なお、問題文に退職給付引当金を充当する指示があるため、**退職給付引当金（負債）**で処理します。

(退職給付引当金)	75,000	(仮　払　金)	75,000

3 決算整理仕訳

1 売上原価の計算と期末商品の評価

① 売上原価の計算

期首商品棚卸高を繰越商品から仕入に振り替えるとともに、期末商品棚卸高を仕入から繰越商品に振り替えます。なお、修正事項に関しては考慮済みですので特に処理は必要ありません。

(仕　　　入)	680,000	(繰 越 商 品)	680,000
(繰 越 商 品)	840,000	(仕　　　入)	840,000

② 棚卸減耗損の計算

問題文の指示にしたがい、**棚卸減耗損（費用）**を計上します。

（棚卸減耗損）	120,000	（繰越商品）	120,000

③ 商品評価損の計算

問題文の指示にしたがい、**商品評価損（費用）**を計上します。

（商品評価損）	30,000	（繰越商品）	30,000

④ 仕入勘定への振り替え

棚卸減耗損と商品評価損は売上原価の内訳科目として処理しているため、仕入勘定へ振り替えます。

（仕入）	120,000	（棚卸減耗損）	120,000
（仕入）	30,000	（商品評価損）	30,000

2 貸倒引当金の設定

期末債権について貸倒引当金を設定します。なお、修正事項を考慮することに注意しましょう。

（貸倒引当金繰入）	44,000	（貸倒引当金）	44,000

貸倒引当金繰入

(3,600,000円＋150,000円)×1.5％＝56,250円（売掛金）

1,240,000円×0.5％＝6,200円（クレジット売掛金）

(56,250円＋6,200円)－18,450円＝**44,000円**

3 減価償却費の計上

① 建物

建物に関する減価償却費を計上します。なお、修正事項を考慮することに注意しましょう。

（減価償却費）	270,000	（建物減価償却累計額）	270,000

減価償却費

(1,200,000円＋400,000円)÷20年×$\frac{3\text{か月}}{12\text{か月}}$＝20,000円(新規分)

(6,200,000円－1,200,000円)÷20年＝250,000円(既存分)

20,000円＋250,000円＝**270,000円**

② 備品

備品に関する減価償却費を200%定率法により計上します。

(減 価 償 却 費)	403,200	(備品減価償却累計額)	403,200

減価償却費

$$\frac{1\text{年}}{5\text{年}} \times 200(\%) = 0.4(\text{償却率})$$

$$(2{,}800{,}000\text{円} - 1{,}792{,}000\text{円}) \times 0.4 = \mathbf{403{,}200\text{円}}$$

③ 車両運搬具

車両運搬具に関する減価償却費を生産高比例法により計上します。

(減 価 償 却 費)	120,000	(車両運搬具減価償却累計額)	120,000

減価償却費

$$1{,}500{,}000\text{円} \times \frac{12{,}000\text{km}}{150{,}000\text{km}} = \mathbf{120{,}000\text{円}}$$

④ 売買目的有価証券の評価

売買目的有価証券は時価で評価し、帳簿価額との差額は**有価証券評価益**で処理します。

(売買目的有価証券)	50,000	(有 価 証 券 評 価 益)	50,000

有価証券評価損益 | 580,000円－530,000円＝**50,000円(評価益)**

⑤ 退職給付引当金の計上

退職給付引当金（負債）を計上します。なお、修正事項を考慮することに注意しましょう。

(退 職 給 付 費 用)	205,000	(退 職 給 付 引 当 金)	205,000

退職給付費用 | 650,000円－(520,000円－75,000円)＝**205,000円**

⑥ 保険料の前払い

毎期同額の保険料を前払いしているため、次期以降に帰属する金額を**前払保険料（資産）**として処理します。

(前 払 保 険 料)	60,000	(保 険 料)	60,000

前払保険料

$$300{,}000\text{円} \times \frac{3\text{か月}(\times 3\text{年}4\text{月}\sim\times 3\text{年}6\text{月})}{15\text{か月}(\times 2\text{年}4\text{月}\sim\times 3\text{年}6\text{月})} = \mathbf{60{,}000\text{円}}$$

⑦ 法人税、住民税及び事業税の計上

問題文の指示にしたがい、税引前当期純利益の30%を計上します。

（法人税、住民税及び事業税）	497,340	（仮払法人税等）	100,000
		（未払法人税等）	397,340

法人税、住民税及び事業税　1,657,800円（税引前当期純利益）× 30％ = **497,340円**

第４問 （１）解答 （仕訳１組につき各４点） 合計12点

	借方			貸方		
	記号		金額	記号		金額
1	ア	材料	632,000	ウ	買掛金	608,000
				オ	材料副費	24,000
2	ウ	予算差異	30,000	カ	製造間接費	80,000
	エ	操業度差異	50,000			
3	イ	売掛金	4,400,000	カ	売上	4,400,000
	エ	売上原価	3,650,000	ア	A組製品	1,800,000
				ウ	B組製品	1,850,000

最低でも２問は正解してほしいね！

第４問 （１）解説

1 材料費

1 原料2,000kg（購入代価300円/kg）と工場消耗品8,000円（購入代価）を掛けで購入した。なお、当工場では購入時に予定配賦を実施しており、材料副費として原料の購入代価の４％を予定配賦している。

材料副費の予定配賦に関する仕訳です。材料副費を予定配賦する場合、貸方に予定配賦額を記入します。

仕訳

（材料）	632,000	（買掛金）	608,000
		（材料副費）	24,000

買掛金　@300円/kg × 2,000kg + 8,000円 = **608,000円**
材料副費　@300円/kg × 2,000kg × ４％ = **24,000円**
材料　608,000円 + 24,000円 = **632,000円**

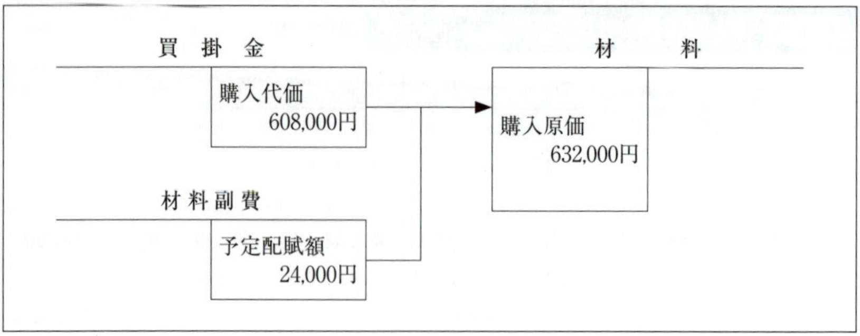

2 製造間接費

2 製造間接費について予定配賦額と実際発生額との差額を予算差異勘定と操業度差異勘定に振り替える。公式法変動予算にもとづく年間製造間接費予算15,360,000円のうち年間固定費は9,600,000円であり、年間の予定総直接作業時間は9,600時間である。また、当月の製造間接費の実際発生額は1,280,000円、実際直接作業時間は750時間であった。

- 固定費率は、固定費の年間予算額を年間の予定総直接作業時間で割って計算します。
- 予算差異は、月間の製造間接費の実際発生額と予算許容額との差額で計算します。
- 操業度差異は、月間操業度と基準操業度との差額に固定費率を掛けて計算します。

仕訳

（予算差異）	30,000	（製造間接費）	80,000
（操業度差異）	50,000		

1 固定費率と変動費率の計算

固定費率は、固定費の年間予算額を年間の予定総直接作業時間で割って計算します。

固定費率 $\dfrac{9{,}600{,}000\text{円}}{9{,}600\text{時間}} = \mathbf{1{,}000\text{円}/\text{時間}}$

変動費率 $\dfrac{15{,}360{,}000\text{円} - 9{,}600{,}000\text{円}}{9{,}600\text{時間}} = \mathbf{600\text{円}/\text{時間}}$

2 予算差異の計算

予算差異は、月間の製造間接費の実際発生額と予算許容額との差額で計算します。

月間基準操業度｜9,600時間÷12か月＝800時間
月間固定費予算｜9,600,000円÷12か月＝800,000円
予算許容額｜600円/時間×750時間＋800,000円＝1,250,000円
予算差異｜1,250,000円－1,280,000円＝**－30,000円(不利差異)**

3 操業度差異の計算

操業度差異は、月間実際直接作業時間と月間予定総直接作業時間との差額に固定費率を掛けて計算します。

操業度差異｜(750時間－800時間)×1,000円/時間＝**－50,000円(不利差異)**

差異分析を分析図で示すと、次のようになります。

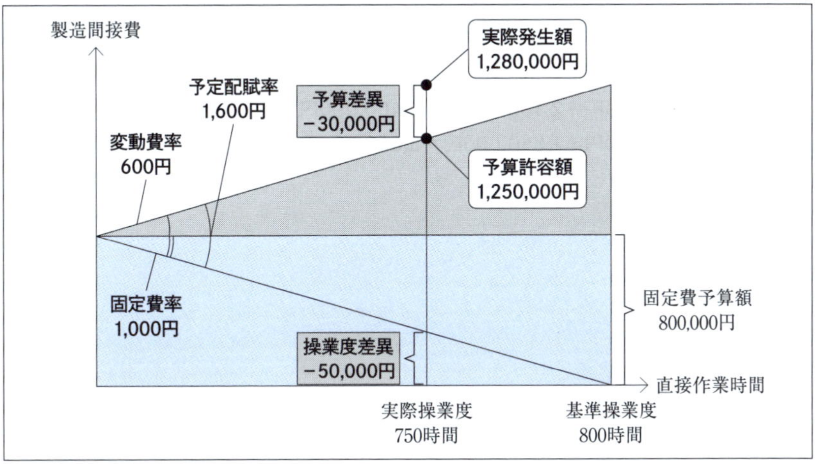

3 組別総合原価計算

3 組別総合原価計算を採用している当工場では、当月にA組製品、およびB組製品を掛けにより販売したので売上高および売上原価を計上する。なお、A組製品の売価は2,300,000円、売上製品製造原価は1,800,000円であり、B組製品の売価は2,100,000円、売上製品製造原価は1,850,000円であった。

- ✅製品の売上高を計上するとともに、製品原価を**製品勘定**から**売上原価勘定**へ振り替えます。
- ✅組別総合原価計算では、各組製品ごとに集計されているので、各組製品ごとに**売上原価勘定**へ振り替えます。

仕訳

(売　掛　金)	4,400,000	(売　　上)	4,400,000
(売　上　原　価)	3,650,000	(A　組　製　品)	1,800,000
		(B　組　製　品)	1,850,000

売　上｜2,300,000円＋2,100,000円＝**4,400,000円**

売上原価｜1,800,000円＋1,850,000円＝**3,650,000円**

第４問 (2)解答 (各４点) 合計16点

問1 月末仕掛品原価	340,000	円
問2 完成品総合原価	11,000,000	円
問3 完成品総合原価（A製品）	3,575,000	円
問4 完成品総合原価（C製品）	3,300,000	円

第４問 (2)解説

1 全体像の把握

本問は、製品原価の計算方法として完成品総合原価を製品１個あたりの重量によって定められた等価係数に、完成量を乗じた積数の比で各等級製品に按分する方法を採用しています。

したがって、まず通常の単純総合原価計算と同じように完成品総合原価を計算します。そして、その完成品総合原価を積数の比で按分して製品ごとの完成品総合原価を計算します。

2 生産データの整理

生産データを整理します。本問は正常仕損が発生していますが、問題文の指示により完成品に負担させます。

仕　掛　品

150,000円 (70,000円)	月初 500個 (200個)	完成品 10,000個 (10,000個)
4,400,000円 (6,720,000円)	当月投入 11,000個 (11,200個)	仕損 1,100個 (1,100個)
		月末 400個 (300個)

加工換算量：月初　500個×0.4　=200個
　　　　　　月末　400個×0.75=300個

3 月末仕掛品原価の計算

月末仕掛品に配分する方法は先入先出法であるため、当月投入分から配分されたと仮定して計算します。

材料費 $\dfrac{4,400,000円}{11,000個} \times 400個 = \mathbf{160,000円}$

加工費 $\dfrac{6,720,000円}{11,200個} \times 300個 = \mathbf{180,000円}$

} **340,000円(問1の解答)**

4 完成品総合原価の計算

貸借差額で完成品総合原価を計算します。なお、仕損は工程の終点で発生しているため、完成品に負担させます。

仕　掛　品

150,000円 (70,000円)	月初 500個 (200個)	完成品 10,000個 (10,000個)	**4,390,000円** **(6,610,000円)** } **11,000,000円** **(問2の解答)**
4,400,000円 (6,720,000円)	当月投入 11,000個 (11,200個)	仕損 1,100個 (1,100個)	
		月末 400個 (300個)	160,000円 (180,000円)

材料費 150,000円＋4,400,000円－160,000円＝**4,390,000円**

加工費 70,000円＋6,720,000円－180,000円＝**6,610,000円**

5 各等級製品の完成品総合原価の計算

各製品の完成品数量に等価係数を掛けて積数を計算します。そして、その積数にもとづき完成品原価を製品ごとに按分します。

等級製品	完成品量		等価係数		積数	完成品総合原価	
A製品	5,000個	×	1.3	＝	6,500	**3,575,000円**	**(問3の解答)**
B製品	3,000個	×	2.5	＝	7,500	**4,125,000円**	
C製品	2,000個	×	3.0	＝	6,000	**3,300,000円**	**(問4の解答)**
					20,000	**11,000,000円**	

A製品 $11,000,000円 \times \dfrac{6,500}{20,000} = \mathbf{3,575,000円}$

B製品 $11,000,000円 \times \dfrac{7,500}{20,000} = \mathbf{4,125,000円}$

C製品 $11,000,000円 \times \dfrac{6,000}{20,000} = \mathbf{3,300,000円}$

第5問 解答　合計12点（各3点、各2点）

問1	1,500	個
問2	1,125,000	円
問3	280,000	円
問4	4	
問5	80,000	円

第5問 解説

1 全体像の把握

直接原価計算からCVP分析が問われています。簡易な損益計算書を作成して問われている箇所を解答しましょう。

2 損益分岐点販売数量の計算（問1）

損益分岐点の営業利益はゼロになるので、営業利益がゼロになる損益計算書を作成し、損益分岐点売上高をSとして計算します。そして、その損益分岐点売上高を販売単価で割り販売数量を計算します。

変　動　費｜500,000円＋100,000円＝**600,000円**
固　定　費｜250,000円＋50,000円＝**300,000円**
変動費率｜600,000円÷1,000,000円＝**0.6（60％）**

損益計算書（直接原価計算）	
Ⅰ．売　上　高	S
Ⅱ．変　動　費	0.6 S
貢献利益	0.4 S
Ⅲ．固　定　費	300,000
営業利益	0

損益分岐点売上高
0.4 S －300,000円＝0
0.4 S ＝300,000円
S ＝**750,000円**

損益分岐点販売数量
750,000円÷500円＝**1,500個**

3 目標営業利益達成のための売上高（問2）

目標とする営業利益150,000円を損益計算書の営業利益の金額に入れて計算します。

損益計算書（直接原価計算）	
Ⅰ．売　上　高	S
Ⅱ．変　動　費	0.6 S
貢献利益	0.4 S
Ⅲ．固　定　費	300,000
営業利益	150,000

目標営業利益達成のための売上高

0.4 S －300,000円＝150,000円

0.4 S ＝150,000円＋300,000円

S ＝**1,125,000円**

4 固定費の引き下げ（問3）

損益分岐点を50,000円引き下げるための固定費をXとして計算します。

損益計算書（直接原価計算）	
Ⅰ．売　上　高	700,000
Ⅱ．変　動　費	420,000
貢献利益	280,000
Ⅲ．固　定　費	X
営業利益	0

売　上　高：750,000円－50,000円＝700,000円

変　動　費：700,000円×60％＝420,000円

貢献利益：700,000円－420,000万円＝280,000円

固　定　費：**X円**

営業利益：0円

280,000円－X＝0円

X＝**280,000円**

5 経営レバレッジ係数（問4）

経営レバレッジ係数：$\frac{\text{400,000円（貢献利益）}}{\text{100,000円（営業利益）}}$ ＝ **4**

6 売上高と営業利益の関係（問5）

販売数量が20％増加することにより、売上高と変動費は販売数量と同じく20％増加しますが、固定費は販売数量に関係なく一定金額となります。

損益計算書（直接原価計算）	
Ⅰ．売　上　高	1,200,000
Ⅱ．変　動　費	720,000
貢献利益	480,000
Ⅲ．固　定　費	300,000
営業利益	180,000

売　上　高：1,000,000×1.2＝1,200,000円

変　動　費：1,200,000円×60％＝720,000円

貢献利益：1,200,000円－720,000円＝480,000円

固　定　費：300,000円

営業利益：480,000円－300,000円＝180,000円

180,000円（増加後）－100,000円（増加前）＝**80,000円**（差額）

なお、問４の経営レバレッジ係数を利用して、次のように計算することもできます。

営業利益増減額＝営業利益×売上高増減率×経営レバレッジ係数

100,000円×20％×４＝**80,000円（営業利益増減額）**

日商簿記2級予想問題　解答・解説

	第1問	第2問	第3問	第4問	第5問	合計
配　点	20点	20点	20点	28点	12点	100点
目標点	16点	18点	14点	24点	10点	82点
1回目	点	点	点	点	点	点
2回目	点	点	点	点	点	点

■解答順序とアドバイス

第1問

- まず問題文全体を確認し、時間配分を考慮して確実に解答できる問題から解きましょう。少しでも考えさせられる問題と判断したら後回しにしましょう。
- ネット試験の受験の場合、例えば、「普通預金」と「当座預金」など、似ている勘定科目のプルダウンでの選択ミスをしないように注意しましょう。
- 統一試験の受験の場合、似ている勘定科目の記号の転記ミスに注意しましょう。答案用紙への転記の順序（例えば金額→記号など）をあらかじめ決めておきましょう。
- リース資産の除却に関する処理は初見では難しい内容ですので、他の問題を先に解き、時間が余ったら挑戦しましょう。

↓

第5問

- 総合原価計算の分野からは等級別総合原価計算、組別総合原価計算、工程別総合原価計算などが出題範囲ですが、そのすべての基礎となるのが本問の単純総合原価計算です。必ずマスターするよう心掛けてください。

↓

第4問

- 仕訳問題は全体を確認し、時間配分を考慮して確実に解答できる問題から解きましょう。少しでも考えさせられる問題と判断したら後回しにしましょう。
- 問2は費目別計算と製造間接費の予定配賦に関する問題です。工業簿記の勘定記入に苦手意識がある受験生も多いですが、勘定の流れを理解してしまえば得点源になる内容ですので、早い段階で学習し、問題演習を通じて理解を深めましょう。

↓

第2問

- 第2問は新傾向の問題が出題されますが、比較的簡単な論点の株主資本等変動計算書が出題されたら合格のチャンスです。慎重に解きつつ満点を狙っていきましょう。

↓

第3問

- 本問は貸借対照表の作成です。未処理事項で若干読み取りにくく、また当期純利益を計算しないと解答できない箇所もあるので、時間配分に注意して解答しましょう。

第 1 問 解答（仕訳１組につき各４点） 合計20点

	借方			貸方		
	記号		金額	記号		金額
1	ウ	不渡手形	750,000	エ	営業外受取手形	750,000
2	イ	機械装置	5,000,000	カ	営業外支払手形	6,500,000
	エ	構築物	1,400,000			
	ア	長期前払費用	100,000			
3	オ	リース債務	300,000	カ	当座預金	300,000
	エ	リース資産減価償却累計額	900,000	イ	リース資産	1,200,000
	キ	固定資産除却損	300,000			
4	エ	為替差損益	60,000	イ	買掛金	60,000
5	ア	繰越利益剰余金	8,500,000	カ	未払配当金	8,000,000
				エ	利益準備金	500,000

第１問は最低でも３問は正解してほしいね！

第 1 問 解説

1 債権債務

1 備品を甲府建設株式会社に売却したさい、代金として同社振出しの約束手形¥750,000を受け取っていたが、支払期日を迎えたにもかかわらず、この手形が決済されていなかった。

✓本問では備品の売却時に手形を受け取っています。したがって、その手形が不渡りとなった場合、**営業外受取手形（資産）**の減少として処理するとともに、**不渡手形（資産）**の増加として処理します。

仕訳

（不渡手形） 750,000 （営業外受取手形） 750,000

2 有形固定資産

2 生産ライン増設のための工事が完成し、機械装置に￥5,000,000、構築物に￥1,400,000を計上した。この工事に関し、毎月末に支払期日が到来する額面￥325,000の約束手形20枚を振り出して相手先に交付した。なお、約束手形に含まれる利息相当額については資産勘定で処理すること。

✓固定資産を割賦購入した場合、振り出した手形は**営業外支払手形（負債）**の増加として処理します。また、購入価額と手形代金の差額は問題文の指示にしたがって**長期前払費用（資産）**の増加として処理します。

仕 訳

（機械装置）	5,000,000	（営業外支払手形）	6,500,000
（構築物）	1,400,000		
（長期前払費用）	100,000		

営業外支払手形｜325,000円×20枚＝**6,500,000円**
長期前払費用｜6,500,000円－5,000,000円－1,400,000円＝**100,000円**

3 リース取引

3 ×1年4月1日よりOA機器のリース契約（期間4年間、月額リース料￥25,000を毎月末支払い）を締結した。このリース取引はファイナンス・リース取引に該当し利子込み法により会計処理してきたが、×4年3月31日でこのリース契約を解約し、×4年4月以降の未払リース料の残額については当座預金口座を通じて支払った。また、解約と同時にこのリース物件（×4年3月31日までの減価償却費は計上済）を貸手に無償で返却し除却の処理を行った。

✓リース資産を契約の途中で解約しているため、解約時点におけるリース債務を減少させる処理を行います。さらに、リース資産と減価償却累計額の差額を**固定資産除却損（費用）**として処理します。

仕 訳

（リース債務）	300,000	（当座預金）	300,000
（リース資産減価償却累計額）	900,000	（リース資産）	1,200,000
（固定資産除却損）	300,000		

リース債務	25,000円×(48か月－36か月)＝**300,000円** （48か月－36か月：未経過期間）
リース資産減価償却累計額	25,000円×36か月＝**900,000円** （36か月：経過期間）
リース資産	25,000円×48か月＝**1,200,000円** （48か月：リース契約期間）
固定資産除却損	1,200,000円－900,000円＝**300,000円**

4 外貨換算会計

4 ×1年12月１日に、１か月前の11月１日の輸入取引によって生じた外貨建ての買掛金20,000ドル（決済日は×2年３月31日）について、20,000ドルを１ドル¥112で購入する為替予約を契約して振当処理を行うこととした。為替予約による円換算額との差額はすべて当期の損益として処理すること。なお、輸入取引が行われた×1年11月１日の直物為替相場は１ドル¥109であり、また×1年12月１日の直物為替相場は１ドル¥110である。

✓ 為替予約を行った場合、取引発生時の直物為替レートと為替予約時の先物為替レートとの差額は**為替差損益**として処理します。

仕訳

（為替差損益）	60,000	（買掛金）	60,000

為替差損益｜109円×20,000ドル－112円×20,000ドル＝**－60,000円**
（109円×20,000ドル：2,180,000円、112円×20,000ドル：2,240,000円）

取引発生時は次の仕訳を行っています。

【取引発生時の仕訳】

（仕入）	2,180,000	（買掛金）	2,180,000

5 剰余金の配当・処分

5 株主総会が開催され、**繰越利益剰余金**を財源に１株につき¥20の**配当**を実施することが可決された（発行済株式総数は400,000株）。なお、株主総会開催直前の純資産は、資本金¥100,000,000、資本準備金¥20,000,000、利益準備金¥4,500,000、別途積立金¥15,000,000、および繰越利益剰余金¥9,000,000であった。会社法に定める金額の利益準備金を積み立てる。

✓利益の配当として支出した金額の10分の１を準備金として積み立てますが、本問では資本準備金と利益準備金の合計額が資本金の４分の１を上回ることになるので、資本金の４分の１に達するまで積み立てます。

仕訳

（繰越利益剰余金）	8,500,000	（未払配当金）	8,000,000
		（利益準備金）	500,000

未払配当金　20円×400,000株＝**8,000,000円**

利益準備金　①8,000,000円×$\frac{1}{10}$＝800,000円

②100,000,000円×$\frac{1}{4}$－（20,000,000円＋4,500,000円）＝500,000円

③800,000円＞500,000円より　**500,000円**

第2問 解答 合計20点 (各2点)

株主資本等変動計算書

自×2年4月1日　至×3年3月31日

(単位:千円)

	株主資本			
	資本金	資本剰余金		
		資本準備金	その他資本剰余金	資本剰余金合計
当期首残高	25,000	2,000	1,200	3,200
当期変動額				
新株の発行	(1,400)	(600)		(600)
剰余金の配当		(25)	△(275)	△(250)
別途積立金の積立				
当期純利益				
株主資本以外の項目の当期変動額(純額)				
当期変動額合計	(1,400)	(625)	△(275)	(350)
当期末残高	(26,400)	(2,625)	(925)	(3,550)

(下段へ続く)

(上段より続く)

	株主資本					評価・換算差額等		純資産合計
	利益剰余金				株主資本合計	その他有価証券評価差額金	評価・換算差額等合計	
	利益準備金	その他利益剰余金		利益剰余金合計				
		別途積立金	繰越利益剰余金					
当期首残高	750	200	1,250	2,200	30,400	50	50	30,450
当期変動額								
新株の発行					(2,000)			(2,000)
剰余金の配当	(100)		△(1,100)	△(1,000)	△(1,250)			△(1,250)
別途積立金の積立		(300)	△(300)	–	–			–
当期純利益			(1,450)	(1,450)	(1,450)			(1,450)
株主資本以外の項目の当期変動額(純額)						(70)	(70)	(70)
当期変動額合計	(100)	(300)	(50)	(450)	(2,200)	(70)	(70)	(2,270)
当期末残高	(850)	(500)	(1,300)	(2,650)	(32,600)	(120)	(120)	(32,720)

第2問 解説

1 全体像の把握

本問は、仕訳自体は平易な内容ですが、株主資本等変動計算書への記入で転記ミスが生じる可能性があります。

したがって、ケアレスミスが生じないよう仕訳を計算用紙に記入し、転記ミスが生じないよう注意して解答しましょう。

2 期中取引の処理

1 6月11日の仕訳(増資)

問題文の指示にしたがい、**資本金（純資産）**および**資本準備金（純資産）**の増加として処理します。

（当座預金）	2,000,000	（資本金）	1,400,000
		（資本準備金）	600,000

資本金｜2,000,000円×70％＝**1,400,000円**

資本準備金｜2,000,000円×30％＝**600,000円**

2 6月30日の仕訳(剰余金の配当および処分)

株主への配当がその他資本剰余金と繰越利益剰余金から行われているため、**資本準備金（純資産）**と**利益準備金（純資産）**に積み立てる必要があります。

① その他資本剰余金と繰越利益剰余金の配当

その他資本剰余金（純資産）と**繰越利益剰余金（純資産）**から配当します。

（その他資本剰余金）	250,000	（未払配当金）	1,250,000
（繰越利益剰余金）	1,000,000		

② 資本準備金と利益準備金への積立て

会社法の規定にもとづき、配当金の10分の１を、**資本準備金（純資産）**と**利益準備金（純資産）**の合計額が資本金の４分の１に達するまで積み立てる必要があります。

（その他資本剰余金）	25,000	（資本準備金）	25,000
（繰越利益剰余金）	100,000	（利益準備金）	100,000

資本準備金｜$250{,}000\text{円} \times \frac{1}{10} = \mathbf{25{,}000円}$

利益準備金｜$1{,}000{,}000\text{円} \times \frac{1}{10} = \mathbf{100{,}000円}$

③ 別途積立金への積立て

繰越利益剰余金（純資産）から**別途積立金（純資産）**へ積み立てます。

（繰越利益剰余金）	300,000	（別途積立金）	300,000

3 3月31日の仕訳

① その他有価証券の時価評価

その他有価証券の取得価額と時価との差額を**その他有価証券評価差額金（純資産）**に計上します。

なお、前期末に計上されているその他有価証券評価差額金の再振替仕訳も行う必要があり、その純額を株主資本等変動計算書に記入します。

再振替仕訳

（その他有価証券評価差額金）	50,000	（その他有価証券）	50,000

決算時の仕訳

（その他有価証券）	120,000	（その他有価証券評価差額金）	120,000

その他有価証券評価差額金

1,550,000円	－	50,000円	＝	1,500,000円
前期末時価		評価差額		取得価額
1,620,000円	－	1,500,000円	＝	**120,000円**
当期末時価		取得価額		評価差額

② 当期純利益の振替

当期純利益を損益勘定から**繰越利益剰余金（純資産）**へ振り替えます。

（損益）	1,450,000	（繰越利益剰余金）	1,450,000

第３問 解答 合計20点 （各２点）

貸借対照表

×3年３月31日

（単位：円）

資産の部			負債の部		
Ⅰ流動資産			Ⅰ流動負債		
現金預金		(3,250,000)	支払手形		(585,000)
受取手形	(525,000)		買掛金		(1,342,500)
売掛金	(1,275,000)		未払費用		(13,500)
計	(1,800,000)		未払法人税等		(66,300)
貸倒引当金	(27,000)	(1,773,000)	未払消費税		(247,500)
商品		(1,765,000)	賞与引当金		(450,000)
流動資産合計		(6,788,000)	流動負債合計		(2,704,800)
Ⅱ固定資産			Ⅱ固定負債		
建物	(6,750,000)		長期借入金		(1,800,000)
減価償却累計額	(1,788,750)	(4,961,250)	固定負債合計		(1,800,000)
備品	(1,350,000)		負債合計		(4,504,800)
減価償却累計額	(658,800)	(691,200)	純資産の部		
投資有価証券		(1,480,000)	Ⅰ資本金		(7,500,000)
固定資産合計		(7,132,450)	Ⅱ資本剰余金		
			資本準備金		(700,000)
			Ⅲ利益剰余金		
			利益準備金	(500,000)	
			繰越利益剰余金	(715,650)	(1,215,650)
			純資産合計		(9,415,650)
資産合計		(13,920,450)	負債及び純資産合計		(13,920,450)

第 3 問 解説

1 全体像の把握

本問は貸借対照表の作成問題ですが、法人税の計算で税引前当期純利益の額を算定する必要があるので、損益項目も集計する必要があります。他の問題とのバランスを考え時間的に厳しい場合、法人税の計算は後回しにして進める判断も必要です。

2 未処理事項

1 売上げの取消し

商品が出荷されなかったため、売上処理を取り消します。

（売　　　　上）	150,000	（売　掛　金）	165,000
（仮受消費税）	15,000		

仮受消費税 | 150,000円×10％＝**15,000円**

2 手形の割引き

手形の割引料は**手形売却損（費用）**で処理します。

（当　座　預　金）	287,500	（受　取　手　形）	300,000
（手　形　売　却　損）	12,500		

当座預金 | 300,000円－12,500円＝**287,500円**

3 決算整理仕訳

1 貸倒引当金の設定

期末債権について貸倒引当金を設定します。なお、未処理事項を考慮することに注意しましょう。

（貸倒引当金繰入）	2,000	（貸　倒　引　当　金）	2,000

貸倒引当金繰入 | 825,000円－300,000円＝525,000円
受取手形

1,440,000円－165,000円＝1,275,000円
売掛金

(525,000円＋1,275,000円)×1.5％＝27,000円
貸倒引当金設定額

27,000円－25,000円＝**2,000円**

2 売上原価の計算と期末商品の評価

① 計上もれに関する処理

（仕　　　入）	25,000	（買　掛　金）	27,500
（仮払消費税）	2,500		

仮払消費税 | 25,000円×10％＝**2,500円**

② 売上原価の計算

期首商品棚卸高を繰越商品から仕入に振り替えるとともに、期末商品棚卸高を仕入から繰越商品に振り替えます。なお、期末商品棚卸高は未処理事項および計上もれを考慮して計算します。

（仕　　　入）	1,867,000	（繰越商品）	1,867,000
（繰越商品）	1,785,000	（仕　　　入）	1,785,000

繰越商品（期末） | 1,655,000円＋105,000円＋25,000円＝**1,785,000円**
未処理事項　計上もれ

③ 棚卸減耗損の計算

問題文の指示にしたがい、**棚卸減耗損（費用）**を計上します。なお、実地棚卸高に未処理事項が含まれていないことに注意しましょう。

（棚卸減耗損）	20,000	（繰越商品）	20,000

棚卸減耗損 | 1,660,000円＋105,000円＝1,765,000円
未処理事項　実地棚卸高
1,785,000円－1,765,000円＝**20,000円**

3 減価償却費の計上

① 建物

建物に関する減価償却費を計上します。

（減価償却費）	168,750	（建物減価償却累計額）	168,750

減価償却費 | 6,750,000円÷40年＝**168,750円**

② 備品

備品に関する減価償却費を200％定率法により計上します。

（減価償却費）	172,800	（備品減価償却累計額）	172,800

減価償却費 | $\frac{1\text{年}}{10\text{年}}\times 200(\%)=0.2$(償却率)
(1,350,000円−486,000円)×0.2=**172,800円**

4 消費税に関する処理

決算整理前残高試算表の仮払消費税と仮受消費税を相殺し、**未払消費税(負債)**を計上します。なお、未処理事項を計算に含めることに注意しましょう。

(仮受消費税)	770,000	(仮払消費税)	522,500
		(未払消費税)	247,500

仮受消費税 | 785,000円−15,000円=**770,000円**
未処理事項

仮払消費税 | 520,000円+2,500円=**522,500円**
計上もれ

未払消費税 | 770,000円−522,500円=**247,500円**

5 満期保有目的債券に関する処理

額面総額と取得価額との差額が金利の調整と認められる場合、償却原価法で処理します。なお、本問の債券は前期の期首に取得しているため、前年度分を除いた残りの期間で計算します。

(満期保有目的債券)	5,000	(有価証券利息)	5,000

有価証券利息 | 1,500,000円−1,475,000円=25,000円
$25{,}000\text{円}\times\frac{12\text{か月}(\times 2\text{年}4\text{月}\sim\times 3\text{年}3\text{月})}{60\text{か月}(\times 2\text{年}4\text{月}\sim\times 7\text{年}3\text{月})}=$ **5,000円**

6 外貨建債務の換算

外貨建ての債務である買掛金2,000ドルを決算時の為替レートによる円換算額に換算し、換算差額を**為替差損益**として処理します。

(為替差損益)	10,000	(買掛金)	10,000

為替差損益 | (113円/ドル−108円/ドル)×2,000ドル=**10,000円**

7 賞与引当金に関する処理

残高試算表には×2年10月から×3年2月までの5か月分計上されています。したがって、支給見積額との差額を追加計上します。

(賞与引当金繰入)	150,000	(賞与引当金)	150,000

賞与引当金繰入 | 450,000円−300,000円=**150,000円**

8 未払利息の計上

借入時から決算時までの利息の未払部分を**未払利息（負債）**として処理します。

（支払利息）	13,500	（未払利息）	13,500

未払利息｜1,800,000円×3％×$\frac{3か月}{12か月}$＝**13,500円**

9 法人税、住民税及び事業税の計算

税引前当期純利益に法人税率を掛けて法人税を計算します。なお、中間納付分である**仮払法人税（資産）**を差し引いた金額は**未払法人税（負債）**として処理します。

（法人税、住民税及び事業税）	96,300	（仮払法人税等）	30,000
		（未払法人税等）	66,300

法人税、住民税及び事業税｜（7,735,000円－7,414,000円）×30％＝**96,300円**
（7,735,000円：収益合計、7,414,000円：費用合計）

収益合計と費用合計は、次の金額の合計額です。なお、この金額を正確に計算するのはすべて正解する必要があり大変ですので、他の問題から先に解き、時間に余裕があった場合のみ挑戦しましょう。

売上	7,850,000円－150,000円＝**7,700,000円**
有価証券利息	30,000円＋5,000円＝**35,000円**
収益合計	**7,735,000円**
仕入	5,200,000円＋25,000円＋1,867,000円－1,785,000円＝**5,307,000円**
給料手当	**1,137,450円**
貸倒引当金繰入	**2,000円**
棚卸減耗損	**20,000円**
減価償却費	168,750円＋172,800円＝**341,550円**
賞与引当金繰入	300,000円＋150,000円＝**450,000円**
為替差損益	**10,000円**
支払利息	7,500円＋13,500円＝**21,000円**
手形売却損	112,500円＋12,500円＝**125,000円**
費用合計	**7,414,000円**

10 損益勘定の繰越利益剰余金への振り替え

損益勘定の貸借差額を繰越利益剰余金へ振り替えます。

（損益）	224,700	（繰越利益剰余金）	224,700

繰越利益剰余金｜（7,735,000円－7,414,000円）－96,300円＝**224,700円**
（7,735,000円：収益合計、7,414,000円：費用合計、96,300円：法人税等、224,700円：当期純利益）

第４問 （１）解答 （仕訳１組につき各４点） 合計12点

	借方			貸方		
	記号		金額	記号		金額
1	イ	仕掛品	1,200,000	オ	賃金	1,320,000
	キ	製造間接費	120,000			
2	オ	原価差異	15,000	エ	第１製造部門費	15,000
3	ア	価格差異	104,000	イ	仕掛品	264,000
	オ	数量差異	160,000			

最低でも２問は正解してほしいね！

第４問 （１）解説

1 労務費

1 当月の労務費の実際消費額を計上する。なお、直接工の作業時間報告書によれば、加工時間は600時間、段取時間は200時間、間接作業時間は50時間、手待時間が30時間であった。また、当工場において適用される直接工の予定賃率は１時間あたり1,500円である。

✓ 直接労務費と間接労務費に関する仕訳です。直接労務費は直接作業時間（加工時間、段取時間）、間接労務費は間接作業時間、手待時間で計算します。

仕訳

（仕掛品）	1,200,000	（賃金）	1,320,000
（製造間接費）	120,000		

仕掛品　@1,500円×(600時間＋200時間)＝**1,200,000円**
（600時間＋200時間：直接作業時間）

製造間接費　@1,500円×(50時間＋30時間)＝**120,000円**
（50時間＋30時間：間接作業時間）

2 部門別個別原価計算

2 部門別個別原価計算を採用している当工場では、製造部門費につき直接作業時間を基準として予定配賦している。第１製造部門の予定配賦率は750円/時間であり、当月の第１製造部門の直接作業時間は、製造指図書＃001が400時間、製造指図書＃002が500時間であった。なお、第１製造部門費の実際発生額690,000円であったため、配賦差異を原価差異勘定へ振り替えた。

- ✓予定配賦額と実際発生額を比較し、その差額を原価差異として処理します。
- ✓実際配賦額が予定配賦額を上回っているため、不利差異となります。

仕　訳

（原　価　差　異）	15,000	（第１製造部門費）	15,000

予定配賦額｜@750円/時間×(400時間＋500時間)＝**675,000円**
（400時間＋500時間：#001＋#002）

原価差異｜675,000円－690,000円＝－**15,000円(不利差異)**

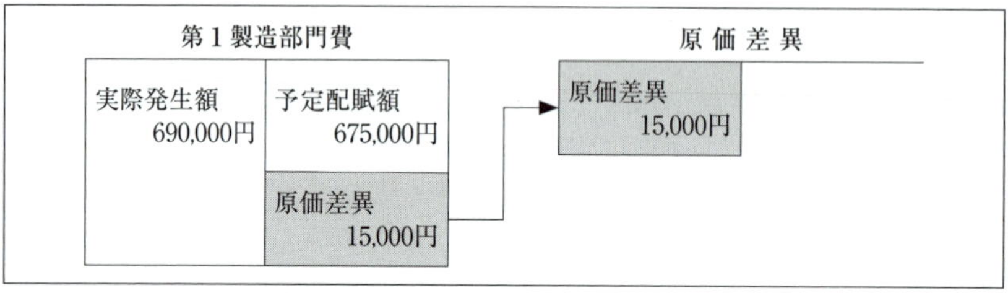

3 標準原価計算

3 当社では標準原価計算を採用しパーシャル・プランにより記帳しており、当月において価格差異と数量差異を計上した。直接材料費の標準消費価格は材料１kgあたり800円、実際消費価格は材料１kgあたり820円であり、標準材料消費量は5,000kg、実際材料消費量は5,200kgであった。

- ✓パーシャル・プランの場合、仕掛品勘定の借方は実際発生額で記帳します。
- ✓仕掛品勘定の実際原価と標準原価との差額を差異として処理します。

仕　訳

（価　格　差　異）	104,000	（仕　掛　品）	264,000
（数　量　差　異）	160,000		

価格差異　(@800円－@820円)×5,200kg＝**－104,000円(不利差異)**
数量差異　@800円×(5,000kg－5,200kg)＝**－160,000円(不利差異)**

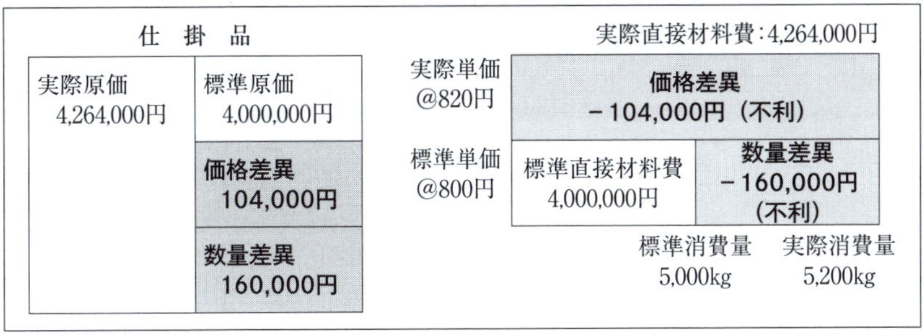

第4問 (2)解答 合計16点 (各2点)

材　　料

月初有高	(98,000)	直接材料費	(990,000)
当月仕入高	(1,315,000)	間接材料費	(260,000)
		月末有高	(163,000)
	(1,413,000)		(1,413,000)

製造間接費

間接材料費	(260,000)	予定配賦額	(1,485,000)
間接労務費	490,000	配賦差異	(15,000)
間接経費	750,000		
	(1,500,000)		(1,500,000)

仕　掛　品

月初有高	245,000	当月完成高	(3,200,000)
直接材料費	(990,000)	月末有高	300,000
直接労務費	780,000		
製造間接費	(1,485,000)		
	(3,500,000)		(3,500,000)

第4問 (2)解説

1 全体像の把握

日付順に取引が記載されている場合、まずは取引全体を読み、計算用紙に全体の流れを記入しましょう。本問の流れは次のようになります。

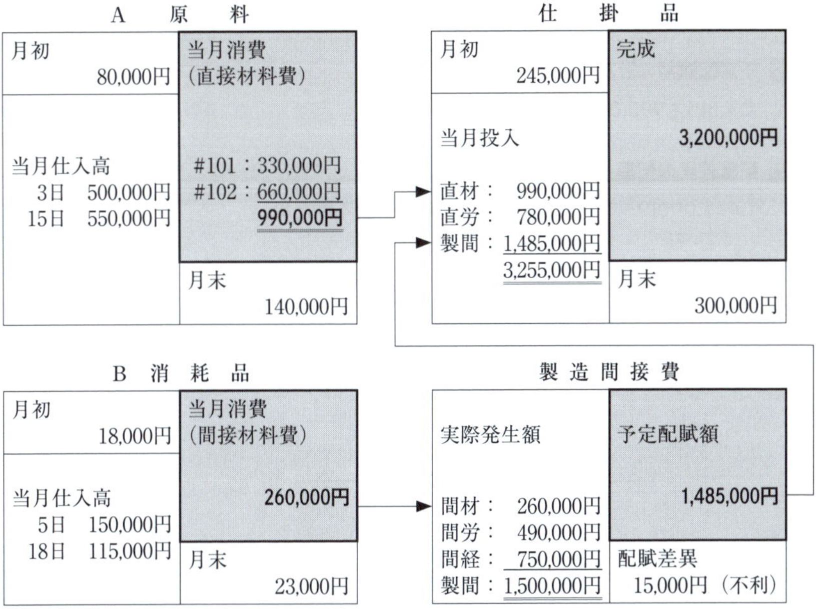

2 材料勘定の流れ

A原料とB消耗品の合計額を記入します。なお、B消耗品は棚卸計算法を採用しているので、貸借差額により当月の消費量を計算します。

月初有高	80,000円＋18,000円＝**98,000円**
当月仕入高	500,000円＋550,000円（A原料）＋150,000円＋115,000円（B消耗品）＝**1,315,000円**
直接材料費	330,000円（#101）＋660,000円（#201）＝**990,000円**
間接材料費	18,000円＋150,000円＋115,000円－23,000円＝**260,000円**
月末有高	140,000円＋23,000円＝**163,000円**

3 製造間接費の計算

製造間接費はA原料の消費高を配賦基準として予定配賦しています。したがって、A原料の年間予定消費高に基づき予定配賦額を算定します。

1 予定配賦率の算定

$$\text{予定配賦率}:\frac{\text{製造間接費年間予算額}13{,}500{,}000\text{円}}{\text{A原料年間予定消費高}9{,}000{,}000\text{円}}=\textbf{@1.5円}$$

2 予定配賦額の計算

@1.5円×990,000円=**1,485,000円**

3 配賦差異の把握

1,485,000円－1,500,000円＝**－15,000円(不利差異)**

1,485,000円	1,500,000円
予定配賦額	実際発生額

第5問 解答　合計12点 (各2点)

総合原価計算表　(単位:円)

	X 原 料	Y 原 料	Z 原 料	加 工 費	合 計
月初仕掛品	1,000,000	240,000	—	510,000	1,750,000
当 月 投 入	7,350,000	4,150,000	1,240,000	8,798,000	21,538,000
合 計	8,350,000	4,390,000	1,240,000	9,308,000	23,288,000
月末仕掛品	(**1,260,000**)	(**150,000**)	(**0**)	(**318,000**)	(**1,728,000**)
差 引	(**7,090,000**)	(**4,240,000**)	(**1,240,000**)	(**8,990,000**)	(**21,560,000**)
仕損品評価額					(**60,000**)
完成品原価					(**21,500,000**)

第5問 解説

1 全体像の把握

原料が三種類投入され、工程の始点、平均的、終点でそれぞれが投入されています。したがって、原料ごとに分けて計算する必要があります。

また、仕損品は終点で発生しているので完成品原価に含めて処理します。なお、仕損品には評価額があるので、その評価額も考慮する必要があります。

2 X原料の計算

X原料は始点で投入されているので、原料のデータにもとづき月末仕掛品を計算します。なお、月末仕掛品の計算は問題文の指示により先入先出法で計算します。

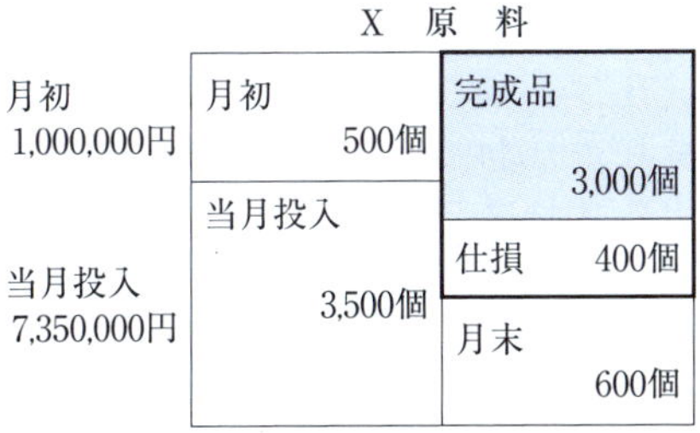

完 成 品	3,000個
仕 損	400個
月 末	600個
月 初	−500個
当 月 投 入	**3,500個**

月末仕掛品原価　$\frac{7,350,000円}{3,500個} \times 600個 = \textbf{1,260,000円}$

完 成 品 原 価　1,000,000円＋7,350,000円−1,260,000円＝**7,090,000円**

3 Y原料の計算

Y原料は平均的に投入されているので、加工費と同様に加工進捗度を考慮して月末仕掛品を計算します。

Y 原 料

月初 240,000円	月初 200個	完成品 3,000個
		仕損 400個
当月投入 4,150,000円	当月投入 3,320個	月末 120個

完成品	3,000個	
仕損	400個	
月末	120個	(600個×20%)
月初	−200個	(500個×40%)
当月投入	**3,320個**	

月末仕掛品原価　$\frac{4{,}150{,}000\text{円}}{3{,}320\text{個}} \times 120\text{個} = \mathbf{150{,}000}$**円**

完成品原価　240,000円＋4,150,000円－150,000円＝**4,240,000円**

4 Z原料の計算

Z原料は終点で投入されているので、その全額を完成品に負担させます。

完成品原価　**1,240,000円**

5 加工費の計算

加工費は、仕掛品の加工進捗度を考慮して月末仕掛品を計算します。

加 工 費

月初 510,000円	月初 200個	完成品 3,000個
		仕損 400個
当月投入 8,798,000円	当月投入 3,320個	月末 120個

完成品	3,000個	
仕損	400個	
月末	120個	(600個×20%)
月初	−200個	(500個×40%)
当月投入	**3,320個**	

月末仕掛品原価　$\frac{8{,}798{,}000\text{円}}{3{,}320\text{個}} \times 120\text{個} = \mathbf{318{,}000}$**円**

完成品原価　510,000円＋8,798,000円－318,000円＝**8,990,000円**

6 完成品原価の計算

上記の金額を合計して完成品原価を計算します。なお、完成品が負担した正常仕損費には評価額が60,000円あるので、その金額を完成品原価から控除します。

X原料	7,090,000円
Y原料	4,240,000円
Z原料	1,240,000円
加工費	8,990,000円

→ 21,560,000円 − 60,000円（仕損品評価額）＝ **21,500,000円**

第3回 日商簿記2級予想問題　解答・解説

	第1問	第2問	第3問	第4問	第5問	合計
配　点	20点	20点	20点	28点	12点	100点
目標点	16点	14点	16点	24点	10点	80点
1回目	点	点	点	点	点	点
2回目	点	点	点	点	点	点

■解答順序とアドバイス

第1問

- まず問題文全体を確認し、時間配分を考慮して確実に解答できる問題から解きましょう。少しでも考えさせられる問題と判断したら後回しにしましょう。
- ネット試験の受験の場合、例えば、「普通預金」と「当座預金」など、似ている勘定科目のプルダウンでの選択ミスをしないように注意しましょう。
- 営業外支払手形に関する処理は、購入時に前払費用で処理する方法と支払利息で処理する方法がありますので、勘定科目の選択肢を確認して会計処理を判断しましょう。
- 為替予約に関する処理は頻出論点です。必ず理解しておきましょう。

↓

第5問

- 標準原価計算の差異分析に関する問題です。差異分析は頻出論点ですので、この問題で確認しましょう。

↓

第4問

- 仕訳問題は全体を確認し、時間配分を考慮して確実に解答できる問題から解きましょう。少しでも考えさせられる問題と判断したら後回しにしましょう。
- 減損が発生するタイミングにより、月末仕掛品と完成品に負担する場合と、完成品のみに負担させるケースがあります。本試験では頻出内容ですので、各パターンを整理しておきましょう。

↓

第3問

- 本問は決算整理後残高試算表の作成問題です。基本的な内容ですが、ボリュームのある問題ですので、時間を意識して解き進めましょう。

↓

第2問

- 本問は連結精算表の作成問題です。分量、内容共に基本的な内容ですが、解答時間に余裕がない場合は解答を導きやすい内容から進め、効率的に答案用紙を埋めていきましょう。

第1問 解答（仕訳1組につき各4点） 合計20点

	借方			貸方		
	記号		金額	記号		金額
1	イ	現金	110,000	カ	売上	400,000
	エ	クレジット売掛金	318,000	キ	仮受消費税	40,000
	ウ	支払手数料	12,000			
2	ア	備品	2,360,000	エ	営業外支払手形	2,400,000
	ウ	支払利息	40,000			
3	キ	ソフトウェア	50,000,000	エ	ソフトウェア仮勘定	50,000,000
	ア	未払金	10,000,000	オ	当座預金	10,000,000
4	エ	売掛金	8,760,000	イ	売上	8,760,000
5	カ	資本準備金	2,500,000	エ	その他資本剰余金	2,500,000
	ウ	利益準備金	2,000,000	ア	繰越利益剰余金	2,000,000

第1問は最低でも3問は正解してほしいね！

第1問 解説

1 債権債務

1 商品を¥400,000（税抜）で販売し、このうち消費税込みで¥110,000を現金で受け取り、残額をクレジット払いの条件とするとともに、信販会社へのクレジット手数料（クレジット販売代金の4％）も販売時に計上した。なお、消費税の税率は10％とし、税抜方式で処理するが、クレジット手数料には消費税は課税されない。また、商品売買に関しては三分法で記帳している。

✓クレジットに関する手数料は**支払手数料（費用）**で処理します。なお、手数料に消費税は課税されないので注意しましょう。

仕訳

（現金）	110,000	（売上）	400,000
（クレジット売掛金）	318,000	（仮受消費税）	40,000
（支払手数料）	12,000		

支払手数料	300,000円×4％＝**12,000円**
仮受消費税	400,000円×10％＝**40,000円**
クレジット売掛金	**貸借差額**

2 有形固定資産

2 大型複合機を分割払いで購入し、代金として毎月末に支払期日が順次到来する額面￥300,000の約束手形8枚を振り出した。なお、大型複合機の現金購入価額は￥2,360,000である。

有形固定資産を割賦購入した場合、現金購入価額と割賦購入価額との差額は利息として処理します。本問の場合、指定勘定科目に前払利息がないので**支払利息（費用）**として処理します。

仕訳

（備品）	2,360,000	（営業外支払手形）	2,400,000
（支払利息）	40,000		

営業外支払手形	300,000円×8枚＝**2,400,000円**
支払利息	2,400,000円－2,360,000円＝**40,000円**

3 ソフトウェア

3 社内利用目的のソフトウェアの開発を外部に依頼し、5回均等分割払いの条件で契約総額￥50,000,000の全額を未払計上し、4回分をすでに支払っていた。本日、このソフトウェアの製作が完成し使用を開始したため、ソフトウェアの勘定に振り替えるとともに、最終回（第5回目）の支払いに関して当座預金口座を通じて行った。

ソフトウェアが完成したので、**ソフトウェア仮勘定（資産）**から**ソフトウェア（資産）**に振り替えるとともに、残りの**未払金（負債）**を支払います。

仕訳

（ソフトウェア）	50,000,000	（ソフトウェア仮勘定）	50,000,000
（未払金）	10,000,000	（当座預金）	10,000,000

未払金 | 50,000,000円÷5回＝**10,000,000円**

4 外貨換算会計

4 海外の得意先に対して、製品80,000ドルを２か月後に決済の条件で**輸出**した（輸出時の為替相場は１ドル￥112)。なお、事前に２か月後に50,000ドルを１ドル￥108で売却する為替予約が結ばれており、この為替予約の分については振当処理を行う。

✓80,000ドルの取引のうち、50,000ドルについて為替予約が結ばれているため50,000ドルについては先物為替レートで処理し、残りの30,000ドルについては取引時の直物為替レートで処理します。

仕 訳

（売掛金）	8,760,000	（売上）	8,760,000

売掛金 | 50,000ドル×108円＋30,000ドル×112円＝**8,760,000円**

5 株主資本の計数変動

5 繰越利益剰余金が￥1,000,000の借方残高となっていたため、株主総会の決議によって、**資本準備金**￥2,500,000、**利益準備金**￥2,000,000を取り崩すこととした。なお、利益準備金の取崩額は、**繰越利益剰余金**とした。

✓資本準備金を取り崩した場合、**その他資本剰余金（純資産）**の増加として処理します。

仕 訳

（資本準備金）	2,500,000	（その他資本剰余金）	2,500,000
（利益準備金）	2,000,000	（繰越利益剰余金）	2,000,000

第２問　解答　合計20点　(各２点)

連　結　精　算　表

(単位：千円)

科　目	個別財務諸表		修正・消去		連結財務諸表
	P　社	S　社	借　方	貸　方	
貸借対照表					
現金預金	1,350,000	158,000			1,508,000
売掛金	3,200,000	2,800,000		650,000	5,350,000
貸倒引当金	△ 32,000	△ 28,000	6,500		△ 53,500
商品	1,280,000	620,000	30,000	120,000	1,810,000
貸付金	720,000	100,000		240,000	580,000
土地	780,000	195,000		35,000	940,000
建物	1,500,000	150,000			1,650,000
減価償却累計額	△ 750,000	△ 105,000			△ 855,000
のれん			114,000	6,000	108,000
投資有価証券	1,000,000	225,000			1,225,000
S社株式	575,000			575,000	－
資産合計	9,623,000	4,115,000	150,500	1,626,000	12,262,500
買掛金	1,980,000	1,770,000	650,000	30,000	3,130,000
借入金	555,000	1,495,000	240,000		1,810,000
資本金	4,000,000	500,000	500,000		4,000,000
利益剰余金	3,088,000	350,000	192,000	50,000	3,101,550
			66,500		
			2,977,950	2,850,000	
非支配株主持分			15,000	231,000	220,950
			36,000	39,000	
				1,950	
負債純資産合計	9,623,000	4,115,000	4,677,450	3,201,950	12,262,500
損益計算書					
売上高	5,800,000	4,800,000	2,700,000		7,900,000
売上原価	4,000,000	3,450,000	120,000	2,700,000	4,775,000
				95,000	
販売費及び一般管理費	1,550,000	1,255,000			2,805,000
貸倒引当金繰入	36,000	24,000		6,500	53,500
のれん償却			6,000		6,000
受取利息	35,000	33,000	12,500		55,500
受取配当金	200,000	50,000	35,000		215,000
支払利息	17,000	24,000		12,500	28,500
土地売却益	35,000		35,000		－
当期純利益	467,000	130,000	2,908,500	2,814,000	502,500
非支配株主に帰属する当期純利益			69,450	36,000	33,450
親会社株主に帰属する当期純利益	467,000	130,000	2,977,950	2,850,000	469,050

第2問 解説

1 全体像の把握

本問は連結２年目の連結精算表が問われており、親会社が子会社に売却するダウン・ストリームと子会社が親会社に売却するアップ・ストリームが問われています。したがって、まずはタイムテーブルなどを作成して前年度の取引を確認しつつ、資本連結を解き、その後、内部取引の相殺消去や未実現利益の消去を解いていきます。

また、本問は連結精算表のうち、連結貸借対照表と連結損益計算書の作成が問われており、連結株主資本等変動計算書の作成は問われていません。

したがって、本問では貸借対照表の勘定科目で仕訳を行うことで効率的に解答できます。

2 タイムテーブルの作成

タイムテーブルを作成し、全体像を把握します。

	支配獲得日 ×0年３/31 70%		前期末 ×1年３/31	当期末 ×2年３/31
資　本　金	500,000千円		500,000千円	500,000千円
利益剰余金	150,000千円	→ *36,000千円	270,000千円	350,000千円
非支配株主持分	195,000千円		231,000千円	
Ｓ　社　株　式	575,000千円			
の　れ　ん	120,000千円	→ △6,000千円	114,000千円	

＊（270,000千円－150,000千円）×30％＝36,000千円

3 開始仕訳（以下、仕訳の単位千円）

前年度までの取引を整理し、開始仕訳を行います。

1 支配獲得日の連結修正仕訳（×0年３月31日）

支配獲得時の投資と資本を相殺消去し、のれんを計上します。

（資　本　金）	500,000	（Ｓ　社　株　式）	575,000
（利益剰余金）	150,000	（非支配株主持分）	195,000
（の　れ　ん）	120,000		

のれん　(500,000千円+150,000千円)×70％－575,000千円＝－**120,000千円**
（70％：親会社持分）

非支配株主持分　(500,000千円+150,000千円)×30％＝**195,000千円**
（30％：非支配株主持分）

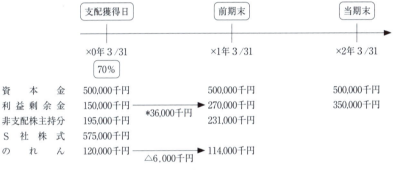

2 前期における連結修正仕訳（×0年4月1日～×1年3月31日）

損益項目に関しては**利益剰余金勘定**で仕訳を行います。

① のれんの償却

（利益剰余金） のれん償却	6,000	（の　れ　ん）	6,000

利益剰余金｜120,000千円÷20年＝**6,000千円**

② 当期純利益の非支配株主への振り替え

（利益剰余金） 非支配株主に帰属する当期純利益	60,000	（非支配株主持分）	60,000

利益剰余金｜270,000千円－(150,000千円－80,000千円)＝200,000千円
（80,000千円：剰余金の配当、200,000千円：当期純利益）
200,000千円×30％＝**60,000千円**

③ 剰余金の配当の修正

親会社に対して支払った配当金は内部取引となるので相殺消去します。また、非支配株主に対して支払った配当金は、利益剰余金を減額させるとともに、非支配株主持分を減額させます。

（利益剰余金） 受取配当金	56,000	（利益剰余金）	80,000
（非支配株主持分）	24,000		

利益剰余金｜80,000千円×70％＝**56,000千円**
非支配株主持分｜80,000千円×30％＝**24,000千円**

④ 開始仕訳（1＋①＋②＋③）

上記の仕訳をまとめると、×1年度の開始仕訳となります。

（資本金）	500,000	（S社株式）	575,000
（利益剰余金）	192,000	（非支配株主持分）	231,000
（のれん）	114,000		

4 当期における連結修正仕訳（×1年4月1日～×2年3月31日）

当期における親子会社間の取引の相殺消去、未実現利益の消去を行います。

1 のれんの償却

（のれん償却）	6,000	（の れ ん）	6,000

のれん償却 | 120,000千円÷20年＝**6,000千円**

2 当期純利益の非支配株主への振り替え

（非支配株主に帰属する当期純利益）	39,000	（非支配株主持分）	39,000

非支配株主に帰属する当期純利益 | 350,000千円－（270,000千円－50,000千円）＝130,000千円
（50,000千円：剰余金の配当、130,000千円：当期純利益）

130,000千円×30％＝**39,000千円**

3 剰余金の配当の修正

親会社に対して支払った配当金は内部取引となるので相殺消去します。また、非支配株主に対して支払った配当金は、利益剰余金を減額させるとともに、非支配株主持分を減額させます。

（受取配当金）	35,000	（利益剰余金）	50,000
（非支配株主持分）	15,000		

受取配当金 | 50,000千円×70％＝**35,000千円**

非支配株主持分 | 50,000千円×30％＝**15,000千円**

4 売上高と売上原価の相殺消去

本問では親子会社間の取引に関する未処理事項があるので、未処理事項に関する仕訳を行ったあと、相殺消去の仕訳を行います。

① 未処理事項に関する仕訳

子会社が親会社に販売した取引につき、親会社での仕入処理が未処理となっているためこの取引を追加で処理します。なお、仕入れた商品は次期へ繰り越されるため、繰越の仕訳も行います。

i）商品の仕入れに関する仕訳

（仕 入）	30,000	（買 掛 金）	30,000

ii）商品の繰り越しに関する仕訳

（商 品）	30,000	（仕 入）	30,000

iii）未処理事項に関する仕訳（i＋ii）

（商 品）	30,000	（買 掛 金）	30,000

② 売上高と売上原価の相殺消去に関する仕訳

上記の未処理事項を考慮し相殺消去仕訳を行います。

（売上高）	2,700,000	（売上原価）	2,700,000

売上原価 | 2,670,000千円＋30,000千円＝**2,700,000千円**

5 売掛金と買掛金の相殺消去

子会社が親会社に販売した取引に関する未処理事項を考慮して仕訳を行います。

（買掛金）	650,000	（売掛金）	650,000

買掛金 | 620,000千円＋30,000千円＝**650,000千円**

6 貸付金と借入金の相殺消去

（借入金）	240,000	（貸付金）	240,000

7 受取利息と支払利息の相殺消去

（受取利息）	12,500	（支払利息）	12,500

8 商品に含まれる未実現利益の消去（アップ・ストリーム）

本問は子会社が親会社へ商品を販売しているので、子会社が付加した未実現利益を消去するとともに、子会社の非支配株主の持分割合に応じて非支配株主持分を調整します。

① 期首商品に含まれる未実現利益の消去

i ）開始仕訳

（利益剰余金） 売上原価	95,000	（商品）	95,000
（非支配株主持分）	28,500	（利益剰余金） 非支配株主に帰属する当期純利益	28,500

商品 | 380,000千円×25％＝**95,000千円**
非支配株主持分 | 95,000千円×30％＝**28,500千円**

ii ）実現仕訳

（商品）	95,000	（売上原価）	95,000
（非支配株主に帰属する当期純利益）	28,500	（非支配株主持分）	28,500

iii)期首商品に関する連結修正仕訳(ⅰ+ⅱ)

(利益剰余金)	66,500	(売上原価)	95,000
(非支配株主に帰属する当期純利益)	28,500		

② 期末商品に含まれる未実現利益の消去

子会社が親会社に販売した取引に関する未処理事項を考慮して仕訳を行います。

(売上原価)	120,000	(商品)	120,000
(非支配株主持分)	36,000	(非支配株主に帰属する当期純利益)	36,000

商品 | (450,000千円+30,000千円)×25%=**120,000千円**
非支配株主持分 | 120,000千円×30%=**36,000千円**

9 貸倒引当金の調整

内部取引の債権債務を相殺消去した場合、その債権に対して設定されていた貸倒引当金も調整する必要があります。

本問はアップ・ストリームで処理しているため、非支配株主の持分に関しても調整する必要があります。

(貸倒引当金)	6,500	(貸倒引当金繰入)	6,500
(非支配株主に帰属する当期純利益)	1,950	(非支配株主持分)	1,950

貸倒引当金繰入 | 650,000千円×1%=**6,500千円**
非支配株主持分 | 6,500千円×30%=**1,950千円**

10 土地の売却に関する未実現利益の消去(ダウン・ストリーム)

親会社が、子会社に土地を売却しているので、その土地の売却に関する未実現利益を消去します。

(土地売却益)	35,000	(土地)	35,000

土地売却益 | 195,000千円－160,000千円=**35,000千円**

第3問 解答 合計20点 (各2点)

決算整理後残高試算表

借方残高	勘定科目	貸方残高
425,500	現金	
494,000	当座預金	
125,000	受取手形	
640,000	売掛金	
3,600	前払保険料	
1,350	未収有価証券利息	
515,000	売買目的有価証券	
49,500	繰越商品	
1,500,000	建物	
1,300,000	備品	
850,000	その他有価証券	
	買掛金	159,000
	未払金	228,000
	未払法人税等	72,000
	貸倒引当金	7,650
	建物減価償却累計額	1,175,000
	備品減価償却累計額	643,750
	資本金	3,000,000
	繰越利益剰余金	349,450
	その他有価証券評価差額金	100,000
	売上	2,300,000
	有価証券利息	5,400
	受取配当金	92,500
1,305,000	仕入	
500,000	給料	
125,000	広告宣伝費	
14,400	保険料	
3,150	貸倒引当金繰入	
6,000	棚卸減耗損	
193,750	減価償却費	
4,500	商品評価損	
5,000	有価証券評価損	
72,000	法人税、住民税及び事業税	
8,132,750		8,132,750

第 3 問 解説

1 全体像の把握

決算整理後残高試算表の作成問題は損益計算書項目と貸借対照表項目を記入するため、解答欄を埋めるのに比較的時間がかかります。したがって、まずは問題文を一読し、簡単な取引から解きましょう。

2 決算整理事項等

1 受取配当金の処理(未処理事項)

配当金領収証に関する処理が未処理ですので、**受取配当金（収益）**で処理します。

（現　　　金）	37,500	（受 取 配 当 金）	37,500

2 銀行勘定調整表

銀行勘定調整表にもとづき、不一致項目を調整します。なお、不一致項目のうち、時の経過により解決する内容に関しては仕訳不要です。

① 記帳の誤記

正しい仕訳に修正します。

（売　掛　金）	90,000	（当 座 預 金）	90,000

売掛金 | 215,000円－125,000円＝**90,000円**

② 連絡の未通知

銀行側では処理済みですので、企業側も処理を行います。

（当 座 預 金）	200,000	（受 取 手 形）	200,000

③ 時間外預入れ

翌日には解消されるので仕訳は不要です。

④ 未渡小切手

小切手作成時に当座預金の減少として処理しているため修正します。なお、相手勘定は**未払金（負債）の増加**として処理します。

（当 座 預 金）	150,000	（未　払　金）	150,000

3 貸倒引当金の設定

期末債権について貸倒引当金を設定します。なお、銀行勘定調整表に関する修正仕訳を考慮することに注意しましょう。

（貸倒引当金繰入）	3,150	（貸倒引当金）	3,150

貸倒引当金繰入 ｜（325,000円－200,000円＋550,000円＋90,000円）×１％－4,500円＝**3,150円**

4 売上原価の計算と期末商品の評価

① 売上原価の計算

問題文の指示にしたがって、期首商品棚卸高を繰越商品から仕入に振り替えるとともに、期末商品棚卸高を仕入から繰越商品に振り替えます。

（仕入）	85,000	（繰越商品）	85,000
（繰越商品）	60,000	（仕入）	60,000

繰越商品（期末） ｜ @600円×100個＝**60,000円**

② 棚卸減耗損の計算

問題文の指示にしたがい、**棚卸減耗損（費用）**を計上します。

（棚卸減耗損）	6,000	（繰越商品）	6,000

棚卸減耗損 ｜ @600円×（100個－90個）＝**6,000円**

③ 商品評価損の計算

問題文の指示にしたがい、**商品評価損（費用）**を計上します。

（商品評価損）	4,500	（繰越商品）	4,500

商品評価損 ｜（@600円－@550円）×90個＝**4,500円**

5 減価償却費の計上

① 建物

（減価償却費）	50,000	（建物減価償却累計額）	50,000

減価償却費 ｜ 1,500,000円÷30年＝**50,000円**

② 備品

備品については、当期以前に購入した部分と、当期に購入した部分を分けて計算します。

（減価償却費）	143,750	（備品減価償却累計額）	143,750

減価償却費
(1,300,000円－300,000円)÷8年＝125,000円(既存分)

$300{,}000円 \div 8年 \times \frac{6か月}{12か月} = 18{,}750円$(新規分)

125,000円＋18,750円＝**143,750円**

6 売買目的有価証券

① 売買目的有価証券の評価

売買目的有価証券は時価で評価し、評価損益は当期の損益として処理します。

(有 価 証 券 評 価 損)	5,000	(売買目的有価証券)	5,000

有価証券評価損
A社株式 195,000円－220,000円＝－25,000円
B社社債 320,000円－300,000円＝20,000円
－25,000円＋20,000円＝**－5,000円(評価損)**

② 有価証券利息の計上

B社社債については利息の計上を行います。

(未収有価証券利息)	1,350	(有 価 証 券 利 息)	1,350

有価証券利息
$360{,}000円 \times 1.5\% \times \frac{3か月}{12か月} =$ **1,350円**

7 その他有価証券

その他有価証券は時価で評価し、取得原価との差額は**その他有価証券評価差額金（純資産）**で処理します。

なお、本問では当期首における再振替仕訳が未処理であるため、再振替仕訳も行います。

① 再振替仕訳(未処理事項)

(そ の 他 有 価 証 券)	50,000	(その他有価証券評価差額金)	50,000

その他有価証券評価差額金
残高試算表より**50,000円**

② 決算整理仕訳

(そ の 他 有 価 証 券)	100,000	(その他有価証券評価差額金)	100,000

その他有価証券評価差額金
850,000円－(700,000円＋50,000円)＝**100,000円**
（50,000円：再振替仕訳）

8 保険料の前払い

毎期同額の保険料を前払いしているため、次期以降に帰属する金額を**前払保険料（資産）**として処理します。

（前 払 保 険 料）	3,600	（保 険 料）	3,600

前払保険料　$18,000円 \times \frac{3か月}{15か月} = \mathbf{3,600円}$

9 法人税、住民税及び事業税の計算

問題文の指示にしたがって計上します。なお、相手勘定は**未払法人税等（負債）**で処理します。

（法人税、住民税及び事業税）	72,000	（未 払 法 人 税 等）	72,000

第４問　（１）解答（仕訳１組につき各４点）　合計12点

	借方			貸方		
	記号		金額	記号		金額
1	カ	仕掛品	1,550,000	ク	材料	1,675,000
	ウ	製造間接費	125,000			
2	オ	仕掛品	520,000	キ	製造間接費	520,000
3	イ	仕掛品	456,000	ア	材料	528,000
	オ	製造間接費	72,000			

最低でも２問は正解してほしいね！

第４問　（１）解説

1　材料費

1 当工場では、製品Ａの生産のため素材1,400,000円、買入部品150,000円、工場消耗品125,000円を消費した。

- 直接材料費である素材と買入部品は**仕掛品**へ振り替えます。
- 間接材料費である工場消耗品は**製造間接費**へ振り替えます。

仕訳

（仕掛品）	1,550,000	（材料）	1,675,000
（製造間接費）	125,000		

仕掛品｜1,400,000円＋150,000円＝**1,550,000円**

2　製造間接費

2 予定配賦率を適用して、製造間接費を各製造指図書に配賦する。当工場の年間の固定製造間接費予算は2,580,000円、変動製造間接費予算は3,420,000円であり、年間の予定総直接作業時間は6,000時間である。なお、当月の直接作業時間は520時間であった。

- 予定配賦率は、製造間接費の年間予算額を年間の予定総直接作業時間で除して計算します。
- 予定配賦額を**製造間接費**から**仕掛品**へ振り替えます。

仕　訳

（仕　　掛　　品）	520,000	（製 造 間 接 費）	520,000

仕掛品 | $\dfrac{2{,}580{,}000\text{円}+3{,}420{,}000\text{円}}{6{,}000\text{時間}}\times 520\text{時間}=\mathbf{520{,}000\text{円}}$

3 個別原価計算

3 当社では実際個別原価計算を採用しており、当月の材料消費量は次のとおりである。なお、直接材料の消費額の計算には実際払出価格1,200円/kgを用いている。

製造指図書＃101：180kg、製造指図書＃201：200kg、製造指図書番号なし：60kg

- 製造指図書番号がある場合は直接材料費に該当し、**仕掛品**へ振り替えます。
- 製造指図書番号がない場合は間接材料費に該当し、**製造間接費**へ振り替えます。

仕　訳

（仕　　掛　　品）	456,000	（材　　　　料）	528,000
（製 造 間 接 費）	72,000		

仕　掛　品 | 1,200円/kg×(180kg＋200kg)＝**456,000円**

製造間接費 | 1,200円/kg×60kg＝**72,000円**

第４問 （2）解答（各4点） 合計16点

第１工程月末仕掛品の原料費	90,000	円
第１工程完成品原価	4,550,000	円
第２工程月末仕掛品の加工費	210,000	円
第２工程完成品原価	6,954,000	円

第４問 （2）解説

1 全体像の把握

本問は、製品原価の計算は累加法による工程別総合原価計算を採用しているので、第１工程と第２工程を分けて計算する必要があります。さらに各工程につき原価の配分方法（平均法か先入先出法）、減損の負担方法（両者負担か完成品負担）を整理する必要があります。

2 第１工程の生産データの整理

生産データを整理します。第１工程では始点で正常減損が発生しており、問題文の指示により完成品と月末仕掛品に負担させます。したがって、減損を除いた数量でボックス図を作成します。

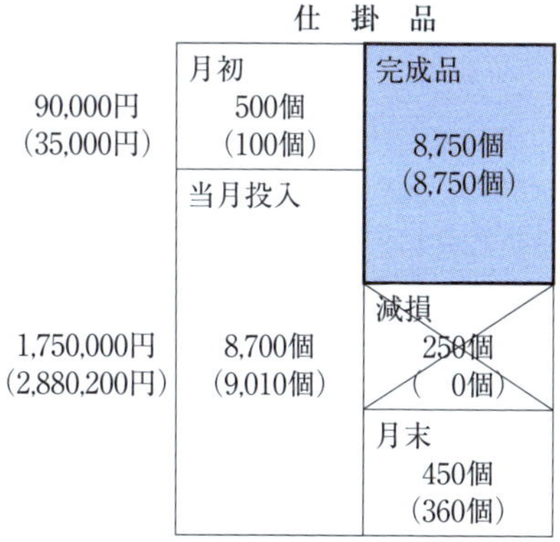

加工換算量：月初　500個×0.2＝100個
　　　　　　月末　450個×0.8＝360個

3 第1工程月末仕掛品原価の計算

月末仕掛品に配分する方法は平均法であるため、月初仕掛品原価と当月製造費用から平均単価を計算し、その平均単価に月末仕掛品数量を掛けて計算します。

原料費 $\dfrac{90{,}000円+1{,}750{,}000円}{8{,}750個+450個}\times 450個=$ **90,000円(解答)**

加工費 $\dfrac{35{,}000円+2{,}880{,}200円}{8{,}750個+360個}\times 360個=$ **115,200円**

4 第1工程完成品原価の計算

貸借差額で第1工程完成品原価を計算します。

仕　掛　品

90,000円 (35,000円)	月初 500個 (100個)	完成品 8,750個 (8,750個)	**1,750,000円** **(2,800,000円)** } **4,550,000円(解答)**
1,750,000円 (2,880,200円)	当月投入 8,700個 (9,010個)	減損 250個 (　0個)	
		月末 450個 (360個)	90,000円 (115,200円)

原料費 90,000円+1,750,000円−90,000円= **1,750,000円**

加工費 35,000円+2,880,200円−115,200円= **2,800,000円**

5 第2工程の生産データの整理

生産データを整理します。第2工程では終点で正常減損が発生しており、問題文の指示により完成品に負担させます。なお、工程別総合原価計算では、前工程（第1工程）の完成品原価が次工程（第2工程）の原料費（前工程費）として取り扱われます。

仕　掛　品

125,000円 (34,000円)	月初 250個 (100個)	完成品 7,500個 (7,500個)
4,550,000円 (2,975,000円)	当月投入 8,750個 (8,500個)	減損 500個 (500個)
		月末 1,000個 (　600個)

加工換算量：月初　250個×0.4　=100個
　　　　　　月末　1,000個×0.6=600個

6 第２工程月末仕掛品原価の計算

月末仕掛品に配分する方法は先入先出法であるため、当月投入分から配分されたと仮定して計算します。

前工程費　$\dfrac{4{,}550{,}000\text{円}}{8{,}750\text{個}} \times 1{,}000\text{個} = $ **520,000円**

加 工 費　$\dfrac{2{,}975{,}000\text{円}}{8{,}500\text{個}} \times 600\text{個} = $ **210,000円（解答）**

7 完成品総合原価の計算

貸借差額で完成品総合原価を計算します。なお、減損は工程の終点で発生しているため、完成品に負担させます。

仕　掛　品

	借方	貸方		
125,000円 （34,000円）	月初 250個 （100個）	完成品 7,500個 （7,500個）	**4,155,000円** **（2,799,000円）**	**6,954,000円（解答）**
4,550,000円 （2,975,000円）	当月投入 8,750個 （8,500個）	減損 500個 （500個）		
		月末 1,000個 （　600個）	520,000円 （210,000円）	

第5問 解答（各2点） 合計12点

問1	直接材料費差異	50,000 円	（有利差異 ・ 不利差異）
問2	時間差異	90,000 円	（有利差異 ・ 不利差異）
問3	予算差異	20,000 円	（有利差異 ・ 不利差異）
	能率差異	60,000 円	（有利差異 ・ 不利差異）
	操業度差異	200,000 円	（有利差異 ・ 不利差異）
問4	能率差異	180,000 円	（有利差異 ・ 不利差異）

（いずれも「不利差異」に丸印）

第5問 解説

本問は差異分析を中心とした出題です。製造間接費差異の能率差異は変動費のみで計算する場合と変動費と固定費から計算する場合が問われているので、解答するさいに間違わないよう注意しましょう。

1 直接材料費差異の計算（問1）

当月の標準直接材料費と実際の直接材料費を比較して原価差異を把握します。

直接材料費差異｜@400円×2,500個（標準直接材料費）－1,050,000円（実際直接材料費）＝**－50,000円（不利差異）**（直接材料費差異）

2 直接労務費差異の計算（問2）

直接労務費差異は賃率差異と時間差異に分析でき、時間差異とは標準直接作業時間と実際直接作業時間の違いから生じる差異です。

以上の差異分析を分析図で示すと、次のようになります。

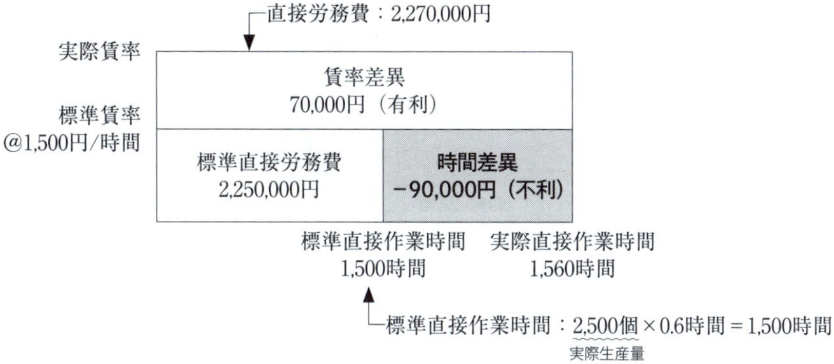

時間差異｜(1,500時間－1,560時間)×@1,500円/時間＝**－90,000円(不利差異)**

3 製造間接費差異の計算(問3)

当月の標準製造間接費と実際の製造間接費を比較して原価差異を把握します。なお、能率差異は変動費部分のみから把握します。

1 予算差異の計算

予算差異は、月間製造間接費の実際発生額と予算許容額との差額で計算します。

月間基準操業度	1,600時間
変動費率	1,600,000円÷1,600時間＝1,000円/時間
予算許容額	1,000円/時間×1,560時間＋3,200,000円＝4,760,000円
予算差異	4,760,000円－4,780,000円＝**－20,000円(不利差異)**

2 能率差異の計算

能率差異は、月間の標準直接作業時間と実際直接作業時間との差額で計算します。

能率差異｜(1,500時間－1,560時間)×1,000円/時間＝**－60,000円(不利差異)**

3 操業度差異の計算

操業度差異は、月間の標準直接作業時間と正常直接作業時間との差額で計算します。

固定費率	3,200,000円÷1,600時間＝2,000円/時間
操業度差異	(1,500時間－1,600時間)×2,000円/時間＝**－200,000円(不利差異)**

以上の差異分析を分析図で示すと、次のようになります。

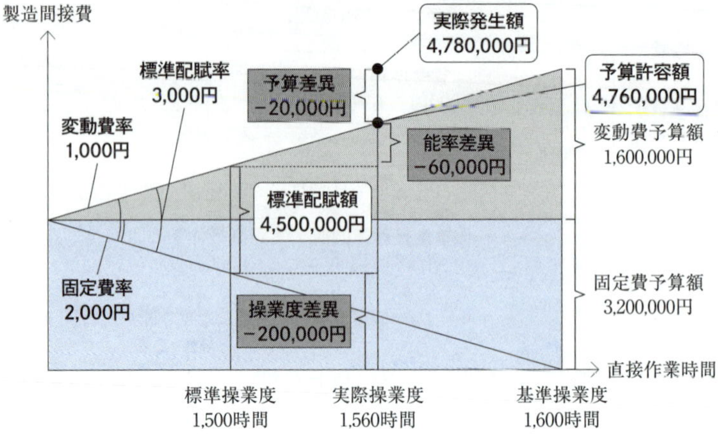

4 能率差異の計算（問４）

問３では能率差異を変動費のみから把握しましたが、固定費を含めた標準配賦率で能率差異を計算することもあります。

能率差異 | (1,500時間 − 1,560時間) × 3,000円/時間 = **−180,000円（不利差異）**

以上の差異分析を分析図で示すと、次のようになります。操業度差異の違いにも注意しましょう。

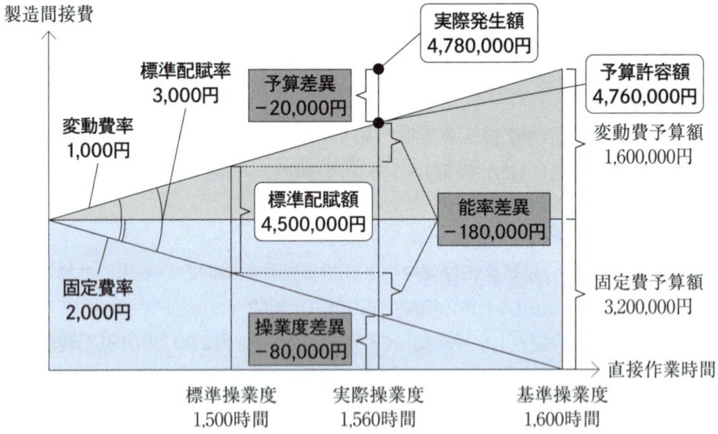

日商簿記2級予想問題　解答・解説

	第1問	第2問	第3問	第4問	第5問	合計
配　点	20点	20点	20点	28点	12点	100点
目標点	16点	16点	16点	20点	10点	78点
1回目	点	点	点	点	点	点
2回目	点	点	点	点	点	点

解答順序とアドバイス

第1問

●まず問題文全体を確認し、時間配分を考慮して確実に解答できる問題から解きましょう。少しでも考えさせられる問題と判断したら後回しにしましょう。

●ネット試験の受験の場合、例えば、「普通預金」と「当座預金」など、似ている勘定科目のプルダウンでの選択ミスをしないように注意しましょう。

●収益認識に関する会計処理については、基本的な内容はマスターしましょう。

↓

第4問

●仕訳問題は全体を確認し、時間配分を考慮して確実に解答できる問題から解きましょう。少しでも考えさせられる問題と判断したら後回しにしましょう。

●問２は実際個別原価計算に関する問題です。個別原価計算と総合原価計算との違いを理解し、差異分析の方法を確認しましょう。

↓

第5問

●本問は直接原価計算からの出題です。直接原価計算の特徴は変動費と固定費を分けて計算することですので、変動費と固定費の分類を意識しつつ解答しましょう。

↓

第3問

●本問は貸借対照表を作成する問題です。決算にあたっての修正事項がありますので、まずは修正事項を確認してから決算整理事項等を解きましょう。

●時間に余裕がない場合、損益計算項目に影響を与える内容は無視し、貸借対照表に影響を与える項目のみを効率的に集計して進めましょう。

↓

第2問

●まずは会計期間を確認しましょう。その後、一つ一つの問題は標準的な内容なので、簡単な問から順序よく解答しましょう。

●税効果会計は頻出論点です。２級で出題される税効果会計は限られていますので、必ず理解しておきましょう。

第1問 解答（仕訳1組につき各4点） 合計20点

	借方			貸方		
	記号		金額	記号		金額
1	ア	買掛金	300,000	キ	電子記録債権	300,000
2	エ	備品減価償却累計額	2,500,000	オ	備品	5,000,000
	ア	貯蔵品	1,800,000			
	イ	固定資産除却損	700,000			
3	ア	ソフトウェア	5,500,000	エ	ソフトウェア仮勘定	5,800,000
	キ	固定資産除却損	300,000			
4	ウ	契約資産	120,000	イ	売上	120,000
5	キ	その他資本剰余金	330,000	カ	未払配当金	900,000
	ア	繰越利益剰余金	660,000	ウ	資本準備金	30,000
				エ	利益準備金	60,000

第1問は最低でも3問は正解してほしいね！

第1問 解説

1 債権債務

1 埼玉建設株式会社に対する買掛金¥300,000の支払いにつき、取引銀行を通じて電子債権記録機関に千葉興業株式会社に対する電子記録債権の譲渡記録を行った。

✓買掛金の支払いとして電子記録債権を譲渡した場合、**電子記録債権（資産）**の減少として処理します。

仕訳

（買掛金）	300,000	（電子記録債権）	300,000

2 有形固定資産

2 ×4年4月1日に購入した¥5,000,000の**備品**を、×9年度の期首に**除却**した。この備品については、耐用年数10年、残存価額0として、定額法で償却（間接法）しており、この備品の除却時の処分価額は、¥1,800,000と見積もられた。当社の決算日は年1回、3月31日である。

- 固定資産を除却する場合、その固定資産の処分価額を見積り**貯蔵品（資産）**の増加として処理します。
- 除却した備品の帳簿価額と除却時の処分価額との差額は、**固定資産除却損（費用）**として処理します。

仕訳

（備品減価償却累計額）	2,500,000	（備　　　品）	5,000,000
（貯　　蔵　　品）	1,800,000		
（固定資産除却損）	700,000		

備品減価償却累計額｜5,000,000円÷10年×5年＝**2,500,000円**

固定資産除却損｜5,000,000円－2,500,000円－1,800,000円＝**700,000円（貸借差額）**

3 ソフトウェア

3 開発を依頼していた社内利用目的のソフトウェアが完成し使用を開始したため、**ソフトウェア勘定**に振り替えた。この開発費用¥5,800,000のうちソフトウェアの仕様変更に伴い修正した金額¥300,000が含まれており、当該修正作業に関しては資産性が認められないため**除却**処理する。なお、開発費用に関してはすべて支払済みである。

- ソフトウェアが完成して使用を開始したので、**ソフトウェア仮勘定（資産）**から**ソフトウェア（資産）**へ振り替える処理を行います。
- ソフトウェアの制作費用の内、資産性のないものについては**固定資産除却損（費用）**として処理します。

仕訳

（ソフトウェア）	5,500,000	（ソフトウェア仮勘定）	5,800,000
（固定資産除却損）	300,000		

ソフトウェア｜5,800,000円－300,000円＝**5,500,000円**

4 収益認識

4 本日、得意先である栃木物産株式会社へオフィス機器￥120,000を**引き渡した**。当社では先月の末日にオフィス機器￥120,000およびオフィス家具￥60,000を販売する契約を締結しており、オフィス家具￥60,000の引渡しについては来月の末日を予定している。なお、オフィス機器￥120,000に対する代金は、オフィス家具￥60,000の引渡しが完了した後に請求する契約となっており、￥120,000はまだ顧客との契約から生じた債権となっていない。また、オフィス機器とオフィス家具は別個の独立した履行義務であり、それぞれ栃木物産株式会社へ引き渡された時点で履行義務が充足する。

- ✓ オフィス機器120,000円については引き渡した時点で履行義務が充足されるため**売上（収益）**を計上します。
- ✓ オフィス機器についての代金はすべての引き渡しが完了するまで留保されるため、すべての引き渡しが完了するまで**契約資産（資産）**の増加として処理します。

仕 訳

（契　約　資　産）	120,000	（売　　　　上）	120,000

本問の一連の流れは次のようになります。

【契約締結時（先月末日）】

仕訳なし

【財・サービス提供時（本日）】

オフィス機器に関する履行義務を充足したので、オフィス機器の売上を計上します。また、契約により顧客との契約から生じた債権は発生していないので、代金は契約資産として処理します。

（契　約　資　産）	120,000	（売　　　　上）	120,000

【すべての財・サービス提供時（来月末日）】

契約の条件を満たしたため、契約資産を売掛金に振り替えます。

（売　掛　金）	180,000	（契　約　資　産）	120,000
		（売　　　　上）	60,000

5 剰余金の配当

5 当期の株主総会において、その他資本剰余金より￥300,000、繰越利益剰余金より￥600,000の配当を決定した。なお、当社の資本金は￥20,000,000、資本準備金は￥1,000,000、利益準備金は￥600,000であり、配当金の10分の１を準備金として積み立てる。

✓配当の原資がその他資本剰余金の場合、配当額の10分の１を**資本準備金（純資産）**に積み立てる必要があります。なお、配当の原資が繰越利益剰余金の場合は**利益準備金（純資産）**に積み立てます。

仕 訳

（その他資本剰余金）	330,000	（未 払 配 当 金）	900,000
（繰 越 利 益 剰 余 金）	660,000	（資 本 準 備 金）	30,000
		（利 益 準 備 金）	60,000

未払配当金 | 300,000円＋600,000円＝**900,000円**

資本準備金 | $300{,}000円 \times \frac{1}{10} =$ **30,000円**

利益準備金 | $600{,}000円 \times \frac{1}{10} =$ **60,000円**

その他資本剰余金 | $300{,}000円 + 300{,}000円 \times \frac{1}{10} =$ **330,000円**

繰越利益剰余金 | $600{,}000円 + 600{,}000円 \times \frac{1}{10} =$ **660,000円**

その他資本剰余金と繰越利益剰余金を分解して考えると次の仕訳になります。

【その他資本剰余金からの配当に関する仕訳】

（その他資本剰余金）	330,000	（未 払 配 当 金）	300,000
		（資 本 準 備 金）	30,000

【繰越利益剰余金からの配当に関する仕訳】

（繰越利益剰余金）	660,000	（未 払 配 当 金）	600,000
		（利 益 準 備 金）	60,000

第2問 解答

合計20点（各3点、各2点）

問1 減価償却費 ¥ 200,000

問2 備品の除却損 ¥ 60,000

問3 減価償却費 ¥ 527,500

問4

機械装置

7/1	当座預金	(900,000)	7/1	固定資産圧縮損	(300,000)
			3/31	減価償却費	(180,000)
			〃	次期繰越	(420,000)
		(900,000)			(900,000)

リース資産

4/1	リース債務	(680,000)	3/31	減価償却費	(170,000)
			〃	次期繰越	(510,000)
		(680,000)			(680,000)

問5

借方科目（記号）		金額	貸方科目（記号）		金額
ウ	繰延税金資産	20,250	イ	法人税等調整額	20,250

第2問 解説

1 全体像の把握

本問は×4年4月から×6年3月までの会計期間について問われています。したがって、時系列と設問の内容を見比べて解いていきましょう。

2 前期末までの取引の整理

1 甲備品

×4年度の期首に取得しているので、×4年度における減価償却費を計算します。なお、本問は直接法を採用しているので、備品勘定から直接控除することに注意しましょう。

（減価償却費）	200,000	（備品）	200,000

償却率	$\frac{1年}{5年}$×200(%)＝0.4
減価償却費	500,000円×0.4＝**200,000円**(問1の解答)

3 当期の期中取引に関する処理

1 4月1日の取引(リース取引)

リース取引は利子込み法を採用しているので、リース料総額を**リース資産（資産）**として処理するとともに、**リース債務（負債）**を計上します。

（リース資産）	680,000	（リース債務）	680,000

リース資産	170,000円×４年＝**680,000円**
リース債務	170,000円×４年＝**680,000円**

2 4月30日の取引(国庫補助金の受入れ)

国庫補助金を受け入れた場合、**国庫補助金受贈益（収益）**で処理します。

（当座預金）	300,000	（国庫補助金受贈益）	300,000

3 7月1日の取引(機械装置の購入)

① 機械装置の購入

機械装置を購入した場合、**機械装置（資産）**の増加として処理します。

（機械装置）	900,000	（当座預金）	900,000

② 圧縮記帳

本問は直接控除方式のため、**固定資産圧縮損（費用）**を計上するとともに、**機械装置（資産）**の減少として処理します。

（固定資産圧縮損）	300,000	（機械装置）	300,000

4 9月1日の取引(乙備品の購入)

備品を購入した場合、**備品（資産）**の増加として処理します。

（備品）	300,000	（当座預金）	300,000

5 12月31日の取引(甲備品の除却)

備品を除却した場合、備品勘定の除却時の帳簿価額と見積処分価額の差額を**固定資産除却損（費用）**で処理します。また、見積処分価額は**貯蔵品（資産）**の増加として処理します。

（減価償却費）	90,000	（備　　　品）	300,000
（貯　蔵　品）	150,000		
（固定資産除却損）	60,000		

備　　品｜500,000円－200,000円＝300,000円（期首帳簿価額）

減価償却費｜$300,000円 \times 0.4 \times \frac{9か月}{12か月} = 90,000円$

固定資産除却損｜300,000円－90,000円－150,000円＝**60,000円（問2の解答）**

6　3月31日の取引（リース料の支払い）

本問は利子込み法を採用しているので、リース料の支払時の処理は年間リース料の金額を**リース債務（負債）**の減少として処理します。

（リース債務）	170,000	（当座預金）	170,000

4　当期の決算整理に関する処理

1　乙備品の減価償却に関する処理

乙備品は期中に購入しているため、減価償却費は月割りで計上します。

（減価償却費）	87,500	（備　　　品）	87,500

償却率｜$\frac{1年}{4年} \times 200(\%) = 0.5$

減価償却費｜$300,000円 \times 0.5 \times \frac{7か月}{12か月} =$ **87,500円**

2　機械装置の減価償却に関する処理

機械装置は圧縮記帳を行っているので、圧縮記帳考慮後の取得価額で減価償却を行います。なお、期中に購入しているため減価償却費は月割りで計上します。

（減価償却費）	180,000	（機械装置）	180,000

償却率｜$\frac{1年}{5年} \times 200(\%) = 0.4$

減価償却費｜$(900,000円 - 300,000円) \times 0.4 \times \frac{9か月}{12か月} =$ **180,000円**

3 リース資産の減価償却に関する処理

ファイナンス・リース取引の場合、通常の固定資産と同様、減価償却費を計上します。

（減価償却費）	170,000	（リース資産）	170,000

減価償却費｜680,000円÷4年＝**170,000円**

4 当期における減価償却費の総額

当期に計上した減価償却費を集計します。

甲備品	12月31日の仕訳より	**90,000円**	**合計527,500円（問3の解答）**
乙備品	決算整理仕訳より	**87,500円**	
機械装置	決算整理仕訳より	**180,000円**	
リース資産	決算整理仕訳より	**170,000円**	

5 税効果会計に関する処理

すでに計算した会計上の減価償却費と、税務上認められている限度内の減価償却費を計算し、その差額から将来減算一時差異を求め、実効税率を掛けて**繰延税金資産（資産）**を計算します。

なお、相手勘定は**法人税等調整額**として処理します。

（繰延税金資産）	20,250	（法人税等調整額）	20,250

①会計上の減価償却費｜決算整理仕訳より180,000円

②税務上の減価償却費｜$(900,000円-300,000円)\times 0.25\times\frac{9か月}{12か月}=112,500円$

③将来減算一時差異｜180,000円−112,500円＝67,500円

④繰延税金資産｜67,500円×30％＝**20,250円**

第3問 解答　合計20点（各2点）

貸借対照表
×5年3月31日
（単位：円）

資産の部		
Ⅰ 流動資産		
現金及び預金		(2,508,800)
売掛金	(3,688,000)	
貸倒引当金	(36,880)	(3,651,120)
商品		(3,400,000)
未収入金		(616,000)
流動資産合計		(10,175,920)
Ⅱ 固定資産		
建物	(6,000,000)	
減価償却累計額	(2,200,000)	(3,800,000)
備品	(2,880,000)	
減価償却累計額	(480,000)	(2,400,000)
投資有価証券		(3,080,000)
長期貸付金	(1,200,000)	
貸倒引当金	(96,000)	(1,104,000)
固定資産合計		(10,384,000)
資産合計		(20,559,920)
負債の部		
Ⅰ 流動負債		
買掛金		(3,094,400)
未払法人税等		(821,600)
流動負債合計		(3,916,000)
Ⅱ 固定負債		
繰延税金負債		(31,200)
固定負債合計		(31,200)
負債合計		(3,947,200)
純資産の部		
Ⅰ 株主資本		
資本金		(12,000,000)
繰越利益剰余金		(4,388,720)
株主資本合計		(16,388,720)
Ⅱ 評価・換算差額等		
その他有価証券評価差額金		(224,000)
評価・換算差額等合計		(224,000)
純資産合計		(16,612,720)
負債純資産合計		(20,559,920)

第3問 解説

1 全体像の把握

本問は貸借対照表の作成なので、仕訳を行ったあと、貸借対照表項目のみを効率的に集計しましょう。

2 決算整理事項等

1 保険金の確定に関する処理

保険金が確定したので、火災未決算を**火災損失（費用）**に振り替えます。

（未収入金）	616,000	（火災未決算）	1,440,000
（火災損失）	824,000		

火災損失 1,440,000円－616,000円＝**824,000円**

2 貸倒引当金の設定

期末債権について貸倒引当金を設定します。

（貸倒引当金繰入）	32,080	（貸倒引当金）	32,080

貸倒引当金繰入

$$3,688,000円 \times \frac{10}{1,000} = 36,880円（貸倒引当金）$$

$$36,880円 - 4,800円 = \mathbf{32,080円}$$

3 売上原価の計算と期末商品の評価

① 売上原価の計算

期首商品棚卸高を繰越勘定から仕入に振り替えるとともに、期末商品棚卸高を仕入から繰越商品に振り替えます。

（仕入）	3,360,000	（繰越商品）	3,360,000
（繰越商品）	3,560,000	（仕入）	3,560,000

② 商品評価損の計算

問題文の指示にしたがい、**商品評価損（費用）**を計上します。

（商品評価損）	160,000	（繰越商品）	160,000

4 減価償却費の計上

① 建物

建物に関する減価償却費を計上します。

（減価償却費）	200,000	（建物減価償却累計額）	200,000

減価償却費 | 6,000,000円÷30年＝**200,000円**

② 備品

減価償却費の損金算入限度超過額に関して**繰延税金資産（資産）**を計上します。

（減価償却費）	480,000	（備品減価償却累計額）	480,000
（繰延税金資産）	36,000	（法人税等調整額）	36,000

減価償却費 | 2,880,000円÷6年＝**480,000円**

繰延税金資産 | 2,880,000円÷8年＝360,000円
（8年：税務上の耐用年数）

480,000円－360,000円＝120,000円
（120,000円：損金算入限度超過額）

120,000円×30％＝**36,000円**
（30％：実効税率）

5 貸付金に関する貸倒引当金の設定

貸付金に関する貸倒引当金が税務上認められなかったため、税効果会計を適用します。

（貸倒引当金繰入）	96,000	（貸倒引当金）	96,000
（繰延税金資産）	28,800	（法人税等調整額）	28,800

貸倒引当金繰入 | 1,200,000円×８％＝**96,000円**

繰延税金資産 | 96,000円×30％＝**28,800円**

6 その他有価証券

その他有価証券は時価で評価し、取得原価との差額は**その他有価証券評価差額金（純資産）**で処理します。なお、本問では当期首における再振替仕訳が未処理であるため、再振替仕訳も行います。

① 再振替仕訳(未処理事項)

（その他有価証券）	40,000	（繰延税金資産）	12,000
		（その他有価証券評価差額金）	28,000

繰延税金資産 | 残高試算表より**12,000円**

その他有価証券評価差額金 | 残高試算表より**28,000円**

② 決算整理仕訳

（その他有価証券）	320,000	（繰延税金負債）	96,000
		（その他有価証券評価差額金）	224,000

繰延税金負債 | 2,720,000円＋40,000円＝2,760,000円
（40,000円：再振替仕訳）
3,080,000円－2,760,000円＝320,000円
320,000円×30％＝**96,000円**

その他有価証券評価差額金 | 320,000円－96,000円＝**224,000円**

7 法人税、住民税及び事業税の計上

問題文の指示にしたがって未払法人税等を計上します。なお、中間納付として支払っている**仮払法人税等（資産）**を考慮して計算します。

（法人税、住民税及び事業税）	1,109,600	（仮払法人税等）	288,000
		（未払法人税等）	821,600

法人税、住民税及び事業税 | 288,000円＋821,600円＝**1,109,600円**

8 繰延税金資産と繰延税金負債の相殺

繰延税金資産と繰延税金負債は相殺し、固定項目として表示します。

（繰延税金負債）	64,800	（繰延税金資産）	64,800

繰延税金資産 | 36,000円＋28,800円＝**64,800円**
（36,000円：備品、28,800円：貸倒引当金、64,800円：繰延税金資産）

9 繰越利益剰余金の計算

繰越利益剰余金は、貸借対照表の貸借差額となります。

繰越利益剰余金 | 20,559,920円－16,171,200円＝**4,388,720円**
（20,559,920円：借方合計、16,171,200円：貸方合計）

第 4 問 （1）解答（仕訳１組につき各４点） 合計12点

	借方			貸方		
	記号		金額	記号		金額
1	キ	賃率差異	30,000	ク	賃金	30,000
2	ア	仕掛品	122,000	エ	第１製造部門費	66,000
				ク	第２製造部門費	56,000
3	ウ	賃率差異	58,000	ア	仕掛品	112,000
	エ	時間差異	54,000			

最低でも２問は正解してほしいね！

第 4 問 （1）解説

1 労務費

1 予定賃率にもとづく消費賃金と実際消費賃金との差異を賃率差異勘定に振り替える。直接工の予定賃率は１時間あたり1,500円、直接作業時間は800時間であった。また、直接工の当月賃金支払高は1,180,000円、当月賃金未払高200,000円、前月賃金未払高150,000円であった。

予定賃率にもとづいて仕掛品勘定へ振り替えているため、実際消費額との差額を賃率差異として処理します。

仕訳

（賃率差異）	30,000	（賃金）	30,000

予定消費高　@1,500円×800時間＝**1,200,000円**

実際消費額　1,180,000円＋200,000円（当月未払高）－150,000円（前月未払高）＝**1,230,000円**

賃率差異　1,200,000円－1,230,000円＝**－30,000円（不利差異）**

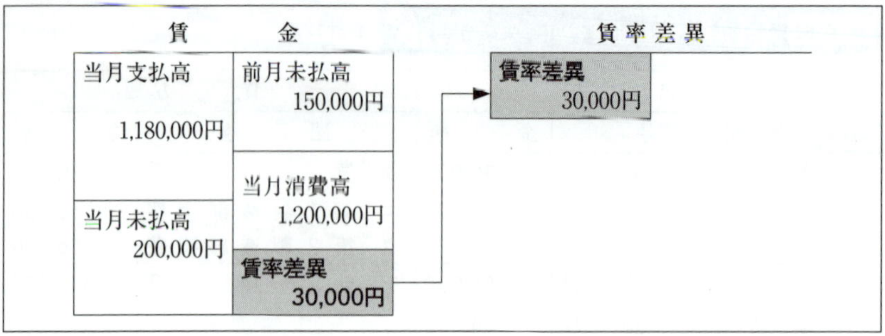

2 部門別個別原価計算

2 当社では製造部門費の予定配賦を行っており、第1製造部門の予定配賦率は600円/時間（配賦基準は機械運転時間）、第2製造部門の予定配賦率は800円/時間（配賦基準は直接作業時間）である。なお、当月の第1製造部門の機械運転時間は製造指図書#101に対して60時間、製造指図書#201に対して50時間、第2製造部門の直接作業時間は製造指図書#101に対して40時間、製造指図書#201に対して30時間である。

部門費ごとに金額を集計し、各部門費勘定から**仕掛品勘定**へ振り替えます。

仕　訳

（仕　　掛　　品）	122,000	（第 1 製 造 部 門 費）	66,000
		（第 2 製 造 部 門 費）	56,000

第1製造部門費　@600円/時間×（60時間＋50時間）＝**66,000円**
　　　　　　　　　　　　　　#101　　　#201

第2製造部門費　@800円/時間×（40時間＋30時間）＝**56,000円**
　　　　　　　　　　　　　　#101　　　#201

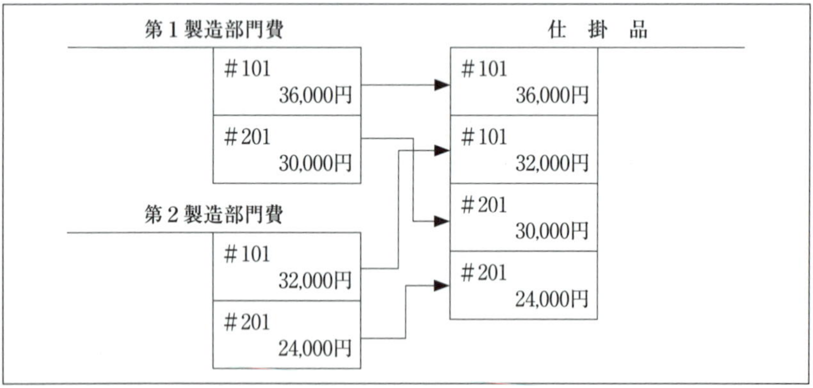

3 標準原価計算

3 当社では標準原価計算（パーシャル・プランにより記帳）を採用しており、当月において賃率差異と時間差異を計上した。なお、直接労務費の標準賃率は直接作業時間１時間あたり1,800円、標準直接作業時間は550時間であり、実際賃率は直接作業時間１時間あたり1,900円、実際直接作業時間は580時間であった。

- ✓ パーシャル・プランの場合、仕掛品勘定の借方は実際原価を用いて記帳します。
- ✓ 仕掛品勘定の実際原価と標準原価との差額を差異として処理します。

仕　訳

（賃　率　差　異）	58,000	（仕　掛　品）	112,000
（時　間　差　異）	54,000		

賃率差異｜(@1,800円－@1,900円)×580時間＝**－58,000円(不利差異)**

時間差異｜@1,800円×(550時間－580時間)＝**－54,000円(不利差異)**

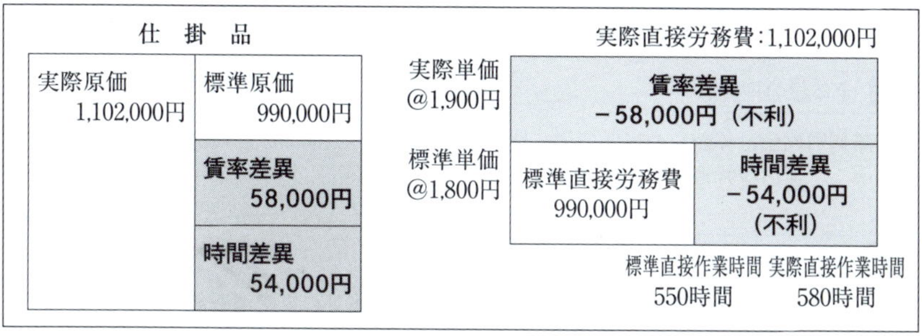

第４問 (2)解答（各４点） 合計16点

問1	材料消費価格差異	106,000 円	（有利差異 ・ 不利差異）
問2	完成品原価	1,485,000 円	両方正解で４点
	月末仕掛品原価	873,000 円	
問3	予算差異	35,000 円	（有利差異 ・ 不利差異）
問4	操業度差異	40,000 円	（有利差異 ・ 不利差異）

第４問 (2)解説

1 全体像の把握

実際個別原価計算からの出題です。費目別の計算から完成品原価の計算まで問われているので、一連の流れを思い出しながら解きましょう。

2 材料消費価格差異の計算（問１）

まず、材料の払出単価を先入先出法により算出し、当月の実際消費高を計算します。そして、実際消費額と予定消費額を比較して材料消費価格差異を計算します。

	材	料
月初有高 @600円/kg	月初有高 400kg	当月消費量 1,800kg
当月仕入高 @650円/kg	当月仕入高 1,600kg	月末有高 200kg

当月実際消費額
@600円/kg × 400kg = 240,000円
@650円/kg × （1,600kg − 200kg） = 910,000円
240,000円 + 910,000円 = **1,150,000円**

材料消費価格差異 | @580円/kg × 1,800kg（予定消費額） − 1,150,000円（実際消費額） = **−106,000円（不利差異）**

3 完成品原価と月末仕掛品原価の計算（問２）

原価計算表を作成し、完成品原価と月末仕掛品原価を集計します。問題文より、完成品原価として集計するのは当月末までに完成した指図書＃101と一部仕損を補修するための指図書＃101-1で、未完成の＃201は月末仕掛品原価となります。

	＃101	＃101-1	＃201	合計
直接材料費	580,000円	116,000円	348,000円	1,044,000円
直接労務費	319,000円	64,000円	191,000円	574,000円
製造間接費	296,000円	110,000円	334,000円	740,000円
合計	**1,195,000円**	**290,000円**	**873,000円**	**2,358,000円**
	完成	完成	仕掛中	

＃101　@580円/kg×1,000kg＝**580,000円**
＃101-1　@580円/kg×200kg＝**116,000円**
＃201　@580円/kg×600kg＝**348,000円**

完成品原価　1,195,000円（＃101）＋290,000円（＃101-1）＝**1,485,000円**

月末仕掛品原価　**873,000円**（＃201）

4 製造間接費の計算（問３、問４）

問題文より、製造間接費の予定配賦額と固定予算額との差額を操業度差異、固定予算額と実際発生額の差額を予算差異として処理します。なお、製造間接費は予定配賦率で計算しているため、原価計算表の製造間接費合計額740,000円が予定配賦額となります。

予算差異　780,000円（予算額）－815,000円（実際発生額）＝**－35,000円（不利差異）**

操業度差異　740,000円（予定配賦額）－780,000円（予算額）＝**－40,000円（不利差異）**

第5問 解答 合計12点 (各2点)

仕　掛　品

借方	金額	貸方	金額
期首有高	435,000	当期完成高	(4,634,000)
直接材料費	(2,950,000)	期末有高	(480,000)
直接労務費	(1,235,000)		
変動製造間接費	(494,000)		
	(5,114,000)		(5,114,000)

損　益　計　算　書

(単位:円)

Ⅰ 売上高		7,600,000
Ⅱ 変動売上原価		
1 期首製品棚卸高	530,000	
2 当期製品変動製造原価	(4,634,000)	
合計	(5,164,000)	
3 期末製品棚卸高	(470,000)	
差引	(4,694,000)	
4 原価差異	(22,000)	(4,716,000)
変動製造マージン		(2,884,000)
Ⅲ 変動販売費		(485,000)
貢献利益		(2,399,000)
Ⅳ 固定費		
1 製造固定費	(1,037,000)	
2 固定販売費・一般管理費	(670,000)	(1,707,000)
営業利益		(692,000)

第5問 解説

1 全体像の把握

本問は直接原価計算による仕掛品勘定の作成と損益計算書の作成です。変動費は製品原価、固定費は期間原価とするので、その違いを意識して各項目の勘定の流れを確認しながら解きましょう。

2 仕掛品勘定の記入

1 直接材料費の計算

直接材料費の消費額を計算し、仕掛品勘定の借方に記入します。

原　　料

期首有高 360,000円	**当期消費高 2,950,000円**
当期仕入高 2,900,000円	期末有高 310,000円

期　首　有　高	360,000円
当　期　仕　入　高	2,900,000円
期　末　有　高	－310,000円
当　期　消　費　高	**2,950,000円**

2 直接労務費の計算

直接労務費となる直接工賃金の消費高を計算し、仕掛品勘定の借方に記入します。

直　接　工　賃　金

当期支払高 1,250,000円	期首未払高 165,000円
期末未払高 150,000円	**当期消費高 1,235,000円**

当　期　支　払　高	1,250,000円
期　首　未　払　高	－165,000円
期　末　未　払　高	150,000円
当　期　消　費　高	**1,235,000円**

3 変動製造間接費の計算

変動製造間接費は、直接労務費を基準に予定配賦額を計算します。

予定配賦額 | 1,235,000円（直接労務費）×40％＝**494,000円**（予定配賦額）

4 当期完成高の計算

当期完成高は仕掛品勘定の貸借差額となります。

仕　　掛　　品

期首有高 435,000円	**当期完成高 4,634,000円**
直接材料費 2,950,000円 直接労務費 1,235,000円 変動製造間接費 494,000円	期末有高 480,000円

期　首　有　高	435,000円
直　接　材　料　費	2,950,000円
直　接　労　務　費	1,235,000円
変動製造間接費	494,000円
期　末　有　高	－480,000円
当　期　完　成　高	**4,634,000円**

3 損益計算書の作成

1 当期製品製造原価の計算

仕掛品勘定の当期完成高**4,634,000円**が当期製品製造原価となります。

2 変動売上原価の計算

① 変動売上原価の計算(原価差異加算前)

売上原価 | 530,000円＋4,634,000円－470,000円＝**4,694,000円**

530,000円：期首　4,634,000円：当期完成　470,000円：期末　4,694,000円：変動売上原価

② 原価差異の計算

予定変動製造間接費と実際変動製造間接費の差異を計算します。

ⅰ)変動製造間接費実際発生額の計算

間接労務費と間接経費を集計して実際変動製造間接費を計算します。

間接労務費 | 380,000円－40,000円＋36,000円＝**376,000円**

380,000円：当期支払高　40,000円：期首未払高　36,000円：期末未払高

水道料 | **140,000円**

変動製造間接費 | 376,000円＋140,000円＝**516,000円**

ⅱ)原価差異の計算

予定変動製造間接費から実際変動製造間接費を差し引いて差異の金額を計算します。

原価差異 | 494,000円－516,000円＝**－22,000円(不利差異)**

494,000円：予定　516,000円：実際　－22,000円：原価差異

ⅲ)変動売上原価の計算(原価差異加算後)

原価差異は不利差異のため、売上原価に加算します。

売上原価 | 4,694,000円＋22,000円＝**4,716,000円**

3 変動製造マージンの計算

売上高から変動売上原価を差し引いて変動製造マージンを計算します。

変動製造マージン | 7,600,000円－4,716,000円＝**2,884,000円**

4 変動販売費の計算

問題文の指示にしたがい、変動販売費**485,000円**を計上します。

5 貢献利益の計算

変動製造マージンから変動販売費を差し引き、貢献利益を計算します。

変動製造マージン | **2,884,000円**

変動販売費 | **485,000円**

貢献利益 | 2,884,000円－485,000円＝**2,399,000円**

6 固定費の計算

① 製造固定費の計算

製造原価のうち固定費部分を集計します。

工場従業員給料	540,000円－63,000円＋60,000円＝**537,000円**
	当期支払高　期首未払高　期末未払高
賃　借　料	**155,000円**
減価償却費	**210,000円**
そ　の　他	**135,000円**
合　　　計	537,000円＋155,000円＋210,000円＋135,000円＝**1,037,000円**

② 固定販売費、一般管理費の計算

販売費および一般管理費のうち固定費部分を集計します。

固定販売費	**315,000円**
一般管理費	**355,000円**
合　　　計	315,000円＋355,000円＝**670,000円**

7 営業利益の計算

貢献利益から固定費を差し引いて営業利益を計算します。

営業利益 | 2,399,000円－1,037,000円－670,000円＝**692,000円**

第5回 日商簿記2級予想問題　解答・解説

	第1問	第2問	第3問	第4問	第5問	合計
配　点	20点	20点	20点	28点	12点	100点
目標点	16点	14点	16点	20点	9点	75点
1回目	点	点	点	点	点	点
2回目	点	点	点	点	点	点

■解答順序とアドバイス

第1問

- まず問題文全体を確認し、時間配分を考慮して確実に解答できる問題から解きましょう。少しでも考えさせられる問題と判断したら後回しにしましょう。
- ネット試験の受験の場合、例えば、「普通預金」と「当座預金」など、似ている勘定科目のプルダウンでの選択ミスをしないように注意しましょう。
- 収益認識に関する会計処理については、基本的な内容はマスターしましょう。

↓

第5問

- CVP分析は得点源です。満点を狙いましょう。CVP分析は計算式を暗記して解答する方法もありますが、本質を理解しておけば公式の暗記は不要です。応用力を養うためにも、CVP分析の本質を理解しましょう。

↓

第4問

- 仕訳問題は全体を確認し、時間配分を考慮して確実に解答できる問題から解きましょう。少しでも考えさせられる問題と判断したら後回しにしましょう。
- 部門別個別原価計算に関する問題です。本問では予定配賦をしているので、まずは予定配賦額を計算します。その後、実際発生額と比較し、製造間接費差異まで求めさせる一連の問題です。

↓

第3問

- 本問は損益計算書の作成問題です。内容は標準よりやや簡単な問題ですが、ボリュームが多いので、第2問とのバランスを考えながら解きましょう。仮に、連結会計が苦手な受験生は、本問については満点を狙うつもりで解きましょう。

↓

第2問

- 本問は連結精算表の作成問題です。ボリュームこそ多くはありませんが、難しい内容も含まれています。本問は満点を狙わず、第3問とのバランスを考えつつ、確実に得点できる部分から進めていきましょう。

第１問 解答（仕訳１組につき各４点） 合計20点

	借方 記号		借方 金額	貸方 記号		貸方 金額
1	イ	当座預金	426,000	キ	電子記録債権	430,000
	エ	電子記録債権売却損	4,000			
2	イ	建物	1,000,000	ウ	普通預金	2,500,000
	エ	修繕引当金	1,200,000			
	ア	修繕費	300,000			
3	カ	研究開発費	4,450,000	オ	普通預金	4,450,000
4	オ	契約負債	250,000	イ	売上	250,000
5	イ	前受金	800,000	エ	役務収益	800,000
	ア	役務原価	500,000	カ	普通預金	500,000

第１問は最低でも３問は正解してほしいね！

第１問 解説

1 債権債務

1 電子記録債権￥430,000を割り引くために、取引銀行より電子債権記録機関に譲渡記録の請求を行い、割引料￥4,000を差し引いた手取金が当座預金口座に振り込まれた。

✓電子記録債権を割り引いた場合、割引料は**電子記録債権売却損（費用）**として処理します。

仕訳

（当座預金）	426,000	（電子記録債権）	430,000
（電子記録債権売却損）	4,000		

当座預金｜430,000円－4,000円＝**426,000円**

2 有形固定資産

2 本社建物の修繕工事を行い、代金¥2,500,000は普通預金口座を通じて支払った。なお、工事代金の40%は改良のための支出である。また、この修繕工事に備えて、前期までに¥1,200,000の引当金を設定している。

- 建物の改良のための支出に関しては、資本的支出として**建物（資産）**の増加として処理します。
- 建物の機能維持のための支出に関しては、**修繕費（費用）**として処理します。なお、修繕に関する引当金が計上されている場合、**修繕引当金（負債）**を取り崩し、不足金額につき修繕費として処理します。

仕訳

（建　　　　物）	1,000,000	（普　通　預　金）	2,500,000
（修 繕 引 当 金）	1,200,000		
（修　　繕　　費）	300,000		

建　物｜2,500,000円×40％＝**1,000,000円**
修繕費｜2,500,000円－1,000,000円－1,200,000円＝**300,000円（貸借差額）**

3 研究開発費

3 研究開発に従事している従業員の給料¥450,000および特定の研究開発にのみ使用する目的で購入した機械装置の代金¥4,000,000につき、普通預金口座を通じて支払った。

- 新製品の研究、開発に関する費用、および特定の研究開発のために購入した機械装置などは、**研究開発費（費用）**として処理します。

仕訳

（研 究 開 発 費）	4,450,000	（普　通　預　金）	4,450,000

研究開発費｜450,000円＋4,000,000円＝**4,450,000円**

4 収益認識

4 本日、得意先である群馬商事株式会社へ商品¥250,000を引き渡した。なお、群馬商事株式会社とは先月末に商品¥250,000を販売する契約を締結し、先週末に商品代金の全額が当座預金口座へ振り込まれている。

- 商品を引き渡した時点で**売上（収益）**を計上するとともに、商品代金が振り込まれたさいに計上している**契約負債（負債）**を減少させます。

仕　訳

（契　約　負　債）	250,000	（売　　　　上）	250,000

本問の一連の流れは次のようになります。

【契約締結時（先月末）】

仕訳なし

【商品代金受入時（先週末）】

商品代金を事前に受け取っている場合、前受金または契約負債で処理します。なお、使用する勘定科目については問題文、および選択肢から判断しましょう。

（当　座　預　金）	250,000	（契　約　負　債）	250,000

【財・サービス提供時（本日）】

売上を計上するとともに、代金受入時に計上した契約負債を減少させます。

（契　約　負　債）	250,000	（売　　　　上）	250,000

5 サービス業の会計処理

5 旅行業を営む東海トラベルは、ツアーを催行し、宿泊費、交通費など、¥500,000につき普通預金口座を通じて支払った。なお、ツアー代金合計¥800,000は事前に現金で受け取っている。

✓サービス業では、サービスの提供を行った時点で**役務収益（収益）**として処理するとともに、その提供したサービスに対する費用を**役務原価（費用）**で処理します。

仕　訳

（前　　受　　金）	800,000	（役　務　収　益）	800,000
（役　務　原　価）	500,000	（普　通　預　金）	500,000

代金を事前に受け取っている場合、前受金または契約負債で処理します。なお、使用する勘定科目については問題文、および選択肢から判断しましょう（本問は選択肢より前受金で処理します）。

第2問 解答 合計20点 (各2点)

連結精算表 (単位:千円)

科目	個別財務諸表		修正・消去		連結財務諸表
	P社	S社	借方	貸方	
貸借対照表					
現金預金	252,000	181,500			433,500
受取手形	445,000	382,000		100,000	727,000
売掛金	672,000	445,000		200,000	917,000
商品	518,000	335,000		32,000	821,000
貸付金	210,000	197,000			407,000
前払費用	17,000	12,500	150		29,650
土地	231,000	200,000		5,000	426,000
建物	125,000				125,000
減価償却累計額	△ 50,000				△ 50,000
のれん			17,600	2,200	15,400
S社株式	160,000			160,000	－
資産合計	2,580,000	1,753,000	17,750	499,200	3,851,550
支払手形	486,000	388,000	100,000		724,000
			50,000		
買掛金	599,000	644,000	200,000		1,043,000
前受収益	24,000	38,000			62,000
短期借入金	321,000	420,000		50,000	791,000
資本金	400,000	150,000	150,000		400,000
資本剰余金	200,000	30,000	30,000		200,000
利益剰余金	550,000	83,000	64,400		528,350
			522,900	482,650	
非支配株主持分			2,000	102,000	103,200
				3,200	
負債純資産合計	2,580,000	1,753,000	1,119,300	637,850	3,851,550
損益計算書					
売上高	2,184,000	1,512,000	480,000		3,216,000
売上原価	1,219,600	1,097,400	32,000	480,000	1,869,000
販売費及び一般管理費	651,000	403,200			1,054,200
のれん償却			2,200		2,200
受取利息	7,280	1,120			8,400
支払利息	5,600	2,520	500	150	8,470
手形売却損	8,800	7,000		500	15,300
土地売却益		5,000	5,000		－
当期純利益	306,280	8,000	519,700	480,650	275,230
非支配株主に帰属する当期純利益			3,200	2,000	1,200
親会社株主に帰属する当期純利益	306,280	8,000	522,900	482,650	274,030

第2問 解説

1 全体像の把握

本問は連結3年目の連結精算表が問われており、親会社が子会社に売却するダウン・ストリームと子会社が親会社に売却するアップ・ストリームが問われています。したがって、まずはタイムテーブルなどを作成して前年度の取引を確認しつつ、資本連結を解き、その後、内部取引の相殺消去や未実現利益の消去を解いていきます。

また、本問は連結精算表のうち、連結貸借対照表と連結損益計算書の作成が問われており、連結株主資本等変動計算書の作成は問われていません。

したがって、本問では貸借対照表の勘定科目で仕訳を行うことで効率的に解答できます。

2 タイムテーブルの作成

タイムテーブルを作成し、全体像を把握します。

	支配獲得日 ×0年3/31 60%		×1年3/31		前期末 ×2年3/31	当期末 ×3年3/31
資本金	150,000千円		150,000千円		150,000千円	150,000千円
資本剰余金	30,000千円		30,000千円		30,000千円	30,000千円
利益剰余金	50,000千円	→ 4,000千円	60,000千円	→ 6,000千円	75,000千円	83,000千円
非支配株主持分	92,000千円					
S社株式	160,000千円					
のれん	22,000千円	→ △2,200千円	19,800千円	→ △2,200千円	17,600千円	

当社では剰余金の配当は行っていないので、期末の繰越利益剰余金から当期純利益を差し引いた金額が前年度のS社の繰越利益剰余金となります。

×2年3月31日における繰越利益剰余金

83,000千円－8,000千円＝75,000千円
（8,000千円：×2年度当期純利益）

×1年3月31日における繰越利益剰余金

50,000千円＋10,000千円＝60,000千円
（10,000千円：×0年度当期純利益）

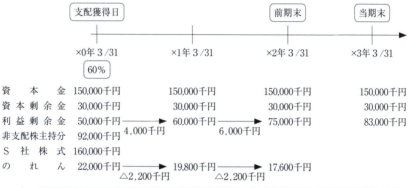

3 開始仕訳(以下、仕訳の単位千円)

前年度までの取引を整理し、開始仕訳を行います。

1 支配獲得日の連結修正仕訳(×0年3月31日)

支配獲得時の投資と資本を相殺消去し、のれんを計上します。

(資本金)	150,000	(S社株式)	160,000
(資本剰余金)	30,000	(非支配株主持分)	92,000
(利益剰余金)	50,000		
(のれん)	22,000		

のれん | (150,000千円+30,000千円+50,000千円)×60%(親会社持分)−160,000千円=**−22,000千円**

非支配株主持分 | (150,000千円+30,000千円+50,000千円)×40%(非支配株主持分)=**92,000千円**

2 前々期における連結修正仕訳(×0年4月1日～×1年3月31日)

損益項目に関しては**利益剰余金**で仕訳を行います。

①のれんの償却

(利益剰余金)(のれん償却)	2,200	(のれん)	2,200

利益剰余金 | 22,000千円÷10年=**2,200千円**

②当期純利益の非支配株主への振り替え

(利益剰余金)(非支配株主に帰属する当期純利益)	4,000	(非支配株主持分)	4,000

利益剰余金 | (60,000千円−50,000千円)×40%=**4,000千円**

3 前期における連結修正仕訳(×1年4月1日～×2年3月31日)

損益項目に関しては**利益剰余金**で仕訳を行います。

①のれんの償却

(利益剰余金)(のれん償却)	2,200	(のれん)	2,200

利益剰余金 | 22,000千円÷10年=**2,200千円**

② 当期純利益の非支配株主への振り替え

(利益剰余金) 非支配株主に帰属する当期純利益	6,000	(非支配株主持分)	6,000

利益剰余金 | (75,000千円－60,000千円)×40％＝**6,000千円**

4 開始仕訳(1＋2＋3)

上記の仕訳をまとめると、×2年度の開始仕訳となります。

(資本金)	150,000	(S社株式)	160,000
(資本剰余金)	30,000	(非支配株主持分)	102,000
(利益剰余金)	64,400		
(のれん)	17,600		

4 当期における連結修正仕訳(×2年4月1日～×3年3月31日)

当期における親子会社間の取引の相殺消去、未実現利益の消去を行います。

1 のれんの償却

(のれん償却)	2,200	(のれん)	2,200

のれん償却 | 22,000千円÷10年＝**2,200千円**

2 当期純利益の非支配株主への振り替え

(非支配株主に帰属する当期純利益)	3,200	(非支配株主持分)	3,200

非支配株主に帰属する当期純利益 | 8,000千円(当期純利益)×40％＝**3,200千円**

3 期末商品に含まれる未実現利益の消去(ダウン・ストリーム)

本問は親会社が子会社へ商品を販売しているので、親会社が付加した未実現利益を消去します。

(売上原価)	32,000	(商品)	32,000

商品 | 160,000千円×20％＝**32,000千円**

4 売上高と売上原価の相殺消去

本問では親会社が子会社に商品を販売しているので、連結財務諸表を作成するために親子会社間の取引について相殺消去の仕訳を行います。

(売上高)	480,000	(売上原価)	480,000

5 売掛金と買掛金の相殺消去

親会社の子会社に対する売掛金と、子会社の親会社に対する買掛金を相殺消去します。

(買掛金)	200,000	(売掛金)	200,000

6 受取手形と支払手形の相殺消去

子会社が親会社に対して振り出した手形を相殺消去します。なお、本問では親会社が子会社から受け取った手形について裏書き、および割引きを実施しているため、それぞれ異なる処理が必要となります。

① 受取手形に関する処理

子会社が振り出した手形のうち、親会社が保有している受取手形については、支払手形と相殺消去します。

(支払手形)	100,000	(受取手形)	100,000

受取手形 | 180,000千円－30,000千円（裏書手形）－50,000千円（割引手形）＝**100,000千円**

② 手形の裏書きに関する処理

親会社が手形を裏書きしたことにより手形は連結グループの外部に振り出したことになるので、仕訳は不要となります。

手形の裏書きを厳密に考えると、子会社が振り出した手形はなくなりますが、新たに連結グループとして振り出した手形となるので、次のような仕訳となります。

(支払手形)	30,000	(支払手形)	30,000

③ 手形の割引きに関する処理

個別会計上は手形の割引きとして処理しますが、連結グループとして考えると手形の割引きによる銀行からの借入れとなるため、支払手形を短期借入金に振り替えます。

(支払手形)	50,000	(短期借入金)	50,000

④ 手形の割引料に関する処理

個別会計上は手形の割引きに伴う割引料は手形売却損として処理しますが、連結グループとして考えると手形の割引きによる銀行からの借入れとなるので、手形売却損を**支払利息**に振り替えます。

(支払利息)	500	(手形売却損)	500

⑤ 次期の期間にかかる割引料に関する処理

手形の割引料のうち、次期の期間にかかる金額は**前払費用**として処理します。

（前払費用）	150	（支払利息）	150

7 土地の売却に関する未実現利益の消去（アップ・ストリーム）

子会社が、親会社に土地を売却しているので、その土地の売却に関する未実現利益を消去します。なお、子会社の非支配株主の持分割合に応じて非支配株主持分を調整します。

（土地売却益）	5,000	（土地）	5,000
（非支配株主持分）	2,000	（非支配株主に帰属する当期純利益）	2,000

土地売却益｜155,000千円－150,000千円＝**5,000千円**
非支配株主持分｜5,000千円×40％＝**2,000千円**

第 3 問 解答 合計20点 (各2点)

損 益 計 算 書

自×5年4月1日　至×6年3月31日　　(単位:円)

Ⅰ 売上高		(8,880,725)
Ⅱ 売上原価		
1 期首商品棚卸高	(264,000)	
2 当期商品仕入高	(6,771,000)	
合計	(7,035,000)	
3 期末商品棚卸高	(360,000)	
差引	(6,675,000)	
4 棚卸減耗損	(2,500)	
5 商品評価損	(14,300)	(6,691,800)
売上総利益		(2,188,925)
Ⅲ 販売費及び一般管理費		
1 給料	(819,000)	
2 租税公課	(216,000)	
3 減価償却費	(168,240)	
4 貸倒損失	(9,000)	
5 のれん償却	(32,000)	(1,244,240)
営業利益		(944,685)
Ⅳ 営業外収益		
1 有価証券利息	(17,000)	
2 受取利息	(3,000)	
3 貸倒引当金戻入	(5,815)	(25,815)
Ⅴ 営業外費用		
1 支払利息		(13,500)
経常利益		(957,000)
Ⅵ 特別利益		
1 固定資産売却益		(80,000)
Ⅶ 特別損失		
1 固定資産売却損		(150,000)
税引前当期純利益		(887,000)
法人税、住民税及び事業税	(270,000)	
法人税等調整額	(△ 3,900)	(266,100)
当期純利益		(620,900)

第３問 解説

1 全体像の把握

本問は、損益計算書の作成問題で、未処理事項と決算整理事項について問われています。未処理事項を先に解き、その処理を前提に決算整理を行うので、未処理事項の仕訳が決算整理仕訳のどの部分とつながるかあらかじめ把握しておきましょう。

また、損益計算書の作成に関係ある収益、費用項目を中心に集計し、時間を意識して解きましょう。

2 未処理事項

1 売掛金の貸倒れ

前期の売掛金が貸倒れたときは、貸倒引当金がある場合は**貸倒引当金**の減少として処理します。また、当期に販売した売掛金の貸倒れは**貸倒損失（費用）**で処理します。

（貸倒引当金）	6,000	（売掛金）	15,000
（貸倒損失）	9,000		

3 決算整理仕訳

1 貸倒引当金の設定

未処理事項を考慮して期末債権について貸倒引当金を設定します。なお、本問では貸倒引当金残高が貸倒引当金設定額を上回っているので、**貸倒引当金戻入（収益）**として処理します。

（貸倒引当金）	5,815	（貸倒引当金戻入）	5,815

貸倒引当金戻入｜(432,000円＋660,000円－15,000円)×0.5％＝5,385円
5,385円－(17,200円－6,000円)＝**－5,815円(戻入)**

2 売上原価の計算と期末商品の評価

① 売上原価の計算

期首商品棚卸高を仕入に振り替えるとともに、期末商品棚卸高を繰越商品に振り替えて売上原価を計算します。

（仕入）	264,000	（繰越商品）	264,000
（繰越商品）	360,000	（仕入）	360,000

繰越商品(期末)｜@500円×720個＝**360,000円**

② 棚卸減耗損の計算

問題文の指示にしたがい、**棚卸減耗損（費用）**を計上します。

（棚　卸　減　耗　損）	2,500	（繰　越　商　品）	2,500

棚卸減耗損 ┃ (720個－715個)×@500円＝**2,500円**

③ 商品評価損の計算

問題文の指示にしたがい、**商品評価損（費用）**を計上します。

（商　品　評　価　損）	14,300	（繰　越　商　品）	14,300

商品評価損 ┃ (@500円－@480円)×715個＝**14,300円**

④ 仕入勘定への振り替え

問題文の指示により、棚卸減耗損と商品評価損は売上原価の内訳科目として処理するため、仕入へ振り替えます。

（仕　　　　入）	2,500	（棚　卸　減　耗　損）	2,500
（仕　　　　入）	14,300	（商　品　評　価　損）	14,300

以上の計算を図で示すと、次のようになります。

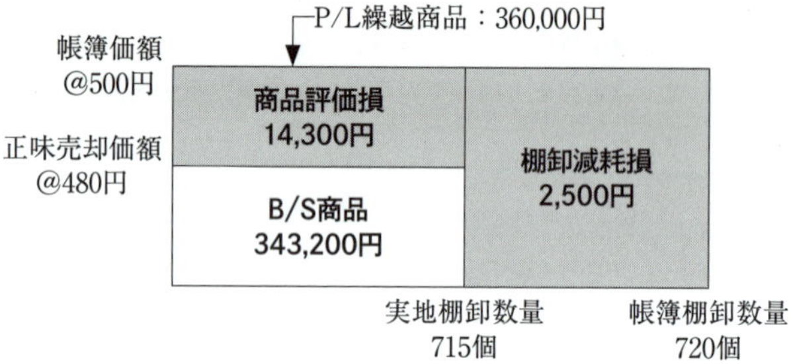

3 建物に関する減価償却費の計上

建物に関する減価償却費を計上します。

（減　価　償　却　費）	30,000	（建物減価償却累計額）	30,000

減価償却費 ┃ $3,600,000\text{円} \div 40\text{年} \times \frac{4\text{か月}}{12\text{か月}} = \mathbf{30,000\text{円}}$

4 備品に関する減価償却費の計上

備品に関する減価償却費を200%定率法により計上します。なお、備品は保証率と改定償却率が問題文に与えられていますが、本問では通常の償却率で計算した金額が償却保証額を上回るため、通常の方法で計算した金額を当期の減価償却費とします。

(減 価 償 却 費)	138,240	(備品減価償却累計額)	138,240

減価償却費

$\frac{1年}{10年}\times 200(\%) = 0.2$(償却率)

(1,080,000円－388,800円)×0.2＝138,240円

1,080,000円×0.06552＝70,761.6円(償却保証額)

138,240円＞70,761.6円

減価償却費：138,240円

5 のれんの償却

のれんを定額法で償却し、**のれん償却（費用）**で処理します。

(の れ ん 償 却)	32,000	(の れ ん)	32,000

のれん償却

$288{,}000円\times\frac{12か月(×5年4月〜×6年3月)}{108か月(×5年4月〜×14年3月)}=$ **32,000円**

6 有価証券の評価

満期保有目的債券の額面金額と帳簿価額との差額は、償却原価法により**有価証券利息（収益）**として処理します。

(満期保有目的債券)	5,000	(有 価 証 券 利 息)	5,000

有価証券利息

1,000,000円－985,000円＝15,000円

$15{,}000円\times\frac{12か月(×5年4月〜×6年3月)}{36か月(×5年4月〜×8年3月)}=$ **5,000円**

7 受取利息の計上

貸付時から決算時までの利息の未収部分を**未収利息（資産）**として処理します。

(未 収 利 息)	3,000	(受 取 利 息)	3,000

未収利息

$600{,}000円\times 2\%\times\frac{3か月}{12か月}=$ **3,000円**

8 支払利息の計上

借入時から決算時までの利息の未払部分を**未払利息（負債）**として処理します。

(支 払 利 息)	13,500	(未 払 利 息)	13,500

9 法人税、住民税及び事業税の計上

損金算入が認められなかった額を考慮して法人税を計上します。

（法人税、住民税及び事業税）	270,000	（仮払法人税等）	121,600
		（未払法人税等）	148,400

法人税、住民税及び事業税｜(887,000円 + 13,000円) × 30％ = **270,000円**
（887,000円：税引前当期純利益、13,000円：損金不算入額）

10 税効果会計の適用

問題文の指示にしたがい、将来減算一時差異について税効果会計を適用します。

（繰延税金資産）	3,900	（法人税等調整額）	3,900

繰延税金資産｜13,000円 × 30％ = **3,900円**

第４問 （１）解答 （仕訳１組につき各４点） 合計12点

	借方			貸方		
	記号		金額	記号		金額
1	エ	材料副費差異	50,000	ウ	材料副費	50,000
2	ウ	原価差異	70,000	ア	製造間接費	70,000
3	ア	A等級製品	1,125,000	イ	仕掛品	2,175,000
	オ	B等級製品	1,050,000			

最低でも２問は正解してほしいね！

第４問 （１）解説

1 材料費

1 当社は材料副費につき予定配賦を実施している。当月の材料副費予定配賦額は2,400,000円であり、実際発生額は2,450,000円であったため、その差額を材料副費差異勘定に振り替えた。

✓材料副費の配賦差異に関する仕訳では、実際発生額と予定配賦額を比較して**材料副費差異**を計算します。

仕訳

（材料副費差異）	50,000	（材料副費）	50,000

材料副費差異｜2,400,000円－2,450,000円＝**－50,000円（不利差異）**

材料副費

実際発生額 2,450,000円	予定配賦額 2,400,000円
	差異 50,000円

2 製造間接費

2 製造間接費の当月における予定配賦額は1,280,000円、実際発生額は1,350,000円であったので、この予定配賦額と実際発生額の差額を原価差異勘定に振り替えた。

✓ 製造間接費の予定配賦額と実際発生額の差額を**原価差異勘定**へ振り替えます。

仕訳

（原　価　差　異）	70,000	（製　造　間　接　費）	70,000

原価差異 ┃ 1,280,000円－1,350,000円＝**－70,000円(不利差異)**

本問では予定配賦額と実際発生額の差額を原価差異として処理していますが、この原価差異をさらに細かく分析すると予算差異と操業度差異に分けることができます。

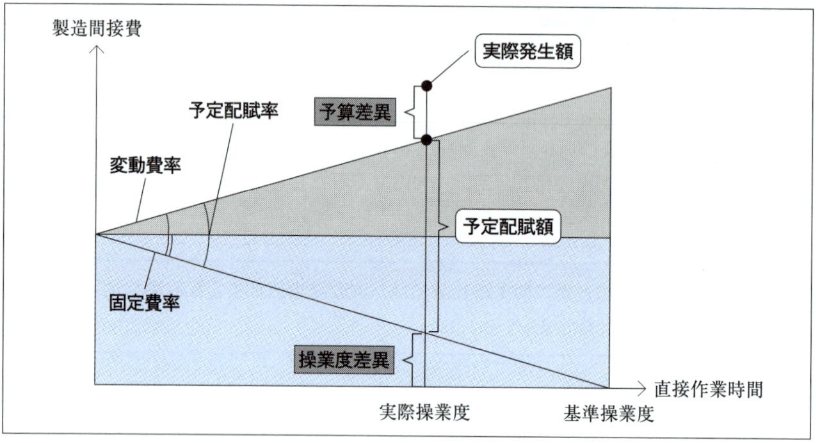

3 等級別総合原価計算

3 当社では等級別総合原価計算を採用しており、今月は6,000個（A等級製品2,500個とB等級製品3,500個）が完成した。なお、完成品の総合原価は2,175,000円であり、等価係数はA等級製品3：B等級製品2である。

✓各製品の完成品数量に等価係数を掛けて積数を計算します。そして、その積数にもとづき完成品原価を製品ごとに按分します。

仕　訳

（A 等 級 製 品）	1,125,000	（仕　掛　品）	2,175,000
（B 等 級 製 品）	1,050,000		

1 積数の計算

積数は完成品数量に等価係数を掛けて計算します。

A等級製品積数｜2,500個×3＝7,500
B等級製品積数｜3,500個×2＝7,000

2 完成品総合原価の計算

積数にもとづいて按分し、完成品総合原価を計算します。

A等級製品｜$\frac{2{,}175{,}000\text{円}}{7{,}500+7{,}000} \times 7{,}500 =$ **1,125,000円**

B等級製品｜$\frac{2{,}175{,}000\text{円}}{7{,}500+7{,}000} \times 7{,}000 =$ **1,050,000円**

第4問 (2)解答

合計16点 (各4点)

問1

月次予算部門別配賦表

(単位：円)

費目	合計	製造部門		補助部門		
		仕上部門	組立部門	動力部門	修繕部門	工場事務部門
部門費	4,500,000	1,020,000	1,180,000	800,000	600,000	900,000
工場事務部門費		**600,000**	**300,000**			
修繕部門費		**360,000**	**240,000**			
動力部門費		**520,000**	**280,000**			
製造部門費	**4,500,000**	**2,500,000**	**2,000,000**			

問2

仕上部門費	配賦差異	**240,000** 円（有利差異・**不利差異**）
組立部門費	配賦差異	**48,000** 円（**有利差異**・不利差異）

第4問 (2)解説

1 全体像の把握

まず、月次予算部門別配賦表を作成しますが、配賦基準の選択を間違えないよう気をつけましょう。また、直接配賦法では補助部門への配賦は無視して行うので注意しましょう。

2 月次予算部門別配賦表の作成

資料にもとづき、直接配賦法で補助部門費を製造部門へ配賦します。

1 工場事務部門費の配賦

工場事務部門費は、従業員数を配賦基準として製造部門へ配賦します。

予定配賦率　$\dfrac{900{,}000円}{60人+30人}=\mathbf{10{,}000円/人}$

仕上部門への配賦額　10,000円/人×60人＝**600,000円**

組立部門への配賦額　10,000円/人×30人＝**300,000円**

2 修繕部門費の配賦

修繕部門費は、修繕時間を配賦基準として製造部門へ配賦します。

予定配賦率	$\frac{600{,}000円}{180時間+120時間}$ = **2,000円/時間**
仕上部門への配賦額	2,000円/時間×180時間＝**360,000円**
組立部門への配賦額	2,000円/時間×120時間＝**240,000円**

3 動力部門費の配賦

動力部門費は、動力消費量を配賦基準として製造部門へ配賦します。

予定配賦率	$\frac{800{,}000円}{650kwh+350kwh}$ = **800円/kwh**
仕上部門への配賦額	800円/kwh×650kwh＝**520,000円**
組立部門への配賦額	800円/kwh×350kwh＝**280,000円**

4 仕上部門費、組立部門費の計算

補助部門費からの配賦額を加えると、次の金額となります。

仕上部門費	1,020,000円＋600,000円＋360,000円＋520,000円＝**2,500,000円**
組立部門費	1,180,000円＋300,000円＋240,000円＋280,000円＝**2,000,000円**

3 製造間接費予定配賦額の計算

製造部門費の予定配賦額を計算します。予定配賦額は、予定配賦率に実際直接作業時間を掛けて計算します。

1 予定配賦率の計算

予定配賦率は、製造部門の予算額を予定直接作業時間で割って計算します。

仕上部門費予定配賦率	$\frac{2{,}500{,}000円}{5{,}000時間}$ = **500円/時間**
組立部門費予定配賦率	$\frac{2{,}000{,}000円}{2{,}500時間}$ = **800円/時間**

2 予定配賦額の計算

予定配賦額は、予定配賦率に実際直接作業時間を掛けて計算します。

仕上部門費予定配賦額	500円/時間×4,800時間（実際直接作業時間）＝**2,400,000円**
組立部門費予定配賦額	800円/時間×2,400時間（実際直接作業時間）＝**1,920,000円**

4 製造間接費実際発生額の計算

本問では、製造部門費の実際発生額を、実際配賦率に実際直接作業時間を掛けて計算します。

仕上部門費実際発生額 | 550円/時間×4,800時間＝**2,640,000円**
（4,800時間：実際直接作業時間）

組立部門費実際発生額 | 780円/時間×2,400時間＝**1,872,000円**
（2,400時間：実際直接作業時間）

5 製造間接費配賦差異の計算

仕上部門費、組立部門費の予定配賦額と実際発生額との差額で配賦差異を計算します。

仕上部門費の配賦差異 | 2,400,000円－2,640,000円＝**－240,000円（不利差異）**
（2,400,000円：予定配賦額　2,640,000円：実際発生額）

組立部門費の配賦差異 | 1,920,000円－1,872,000円＝**48,000円（有利差異）**
（1,920,000円：予定配賦額　1,872,000円：実際発生額）

第5問 解答（各2点） 合計12点

問1	6,000,000	円
問2	50	%
問3	18,000,000	円
問4	90,000	円

問5 販売価格差異	620,000	円	（有利差異 ・ **不利差異**）
販売数量差異	400,000	円	（**有利差異** ・ 不利差異）

第5問 解説

1 全体像の把握

直接原価計算からCVP分析が問われています。簡易な損益計算書を作成して問われている箇所を解答しましょう。

また、予算実績差異分析は、販売価格差異と販売数量差異の計算方法を理解しておきましょう。

2 損益分岐点売上高の計算（問1）

損益分岐点の営業利益はゼロになるので、営業利益がゼロになる損益計算書を作成し、損益分岐点売上高をSとして計算します。

変動費｜7,500,000円＋900,000円＝**8,400,000円**
固定費｜1,200,000円＋600,000円＝**1,800,000円**
変動費率｜8,400,000円÷12,000,000円＝**0.7（70％）**

損益計算書（直接原価計算）

Ⅰ．売上高	S
Ⅱ．変動費	0.7 S
貢献利益	0.3 S
Ⅲ．固定費	1,800,000
営業利益	0

損益分岐点売上高
0.3 S －1,800,000円＝0
0.3 S ＝1,800,000円
S ＝**6,000,000円**

3 安全余裕率の計算（問２）

安全余裕率とは、売上高が損益分岐点とどれだけ離れているかの指標で、次のように計算します。

$$\text{安全余裕率}\quad \frac{12{,}000{,}000\text{円}-6{,}000{,}000\text{円}}{12{,}000{,}000\text{円}}\times 100(\%)=\mathbf{50\%}$$

4 目標営業利益率達成のための売上高（問３）

目標とする営業利益率20％を損益計算書の営業利益に入れて計算します。

損益計算書（直接原価計算）

Ⅰ．売　上　高	S
Ⅱ．変　動　費	0.7 S
貢献利益	0.3 S
Ⅲ．固　定　費	1,800,000
営業利益	0.2 S

目標営業利益達成のための売上高

0.3 S －1,800,000円＝0.2 S

0.3 S －0.2 S ＝1,800,000円

S ＝**18,000,000円**

5 感度分析の計算（問４）

本問では、売上数量が10％減少しているので販売数量が3,000個から2,700個になり、かつ変動売上原価が@2,500円から@3,000円になった場合の損益計算書を作成して計算します。

損益計算書（直接原価計算）

Ⅰ．売　上　高	10,800,000
Ⅱ．変　動　費	8,910,000
貢献利益	1,890,000
Ⅲ．固　定　費	1,800,000
営業利益	90,000

売　上　高：@4,000円×2,700個＝10,800,000円
変　動　費：（@3,000円＋@300円）×2,700個＝8,910,000円
貢献利益：10,800,000円－8,910,000円＝1,890,000円
固　定　費：1,800,000円
営業利益：1,890,000円－1,800,000円＝**90,000円**

6 予算実績差異分析(問5)

予算売上高と実績売上高の差異を売上高差異とし、さらにこの売上高差異は販売価格差異と販売数量差異に分けて分析できます。

差異分析を分析図で示すと、次のようになります。

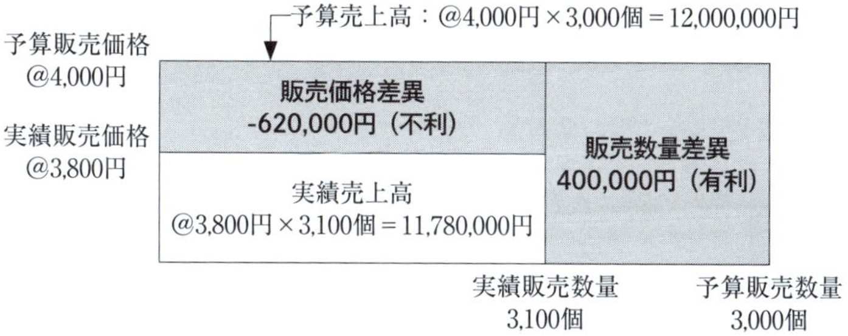

販売価格差異 | (@3,800円－@4,000円)×3,100個＝**－620,000円(不利差異)**

販売数量差異 | @4,000円×(3,100個－3,000個)＝**400,000円(有利差異)**

第6回 日商簿記2級予想問題　解答・解説

	第1問	第2問	第3問	第4問	第5問	合計
配　点	20点	20点	20点	28点	12点	100点
目標点	12点	20点	16点	20点	9点	77点
1回目	点	点	点	点	点	点
2回目	点	点	点	点	点	点

解答順序とアドバイス

第1問

- まず問題文全体を確認し、時間配分を考慮して確実に解答できる問題から解きましょう。少しでも考えさせられる問題と判断したら後回しにしましょう。
- ネット試験の受験の場合、例えば、「普通預金」と「当座預金」など、似ている勘定科目のプルダウンでの選択ミスをしないように注意しましょう。
- 収益認識に関する会計処理については、基本的な内容はマスターしましょう。

↓

第4問

- 仕訳問題は全体を確認し、時間配分を考慮して確実に解答できる問題から解きましょう。少しでも考えさせられる問題と判断したら後回しにしましょう。
- 個別原価計算と総合原価計算との違いを理解し、差異分析の方法を本問で確認しましょう。

↓

第5問

- 全部原価計算と直接原価計算との違いを理解しましょう。特に、製造固定費が利益に与える影響を本問で理解しましょう。

↓

第2問

- 本問の株主資本等変動計算書は基本問題のレベルですので、必ず満点がとれるまで復習しましょう。
- 株主資本等変動計算書の作成問題は、問題の仕訳自体は簡単な内容ですが、「表の記入」に関しては練習が必要です。特に、合計額の計算、マイナス記号（△）の記入などケアレスミスが発生しやすいので、必ず答案用紙を見返すようにしましょう。

↓

第3問

- 精算表の作成問題は、空欄部分が多く解答に時間がかかります。精算表の配点は決算整理事項の欄ではなく、損益計算書、貸借対照表の欄にあると思われますので、決算整理仕訳を行った後、損益計算書、貸借対照表の欄まで解答を記入するよう心がけましょう。

第1問 解答（仕訳1組につき各4点） 合計20点

	借方			貸方		
	記号		金額	記号		金額
1	ア	満期保有目的債券	1,470,000	キ	普通預金	1,471,320
	エ	有価証券利息	1,320			
2	エ	建物減価償却累計額	5,600,000	ウ	建物	8,000,000
	ア	未決算	2,000,000			
	キ	火災損失	400,000			
3	オ	仮受消費税	120,000	ウ	仮払消費税	150,000
	キ	未収還付消費税	30,000			
4	ア	売掛金	18,000,000	イ	売上	16,200,000
				カ	返金負債	1,800,000
5	オ	売掛金	2,000,000	エ	役務収益	2,000,000
	ア	役務原価	1,350,000	ウ	仕掛品	1,200,000
				カ	買掛金	150,000

第1問は最低でも3問は正解してほしいね！

第1問 解説

1 有価証券

1 ×1年5月14日、満期まで保有する目的で、他社が発行する額面総額¥1,500,000の社債（利率は年0.73%、利払日は3月末と9月末）を額面¥100につき¥98で購入し、代金は直近の利払日の翌日から売買日当日までの期間にかかわる端数利息とともに普通預金口座を通じて支払った。なお、端数利息については、1年を365日として日割計算する。

- 満期まで保有する意図があるので、**満期保有目的債券（資産）**の増加として処理します。
- 端数利息は、利払日の翌日から売買日当日までの期間を日割りで計上します。

仕訳

（満期保有目的債券）	1,470,000	（普通預金）	1,471,320
（有価証券利息）	1,320		

満期保有目的債券 | $1{,}500{,}000円 \times \dfrac{@98円}{@100円} = \mathbf{1{,}470{,}000円}$

有価証券利息 | $1{,}500{,}000円 \times 0.73\% \times \dfrac{44日(4/1\sim5/14)}{365日} = \mathbf{1{,}320円}$

2 有形固定資産

2 当期首に、**建物**（取得原価¥8,000,000、**減価償却累計額**¥5,600,000、間接法で記帳）が火災により全焼した。この建物には総額¥2,000,000の火災保険を掛けていたので、保険会社に保険金の支払いを請求した。

- 固定資産が火災により滅失した場合、対象となる固定資産を減少させます。なお、保険が付されている場合、保険金が確定するまで**未決算勘定**で処理します。
- 未決算の金額が保険契約の金額を超えている場合、その差額はすでに損失が確定しているので**火災損失（費用）**として処理します。

仕訳

（建物減価償却累計額）	5,600,000	（建物）	8,000,000
（未決算）	2,000,000		
（火災損失）	400,000		

火災損失 | 8,000,000円－5,600,000円－2,000,000円＝**400,000円**

3 消費税

3 決算につき消費税の処理を行う。なお、当期における仮払消費税勘定の残高は¥150,000、仮受消費税勘定の残高は¥120,000であった。

- 受け取った消費税（仮受消費税）よりも支払った消費税（仮払消費税）のほうが大きい場合は、**未収還付消費税（資産）**として処理します。

仕訳

（仮受消費税）	120,000	（仮払消費税）	150,000
（未収還付消費税）	30,000		

未収還付消費税 | 貸借差額

3級で学習した未払消費税のケースと逆のパターンだよ！

4 収益認識

4 当社は得意先の静岡物産株式会社に対し、小型液晶モニター1,200台を**掛けにより販売**した。小型液晶モニターは1台あたり￥15,000で販売しており、販売条件として静岡物産株式会社への年間販売数量が2,000台に達した場合、1台あたり￥1,500のリベートを当社が支払う契約を締結している。なお、静岡物産株式会社への年間販売台数は3,000台と予測している。

リベートとして得意先へ支払うことが予測される金額については、**返金負債（負債）**の増加として処理します。

仕訳

（売掛金）	18,000,000	（売上）	16,200,000
		（返金負債）	1,800,000

売上　(15,000円－1,500円)×1,200台＝**16,200,000円**
返金負債　1,500円×1,200台＝**1,800,000円**

リベートの処理につき、リベート確定時、支払時の処理は次のとおりです。

【リベート確定時（リベートは後日支払の場合）】

（返金負債）	XXX	（未払金）	XXX

【リベート代金支払時】

（未払金）	XXX	（現金など）	XXX

5 サービス業の会計処理

5 顧客に対するサービス提供が完了し、契約額¥2,000,000を収益に計上した（翌月末受取）。また、それまでに**仕掛品**に計上されていた諸費用¥1,200,000と追加で発生した外注費¥150,000との合計額を原価に計上した（翌月末支払）。なお、外注費は**買掛金**で処理すること。

- サービス業では、サービスの提供を行った時点で**役務収益（収益）**として処理するとともに、その提供したサービスに対する費用を**役務原価（費用）**で処理します。
- 外注費の支払いは、問題文の指示にしたがって**買掛金（負債）**で処理します。
- なお、外注費に関する指示がない場合、外注費が役務原価に対応する場合は**買掛金（負債）**、それ以外の場合は**未払金（負債）**で処理します。

仕訳

（売掛金）	2,000,000	（役務収益）	2,000,000
（役務原価）	1,350,000	（仕掛品）	1,200,000
		（買掛金）	150,000

役務原価 | 1,200,000円＋150,000円＝**1,350,000円**

第2問 解答 合計20点 (各2点)

株主資本等変動計算書

自×2年4月1日　至×3年3月31日

(単位:千円)

	株主資本			
	資本金	資本剰余金		
		資本準備金	その他資本剰余金	資本剰余金合計
当期首残高	(70,000)	(8,000)	(1,000)	(9,000)
当期変動額				
剰余金の配当				
新築積立金の積立				
吸収合併	(30,000)	(10,000)	(2,000)	(12,000)
新株の発行	(12,000)	(12,000)		(12,000)
当期純利益				
当期変動額合計	(42,000)	(22,000)	(2,000)	(24,000)
当期末残高	(112,000)	(30,000)	(3,000)	(33,000)

(下段へ続く)

(上段より続く)

	利益剰余金				株主資本合計
	利益準備金	その他利益剰余金		利益剰余金合計	
		新築積立金	繰越利益剰余金		
当期首残高	(2,000)	(700)	(3,000)	(5,700)	(84,700)
当期変動額					
剰余金の配当	(150)		(△ 1,650)	(△ 1,500)	(△ 1,500)
新築積立金の積立		(500)	(△ 500)	−	−
吸収合併					(42,000)
新株の発行					(24,000)
当期純利益			(3,000)	(3,000)	(3,000)
当期変動額合計	(150)	(500)	(850)	(1,500)	(67,500)
当期末残高	(2,150)	(1,200)	(3,850)	(7,200)	(152,200)

第2問 解説

1 全体像の把握

本問は、仕訳自体は基本的な内容ですが、株主資本等変動計算書への記入で転記ミスが生じる可能性があります。

したがって、仕訳を計算用紙に記入し、転記ミスが生じないよう注意して解答しましょう。

2 期中取引の処理

1 剰余金の配当および処分

① 剰余金の配当

会社法上、株主へ配当を行ったさい、資本準備金と利益準備金の合計が資本金の4分の1に達するまで、株主への配当金の10分の1を準備金として積み立てる必要があります。

(繰越利益剰余金)	1,650,000	(未払配当金)	1,500,000
		(利益準備金)	150,000

未払配当金	50円×30,000株＝**1,500,000円**
利益準備金	①1,500,000円×$\frac{1}{10}$＝150,000円
	②70,000,000円×$\frac{1}{4}$－(8,000,000円＋2,000,000円)＝7,500,000円
	③150,000円＜7,500,000円より　**150,000円**
繰越利益剰余金	1,500,000円＋150,000円＝**1,650,000円**

② 新築積立金の積立て

繰越利益剰余金（純資産）から**新築積立金（純資産）**へ積み立てます。

(繰越利益剰余金)	500,000	(新築積立金)	500,000

2 合併に関する処理

合併会社は、被合併会社の資産および負債を時価で引き継ぎ、その対価として株式を交付します。株式の交付額は問題文の指示にしたがって、資本金、資本準備金、その他資本剰余金などに計上します。

そして、貸借差額は借方差額の場合は**のれん（資産）**、貸方差額の場合は**負ののれん発生益（収益）**で処理します。

（諸　　資　　産）	120,000,000	（諸　　負　　債）	80,000,000
（の　　れ　　ん）	2,000,000	（資　　本　　金）	30,000,000
		（資 本 準 備 金）	10,000,000
		（その他資本剰余金）	2,000,000

諸　資　産	時価**120,000,000円**
の　れ　ん	(120,000,000円－80,000,000円)－@8,400円×5,000株＝**－2,000,000円**
その他資本剰余金	(@8,400円×5,000株)－30,000,000円－10,000,000円＝**2,000,000円**

3 増資に関する処理

問題文の指示にしたがい、**資本金（純資産）**および**資本準備金（純資産）**の増加として処理します。

（当　座　預　金）	24,000,000	（資　　本　　金）	12,000,000
		（資 本 準 備 金）	12,000,000

資　本　金	@8,000円×3,000株×$\frac{1}{2}$＝**12,000,000円**
資本準備金	@8,000円×3,000株×$\frac{1}{2}$＝**12,000,000円**

4 当期純利益の振替

当期純利益を損益勘定から**繰越利益剰余金（純資産）勘定**へ振り替えます。

（損　　　　益）	3,000,000	（繰越利益剰余金）	3,000,000

第２問の株主資本等変動計算書は、「表の作成に慣れる」ことを目的として、問題の分量、問題のレベルともに基本的なレベルで解答できる問題として出題しています。株主資本等変動計算書では、集計ミス、マイナス記入の漏れなどのミスは致命傷になりますので、本問のような基本的な問題は確実に満点がとれるよう練習してください。

第3問 解答 合計20点（各2点）

精 算 表

勘定科目	残高試算表		修正記入		損益計算書		貸借対照表	
	借方	貸方	借方	貸方	借方	貸方	借方	貸方
現金	199,800						199,800	
当座預金	510,000						510,000	
受取手形	210,000						210,000	
売掛金	3,100,000			900,000			2,200,000	
繰越商品	2,400,000		3,130,000	2,400,000			3,030,000	
				100,000				
前払利息	9,000			1,500			7,500	
未収入金	149,400						149,400	
建物	1,215,000						1,215,000	
備品	480,000						480,000	
土地	1,463,000						1,463,000	
長期貸付金	375,000						375,000	
長期前払保険料	24,000			13,000			11,000	
支払手形		261,000						261,000
電子記録債務		818,000		200,000				1,018,000
借入金		900,000						900,000
買掛金		812,400	200,000					612,400
未払給料		135,000	135,000	155,000				155,000
退職給付引当金		675,000		100,000				775,000
貸倒引当金		17,500		18,650				36,150
建物減価償却累計額		117,300		4,200				121,500
備品減価償却累計額		270,500		7,000				277,500
資本金		1,552,500						1,552,500
資本準備金		1,164,000						1,164,000
利益準備金		183,000						183,000
繰越利益剰余金		1,887,450						1,887,450
売上		16,672,000	900,000			15,772,000		
受取利息		31,500				31,500		
仕入	9,790,150		2,400,000	3,130,000	9,060,150			
給料	5,415,000		155,000	135,000	5,435,000			
減価償却費	96,800		11,200		108,000			
支払利息	60,000		1,500		61,500			
	25,497,150	25,497,150						
貸倒引当金繰入			18,650		18,650			
棚卸減耗損			100,000		100,000			
保険料			1,000		1,000			
退職給付費用			100,000		100,000			
前払保険料			12,000				12,000	
当期純利益					919,200			919,200
			7,164,350	7,164,350	15,803,500	15,803,500	9,862,700	9,862,700

第3問 解説

1 全体像の把握

精算表の作成問題は損益計算書と貸借対照表を作成させるため、比較的時間がかかります。したがって、まずは問題文を一読し、簡単な取引から解きましょう。

また、精算表の記入順序ですが、修正記入欄に記入するだけでなく、損益計算書と貸借対照表の該当部分まで記入しましょう。

2 決算整理事項等

1 売上高の修正

当社は売上計上基準として検収基準を採用しているので、未検収部分の売上高を取り消します。

(売　　　　上)	900,000	(売　　掛　　金)	900,000

2 電子記録債務に関する処理

買掛金の電子記録債務への振替処理が未処理であるため、**電子記録債務（負債）**の増加として処理します。

(買　　掛　　金)	200,000	(電子記録債務)	200,000

3 貸倒引当金の設定

期末債権について貸倒引当金を設定します。なお、未処理事項があるため、この未処理事項を考慮して貸倒引当金を設定します。

(貸倒引当金繰入)	18,650	(貸　倒　引　当　金)	18,650

貸倒引当金繰入｜(210,000円＋3,100,000円－900,000円)×1.5％－17,500円＝**18,650円**

（900,000円：1 未処理事項）

4 売上原価の計算と期末商品の評価

① 売上原価の計算

問題文の指示にしたがって、期首商品棚卸高を繰越商品から仕入に振り替えるとともに、期末商品棚卸高を仕入から繰越商品に振り替えます。なお、未処理事項として売上高の修正があるので、期末商品棚卸高は未処理事項を考慮して処理を行います。

(仕　　　　入)	2,400,000	(繰　越　商　品)	2,400,000
(繰　越　商　品)	3,130,000	(仕　　　　入)	3,130,000

繰越商品（期末）｜ 2,500,000円＋630,000円＝**3,130,000円**
（630,000円：1 未処理事項）

② 棚卸減耗損の計算

問題文の指示にしたがい、**棚卸減耗損（費用）**を計上します。なお、売上原価の計算と同様、実地棚卸高も未処理事項を考慮します。

（棚卸減耗損）	100,000	（繰越商品）	100,000

棚卸減耗損 ｜ 3,130,000円－(2,400,000円＋630,000円)＝**100,000円**
（630,000円：1 未処理事項）

5 減価償却費の計上

減価償却費については概算額を月割りで計上しているため、決算時に減価償却費の確定額を計算し、月次で計上してきた概算額との差額を減価償却費として処理します。

① 建物

建物に関する減価償却費を定額法により計上します。

（減価償却費）	4,200	（建物減価償却累計額）	4,200

減価償却費 ｜ 1,215,000円÷30年＝**40,500円**
40,500円－(3,300円×11か月)＝**4,200円**

② 備品

備品に関する減価償却費を200％定率法により計上します。

（減価償却費）	7,000	（備品減価償却累計額）	7,000

減価償却費 ｜ $\frac{1年}{8年}$×200(％)＝0.25(償却率)
270,500円－(5,500円×11か月)＝210,000円(期首減価償却累計額)
(480,000円－210,000円)×0.25＝67,500円
67,500円－(5,500円×11か月)＝**7,000円**

6 借入金に関する処理

借入金に関する利息6か月分を前払利息として計上しているため、当期に帰属する利息1か月分については、**支払利息（費用）**として処理します。

（支払利息）	1,500	（前払利息）	1,500

支払利息

$$900{,}000\text{円}\times 2\,\%\times\frac{6\text{か月}}{12\text{か月}}=9{,}000\text{円}$$

$$9{,}000\text{円}\times\frac{1\text{か月}(\times2\text{年}3\text{月})}{6\text{か月}(\times2\text{年}3\text{月}\sim\times2\text{年}8\text{月})}=\mathbf{1{,}500\text{円}}$$

7 給料に関する処理

当期首において給料の未払分につき再振替仕訳が行われていないため、再振替仕訳をするとともに、当期分の未払給料に関する処理を行います。

（未払給料）	135,000	（給料）	135,000
（給料）	155,000	（未払給料）	155,000

8 保険料に関する処理

保険料は**長期前払保険料（資産）**として計上されているので、当期に帰属する保険料については**保険料（費用）**として処理します。また、1年以内に費用化される保険料については**前払保険料（資産）**に振り替えます。

（保険料）	1,000	（長期前払保険料）	13,000
（前払保険料）	12,000		

保険料

$$24{,}000\text{円}\times\frac{1\text{か月}(\times2\text{年}3\text{月})}{24\text{か月}(\times2\text{年}3\text{月}\sim\times4\text{年}2\text{月})}=\mathbf{1{,}000\text{円}}$$

前払保険料

$$24{,}000\text{円}\times\frac{12\text{か月}(\times2\text{年}4\text{月}\sim\times3\text{年}3\text{月})}{24\text{か月}(\times2\text{年}3\text{月}\sim\times4\text{年}2\text{月})}=\mathbf{12{,}000\text{円}}$$

9 退職給付に関する処理

問題文の指示にしたがって、当期に負担する金額を**退職給付費用（費用）**として処理します。

（退職給付費用）	100,000	（退職給付引当金）	100,000

第 4 問 （1）解答 （仕訳 1 組につき各 4 点） 合計12点

	借方			貸方		
	記号		金額	記号		金額
1	ア	製造間接費	70,000	カ	本社	70,000
2	カ	製造間接費	400,000	ア	本社	400,000
3	オ	仕掛品	666,000	イ	当座預金	666,000

最低でも２問は正解してほしいね！

第 4 問 （1）解説

1 本社工場会計

1 本社で支払った通信費のうち70,000円を間接経費として計上した。なお、当社では本社会計から工場会計を独立させている。工場側の仕訳を示しなさい。

工場側では通信代金を間接経費として計上するため、**製造間接費**として処理します。

仕訳

（製造間接費） 70,000 （本社） 70,000

なお、本社側は次の仕訳を行っています。

【本社側の仕訳】

（工場） 70,000 （現金など） 70,000

2 本社工場会計

2 当社では本社から工場会計を独立させており、当月の機械装置の減価償却を行った。機械装置の減価償却費に関する年間見積額は4,800,000円であり、機械装置の減価償却累計額の勘定は本社で設定している。工場の仕訳を示しなさい。

- 減価償却費は間接経費に該当するので、今月の負担額を**製造間接費**として処理します。
- 減価償却累計額勘定は本社で設定しているため、相手勘定は**本社**として処理します。

仕　訳

（製　造　間　接　費）	400,000	（本　　　　　社）	400,000

製造間接費　$\frac{4,800,000円}{12か月}$ = **400,000円**

なお、本社側は次の仕訳を行っています。

【本社側の仕訳】

（工　　　　場）	400,000	（機械装置減価償却累計額）	400,000

3 経費

3 当社の外注業者である青森商会に対し、加工賃666,000円につき当座預金口座を通じて支払った。

- 外注加工賃は直接経費に該当するので、**仕掛品**として処理します。

仕　訳

（仕　　掛　　品）	666,000	（当　座　預　金）	666,000

日商２級の工業簿記では、外注加工賃と特許権使用料は直接経費に分類され仕掛品で処理、それ以外の経費は間接経費に分類され製造間接費で処理すると覚えておきましょう。

第4問 (2)解答 (各4点) 合計16点

問1	製造間接費の予定配賦額	588,000 円	
問2	完成品原価　#101	895,000 円	両方正解で4点
	完成品原価　#201	1,370,000 円	
問3	材料消費価格差異	135,000 円 (有利差異 ・ 不利差異)	
問4	予算差異	63,000 円 (有利差異 ・ 不利差異)	両方正解で4点
	操業度差異	24,000 円 (有利差異 ・ 不利差異)	

第4問 (2)解説

1 全体像の把握

実際個別原価計算の問題です。まずは全体を読んで一連の流れを理解して、解きやすい問題から解答しましょう。

2 製造間接費の予定配賦(問1)

問題文の指示により、機械稼働時間を配賦基準として予定配賦します。

1 固定費率の算定

機械稼働時間を配賦基準としているので、製造間接費の年間予算額を年間の機械稼働時間で割って計算します。本問では変動費率は判明しているので、固定費率を計算します。

固定費率 $\dfrac{4{,}320{,}000\text{円}}{10{,}800\text{時間}}=\mathbf{400\text{円}/\text{時間}}$

2 予定配賦額の計算

次に、予定配賦率に実際機械稼働時間を掛けて計算します。

予定配賦率 $\underbrace{300\text{円}/\text{時間}}_{\text{変動費率}}+\underbrace{400\text{円}/\text{時間}}_{\text{固定費率}}=700\text{円}/\text{時間}$

予定配賦額
700円/時間×250時間＝**175,000円(#101)**
700円/時間×360時間＝**252,000円(#201)**　}**588,000円**
700円/時間×230時間＝**161,000円(#301)**

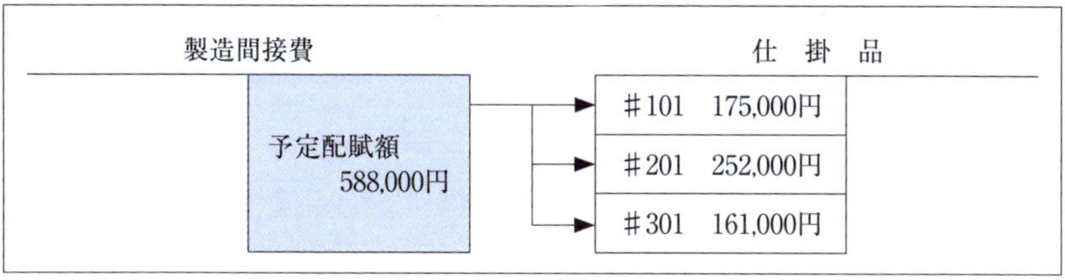

3 完成品原価の計算（問２）

当月に完成している＃101と＃201の原価を集計します。

1 直接材料費の予定消費額の計算

直接材料費は予定消費単価を用いて計算し、指図書ごとに材料勘定から仕掛品勘定に振り替えます。

予定消費額
- 500円/kg×1,200kg＝**600,000円**（＃101）
- 500円/kg×1,500kg＝**750,000円**（＃201）
- 500円/kg×1,900kg＝**950,000円**（＃301）

→ **2,300,000円**

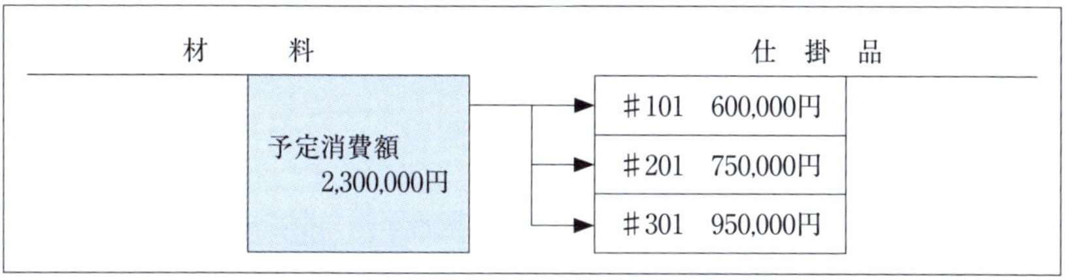

2 賃金の予定消費額の計算

賃金は予定平均賃率を用いて計算します。

予定消費額
- 1,200円/時間×100時間＝**120,000円**（＃101）
- 1,200円/時間×150時間＝**180,000円**（＃201）
- 1,200円/時間×130時間＝**156,000円**（＃301）

→ **456,000円**

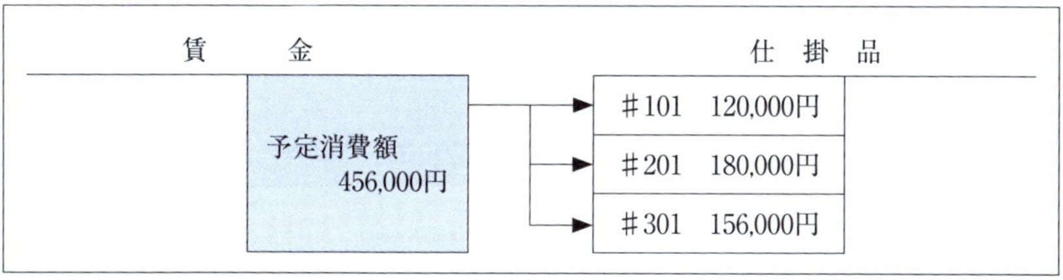

3 原価計算表の作成

直接材料費、直接労務費、製造間接費を集計し、当期の完成品原価を計算します。

	#101	#201	#301
月初仕掛品	—	188,000円	—
直接材料費	600,000円	750,000円	950,000円
直接労務費	120,000円	180,000円	156,000円
製造間接費	175,000円	252,000円	161,000円
合計	**895,000円**	**1,370,000円**	**1,267,000円**
	完成	完成	仕掛中

4 材料消費価格差異の計算(問3)

直接材料費の材料消費価格差異を計算します。まず、材料の払出単価を先入先出法により算出し、当月の実際消費高を計算します。そして、実際消費額と予定消費額を比較して差異を計算します。

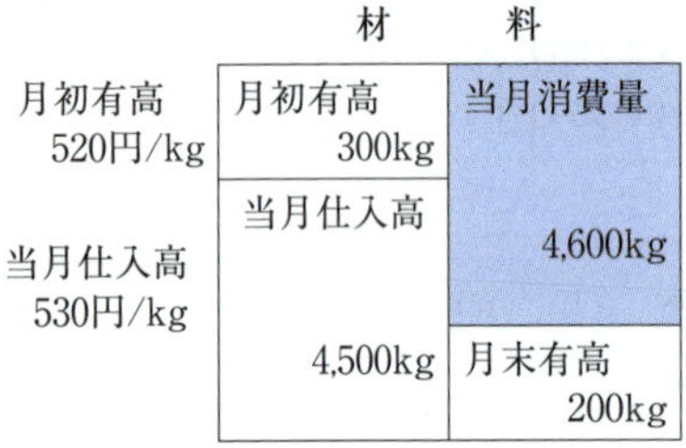

当月実際消費額

520円/kg × 300kg = 156,000円

530円/kg ×（4,600kg − 300kg）= 2,279,000円

156,000円 + 2,279,000円 = **2,435,000円**

材料消費価格差異 | 2,300,000円(予定消費額) − 2,435,0000円(実際消費額) = **−135,000円(不利差異)**

5 製造間接費差異の分析(問4)

問題文の指示にしたがって、公式法変動予算により差異分析を行います。

1 予算差異の計算

予算差異は、月間の製造間接費の実際発生額と予算許容額との差額で計算します。

月間基準操業度 | 10,800時間 ÷ 12か月 = 900時間

月間固定費予算 | 4,320,000円 ÷ 12か月 = 360,000円

予算許容額 | 300円/時間 × 840時間 + 360,000円 = 612,000円

予算差異 | 612,000円 − 675,000円(実際発生額) = **−63,000円(不利差異)**

2 操業度差異の計算

操業度差異は、月間の実際機械稼働時間と予定機械稼働時間との差額に固定費率を掛けて計算します。

操業度差異 | (840時間 − 900時間) × 400円/時間 = **−24,000円(不利差異)**

以上の差異分析を分析図で示すと、次のようになります。

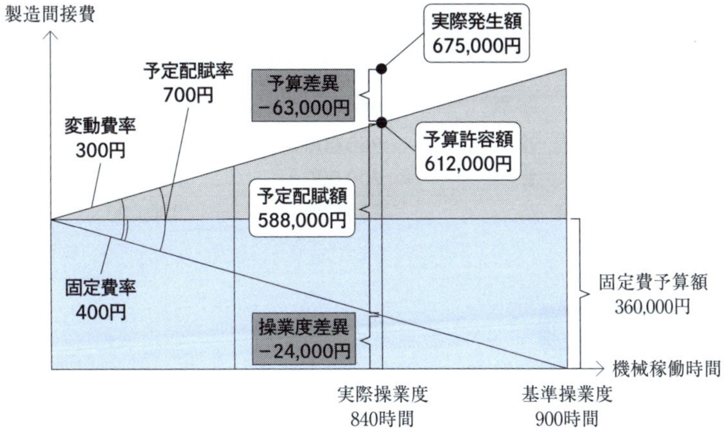

第5問 解答 合計12点（各3点）

損益計算書（直接原価計算）

	前々期	前期
売上高	（ 2,000,000 ）	（ 2,000,000 ）
変動費	（ 1,050,000 ）	（ 1,000,000 ）
貢献利益	（ 950,000 ）	（ 1,000,000 ）
固定費	（ 700,000 ）	（ 700,000 ）
営業利益	（ 250,000 ）	（ 300,000 ）

第5問 解説

1 全体像の把握

直接原価計算の問題です。まずは全体を読んで一連の流れを理解して、解きやすい部分から解答しましょう。

2 製品A1個あたりの全部製造原価の計算

前々期および前期の１個あたり固定加工費の計算をします。なお、固定加工費は問題文の指示にもとづき、固定加工費については、実際固定加工費から実際生産量を割って求めます。

固定加工費（前々期）　$\frac{450{,}000円}{1{,}000個}$ ＝**450円/個**

固定加工費（前期）　$\frac{450{,}000円}{1{,}500個}$ ＝**300円/個**

3 前々期における直接原価計算方式による損益計算書の作成

１個あたり全部製造原価、および全部原価計算方式による損益計算書を参考に、直接原価計算方式による損益計算書を作成します。

1 売上高の計算

全部原価計算方式による損益計算書の売上高と同じ金額です。

売上高　**2,000,000円**

2 変動費の計算

変動費は、製造原価の変動費部分の金額と、販売費および一般管理費に該当する項目のうち変動費に該当する項目の金額を集計します。

直接材料費	800円×1,000個＝**800,000円**
変動加工費	150円×1,000個＝**150,000円**
変動販売費	100円×1,000個＝**100,000円**
変動費合計	800,000円＋150,000円＋100,000円＝**1,050,000円**

3 貢献利益の計算

貢献利益は売上高から変動費を差し引いて計算します。

貢献利益	2,000,000円－1,050,000円＝**950,000円**

4 固定費の計算

固定費は、製造原価の固定費部分の金額と、販売費および一般管理費に該当する項目のうち固定費に該当する項目の金額を集計します。

固定加工費	**450,000円**
固定販売費および一般管理費	**250,000円**
固定費合計	450,000円＋250,000円＝**700,000円**

5 営業利益の計算

営業利益は貢献利益から固定費を差し引いて計算します。

営業利益	950,000円－700,000円＝**250,000円**

期末の在庫がない場合、全部原価計算方式の営業利益と直接原価計算方式の営業利益の金額は一致します。

4 前期における直接原価計算方式による損益計算書の作成

前々期と同様、1個あたり全部製造原価、および全部原価計算方式による損益計算書を参考に、直接原価計算方式による損益計算書を作成します。

1 売上高の計算

全部原価計算方式による損益計算書の売上高と同じ金額です。

売上高	**2,000,000円**

2 変動費の計算

変動費は、製造原価の変動費部分の金額と、販売費および一般管理費に該当する項目のうち変動費に該当する項目の金額を集計します。

直接材料費	700円×1,000個＝**700,000円**
変動加工費	200円×1,000個＝**200,000円**
変動販売費	100円×1,000個＝**100,000円**
変動費合計	700,000円＋200,000円＋100,000円＝**1,000,000円**

3 貢献利益の計算

貢献利益は売上高から変動費を差し引いて計算します。

貢献利益 | 2,000,000円－1,000,000円＝**1,000,000円**

4 固定費の計算

固定費は、製造原価の固定費部分の金額と、販売費および一般管理費に該当する項目のうち固定費に該当する項目の金額を集計します。

固定加工費 | **450,000円**
固定販売費および一般管理費 | **250,000円**
固定費合計 | 450,000円＋250,000円＝**700,000円**

5 営業利益の計算

営業利益は貢献利益から固定費を差し引いて計算します。

営業利益 | 1,000,000円－700,000円＝**300,000円**

期末の在庫がある場合、全部原価計算方式の営業利益と直接原価計算方式の営業利益の金額は一致しません。その理由は、全部原価計算では固定加工費の金額が完成品原価と期末の在庫に振り分けられるのに対し、直接原価計算では当期に発生した固定費全額が費用として計上されます。その結果、全部原価計算方式の営業利益は、期末在庫に振り分けられた固定費の金額だけ大きくなります。

		全部原価計算	直接原価計算
直接材料費	：700円×1,000個	700,000円	700,000円
変動加工費	：200円×1,000個	200,000円	200,000円
固定加工費（全部）	：300円×1,000個	300,000円	－
固定加工費（直接）	：実際発生額	－	450,000円
売上原価		**1,200,000円**	**1,350,000円**

第7回 日商簿記2級予想問題　解答・解説

	第1問	第2問	第3問	第4問	第5問	合計
配　点	20点	20点	20点	28点	12点	100点
目標点	16点	14点	16点	20点	12点	78点
1回目	点	点	点	点	点	点
2回目	点	点	点	点	点	点

解答順序とアドバイス

第1問

- まず問題文全体を確認し、時間配分を考慮して確実に解答できる問題から解きましょう。少しでも考えさせられる問題と判断したら後回しにしましょう。
- ネット試験の受験の場合、例えば、「普通預金」と「当座預金」など、似ている勘定科目のプルダウンでの選択ミスをしないように注意しましょう。
- 収益認識に関する会計処理については、基本的な内容はマスターしましょう。

↓

第4問

- 仕訳問題は全体を確認し、時間配分を考慮して確実に解答できる問題から解きましょう。少しでも考えさせられる問題と判断したら後回しにしましょう。
- 問２は組別総合原価計算からの出題です。製造間接費の配賦方法を理解していれば単純総合原価計算と同じ処理なので、単純総合原価計算との違いを意識しながら解きましょう。

↓

第5問

- 全部原価計算と直接原価計算との違いを理解しましょう。特に、全部原価計算と直接原価計算の表示方法と、各段階の利益に与える影響を本問で理解しましょう。

↓

第3問

- 本問は損益計算書の作成問題です。問題のレベルは比較的平易なレベルの問題です。しかし、第２問との時間配分との兼ね合い上、本問はミスなく迅速に処理する必要があります。

↓

第2問

- 外貨建取引とリース会計からの出題です。外貨建取引に関する一連の流れ、および為替予約の会計処理を本問で整理しましょう。
- ファイナンス・リース取引とオペレーティング・リース取引の違い、ファイナンス・リース取引のうち、利子込み法と利子抜き法の違いを整理しておきましょう。

第１問 解答（仕訳１組につき各４点） 合計20点

	借方		貸方	
	記号	金額	記号	金額
1	キ 普通預金	2,992,800	オ 売買目的有価証券	2,976,000
			ア 有価証券売却益	9,000
			ウ 有価証券利息	7,800
2	イ 備品	3,200,000	ウ 当座預金	3,200,000
	エ 固定資産圧縮損	1,500,000	イ 備品	1,500,000
3	ア 売掛金	380,000	イ 売上	332,500
			オ 契約負債	47,500
4	ア 普通預金	120,000	カ 受取配当金	150,000
	エ 仮払法人税等	30,000		
5	カ 支払家賃	500,000	イ 本店	500,000

第１問は最低でも３問は正解してほしいね！

第１問 解説

1 有価証券

1 ×1年11月21日、売買目的で保有している額面総額￥3,000,000の社債（年利率1.825％、利払日は３月末と９月末の年２回）を額面￥100につき￥99.50の価額（裸相場）で売却し、売却代金は売買日までの端数利息とともに普通預金口座に入金された。なお、この社債は×1年９月１日に額面￥100につき￥99.20の価額（裸相場）で買い入れたものであり、端数利息は１年を365日として日割で計算する。

- 売買目的有価証券を売却した場合、帳簿価額と売却価額の差額を有価証券売却益として処理します。
- 端数利息は、利払日の翌日から売買日当日までの期間を日割りで計上します。

仕訳

（普通預金）	2,992,800	（売買目的有価証券）	2,976,000
		（有価証券売却益）	9,000
		（有価証券利息）	7,800

売買目的有価証券	3,000,000円×$\frac{@99.20円}{@100円}$＝**2,976,000円**
有価証券売却益	3,000,000円×$\frac{@99.50円}{@100円}$＝2,985,000円（売却価額）
	2,985,000円－2,976,000円＝**9,000円（売却益）**
有価証券利息	3,000,000円×1.825％×$\frac{52日（10/1〜11/21）}{365日}$＝**7,800円**
普通預金	2,985,000円＋7,800円＝**2,992,800円**

2 有形固定資産

2 本日、最新式の業務用換気機器¥3,200,000を購入し、小切手を振り出して支払った。なお、導入にあたり先月末に国から¥1,500,000の補助金を得ている（適切に会計処理済み）。そのうえで、補助金に関する圧縮記帳を直接控除方式にて行った。なお、備品勘定は圧縮記帳した事実を示すように記入すること。

- 補助金の受領は適切に処理されているので、本問では備品の購入とそれに伴う圧縮記帳の処理を行います。
- 仕訳から取引が判断できる方法で処理するため、備品購入時の仕訳と圧縮記帳の仕訳を別々に行います。

仕訳

（備品）	3,200,000	（当座預金）	3,200,000
（固定資産圧縮損）	1,500,000	（備品）	1,500,000

3 収益認識

3 当期首に、得意先である長野商事へ大型除菌装置を掛けにより販売した。なお、通常の基本保証とは別に、すべての修理または交換につき継続的に提供される追加の保証契約を2年間締結している。また、契約書に記載された対価の額は¥380,000であり、この金額には2年間の保守サービス料¥47,500が含まれている。

- 保守サービス料に関しては2年間にわたって継続的にサービスを提供するため、販売時に売上と計上せず**契約負債（負債）**の増加として処理します。

仕訳

（売掛金）	380,000	（売上）	332,500
		（契約負債）	47,500

売上 | 380,000円－47,500円＝**332,500円**

保守サービスに関するサービス提供完了時の処理は次のとおりです。

【サービス提供完了時（例：１年ごとに計上する場合）】

（契約負債）	23,750	（売　　上）	23,750

$$47{,}500円 \times \frac{1年}{2年} = 23{,}750円$$

4 税金

> **4** 普通預金口座に、品川建設株式会社の株式に対する期末配当金￥120,000（源泉所得税20％を控除後）の入金があった旨の通知があった。

✓ 企業の場合、源泉所得税は法人税の一部なので**仮払法人税等（資産）**で処理します。

仕訳

（普通預金）	120,000	（受取配当金）	150,000
（仮払法人税等）	30,000		

受取配当金 | 120,000円÷（100％－20％）＝**150,000円**

仮払法人税等 | 150,000円×20％＝**30,000円**

5 本支店会計

> **5** 決算にあたり、本店が支払った支払家賃￥1,250,000につき、その５分の２を長野支店が負担するよう本店より指示があったので、長野支店はこの指示にしたがって支払家賃を計上した。なお、当社は支店独立会計制度を導入しており、本店側の仕訳は答えなくてよい。

✓ 支店では、本店が支払った**支払家賃（費用）**を負担するとともに、相手科目は**本店勘定**で処理します。

仕訳

（支払家賃）	500,000	（本　　店）	500,000

支払家賃 | $1{,}250{,}000円 \times \frac{2}{5} = \mathbf{500{,}000円}$

第2問 解答 合計20点（各2点）

問題1

問1

売掛金	¥	48,000
買掛金	¥	60,000
為替差損益	¥	1,600（ 損 ）

差益の場合は益、差損の場合は損とカッコに記入

問2

為替差損益	¥	300（ 損 ）

差益の場合は益、差損の場合は損とカッコに記入

問3

買掛金	¥	59,000
為替差損益	¥	600（ 損 ）

差益の場合は益、差損の場合は損とカッコに記入

問4

買掛金	¥	57,000
為替差損益	¥	2,400（ 益 ）

差益の場合は益、差損の場合は損とカッコに記入

問題2

問1

リース資産（取得原価）	160,000千円
支払利息	−
リース債務	144,000千円
減価償却費	25,600千円
支払リース料	2,000千円

問2

リース資産（取得原価）	150,000千円
支払利息	1,600千円
リース債務	135,000千円
減価償却費	24,000千円
支払リース料	2,000千円

第２問 解説

本問は外貨建取引とリース会計からの出題です。問題レベルは標準レベルですので、問題文を確認し、自分の得意な分野から解答しましょう。

また、問題の構成としては個別に問われていますので、解けない部分は飛ばし、解答できる箇所から解答しましょう。

問題１

1 外貨建取引の仕訳

取引日ごとの仕訳を行い、その金額を集計します。

1 ×1年９月１日の取引（掛仕入れ）

外貨での取引なので、買掛金を×1年９月１日のレート112円で円換算します。

（仕　　　　入）	56,000	（買　　掛　　金）	56,000

買掛金 ｜ 500ドル×112円/ドル＝**56,000円**

2 ×2年１月１日の取引（掛売上げ）

外貨での取引なので、売掛金を×2年１月１日のレート114円で円換算します。

（売　　掛　　金）	45,600	（売　　　　上）	45,600

売掛金 ｜ 400ドル×114円/ドル＝**45,600円**

3 ×2年３月31日の取引（決算整理仕訳）

買掛金、および売掛金を決算時の為替相場で換算し、取引時に計上した金額との差額は**為替差損益**で処理します。

① 買掛金の換算

（為　替　差　損　益）	4,000	（買　　掛　　金）	4,000

為替差損益 ｜ （112円/ドル－120円/ドル）×500ドル＝**－4,000円**

② 売掛金の換算

（売　　掛　　金）	2,400	（為　替　差　損　益）	2,400

為替差損益 ｜ （120円/ドル－114円/ドル）×400ドル＝**2,400円**

③ 財務諸表上の金額

売　掛　金：45,600円＋2,400円＝**48,000円**
買　掛　金：56,000円＋4,000円＝**60,000円**
為替差損益：2,400円－4,000円＝**－1,600円（損）**
（問１の解答）

4 ×2年６月30日の取引（買掛金の決済）

取引額を決済時の為替相場で換算し、前期末の為替レートとの差額は**為替差損益**で処理します。

（買　掛　金）	60,000	（当　座　預　金）	59,500
		（為　替　差　損　益）	500

買掛金｜500ドル×120円/ドル＝**60,000円**
当座預金｜500ドル×119円/ドル＝**59,500円**
為替差損益｜(120円/ドル－119円/ドル)×500ドル＝**500円**

5 ×2年９月30日の取引（売掛金の決済）

取引額を決済時の為替相場で換算し、前期末の為替レートとの差額は**為替差損益**で処理します。

（当　座　預　金）	47,200	（売　掛　金）	48,000
（為　替　差　損　益）	800		

売掛金｜400ドル×120円/ドル＝**48,000円**
当座預金｜400ドル×118円/ドル＝**47,200円**
為替差損益｜(118円/ドル－120円/ドル)×400ドル＝**－800円**

6 ×3年３月31日の為替差損益の金額

為替差損益：500円－800円＝**－300円（損）（問２の解答）**

2 取引発生後に為替予約を行った場合の処理

1 ×1年９月１日の取引（問１と同様の処理）

外貨での取引なので、買掛金を×1年９月１日のレート112円で円換算します。

（仕　　入）	56,000	（買　掛　金）	56,000

買掛金｜500ドル×112円/ドル＝**56,000円**

2 ×2年1月1日の取引(問1と同様の処理)

外貨での取引なので、売掛金を×2年1月1日のレート114円で円換算します。

(売掛金)	45,600	(売上)	45,600

売掛金 | 400ドル×114円/ドル=**45,600円**

3 ×2年2月1日の取引(為替予約時)

取引発生後に為替予約を行った場合、為替予約時の先物為替相場と取引時の直物為替レートとの差額を**為替差損益**で処理します。

(為替差損益)	3,000	(買掛金)	3,000

為替差損益 | (112円/ドル−118円/ドル)×500ドル=**−3,000円**

4 ×2年3月31日の取引(決算整理仕訳)

買掛金は為替予約を行っているため、売掛金のみ決算時の為替相場で換算します。

(売掛金)	2,400	(為替差損益)	2,400

為替差損益 | (120円/ドル−114円/ドル)×400ドル=**2,400円**

5 財務諸表上の金額

買　掛　金:56,000円+3,000円=**59,000円**
為替差損益:2,400円−3,000円=**−600円(損)**
}(問3の解答)

3 取引発生時に為替予約を行った場合の処理

1 ×1年9月1日の取引(為替予約時)

取引発生時に為替予約を行った場合、取引発生時の先物為替相場で円換算し、為替差損益は発生しません。

(仕入)	57,000	(買掛金)	57,000

買掛金 | 500ドル×114円/ドル=**57,000円**

2 ×2年1月1日の取引(問1と同様の処理)

外貨での取引なので、売掛金を×2年1月1日のレート114円で円換算します。

(売掛金)	45,600	(売上)	45,600

売掛金 | 400ドル×114円/ドル=**45,600円**

3 **×2年3月31日の取引(決算整理仕訳)**

買掛金は為替予約を行っているため、売掛金のみ決算時の為替相場で換算します。

(売掛金)	2,400	(為替差損益)	2,400

為替差損益 | (120円/ドル－114円/ドル)×400ドル＝**2,400円**

4 **財務諸表上の金額**

買掛金:**57,000円**
為替差損益:**2,400円(益)**
}(問4の解答)

問題2

1 利子込み法(以下、単位千円)

利子込み法では、リース取引に伴う負債と利息を区分しないで処理します。

1 **A備品の会計処理**

問題文よりファイナンス・リース取引として処理します。

① リース開始時の仕訳(×1年4月1日)

利子込み法では、リース料総額を**リース資産(資産)**で処理するとともに、**リース債務(負債)**を計上します。

(リース資産)	96,000	(リース債務)	96,000

リース資産 | 16,000千円×6年＝**96,000千円**

② リース債務返済時の仕訳(×2年3月31日)

1年分のリース料を支払うので、**リース債務(負債)**の減少として処理します。

(リース債務)	16,000	(現金など)	16,000

リース債務 | 問題文の年額リース料より**16,000千円**

③ 決算時の仕訳(×2年3月31日)

ファイナンス・リース取引の場合、売買処理と同様の処理を行うため減価償却費を計上します。なお、利子込み法の場合、リース料総額を基準に減価償却をします。

(減価償却費)	16,000	(リース資産減価償却累計額)	16,000

減価償却費 | 96,000千円÷6年＝**16,000千円**

2 **B備品の会計処理**

問題文よりファイナンス・リース取引として処理します。

①リース開始時の仕訳(×1年７月１日)

利子込み法では、リース料総額を**リース資産（資産）**で処理するとともに、**リース債務（負債）**を計上します。

（リース資産）	64,000	（リース債務）	64,000

リース資産｜12,800千円×５年＝**64,000千円**

②決算時の仕訳(×2年３月31日)

ファイナンス・リース取引の場合、売買処理と同様の処理を行うため減価償却費を計上し、利子込み法ではリース料総額を基準に減価償却をします。なお、B備品は期中にリース契約を行っているため、減価償却費を月割計上します。

（減価償却費）	9,600	（リース資産減価償却累計額）	9,600

減価償却費｜$64{,}000\text{千円}\div 5\text{年}\times\dfrac{9\text{か月}}{12\text{か月}}=$**9,600千円**

3 C備品の会計処理

問題文よりオペレーティング・リース取引として処理します。

①リース開始時の仕訳(×2年２月１日)

オペレーティング・リース取引の場合、通常の賃貸借と同様の処理を行うため、リース取引開始時に会計処理は不要です。

②決算時の仕訳(×2年3月31日)

決算時においてリース料の未払がある場合、**未払リース料（負債）**の増加として処理します。

（支払リース料）	2,000	（未払リース料）	2,000

未払リース料｜$12{,}000\text{千円}\times\dfrac{2\text{か月}}{12\text{か月}}=$**2,000千円**

4 帳簿上の金額の計算

リース資産：96,000千円（A備品）＋64,000千円（B備品）＝**160,000千円**

リース債務：96,000千円－16,000千円（A備品）＋64,000千円（B備品）＝**144,000千円**

減価償却費：16,000千円（A備品）＋9,600千円（B備品）＝**25,600千円**

支払リース料：**2,000千円**（C備品）

2 利子抜き法(以下、単位千円)

利子抜き法では、リース取引に伴う負債と利息を区分して処理します。

1 A備品の会計処理

問題文よりファイナンス・リース取引として処理します。

① リース開始時の仕訳(×1年4月1日)

利子抜き法では、リース料総額から利息相当額を控除した見積現金購入価額を**リース資産(資産)**で処理するとともに、同額の**リース債務(負債)**を計上します。

(リース資産)	90,000	(リース債務)	90,000

リース資産 | 見積現金購入価額より**90,000千円**

② リース債務返済時の仕訳(×2年3月31日)

1年分のリース料を支払うので、**支払利息(費用)**を計上するとともに、**リース債務(負債)**の減少として処理します。

(リース債務)	15,000	(現金など)	16,000
(支払利息)	1,000		

リース債務 | 90,000千円÷6年=**15,000千円**
支払利息 | 16,000千円−15,000千円=**1,000千円**

③ 決算時の仕訳(×2年3月31日)

ファイナンス・リース取引の場合、売買処理と同様の処理を行うため減価償却費を計上します。なお、利子抜き法の場合、見積現金購入価額を基準に減価償却をします。

(減価償却費)	15,000	(リース資産減価償却累計額)	15,000

減価償却費 | 90,000千円÷6年=**15,000千円**

2 B備品の会計処理

問題文よりファイナンス・リース取引として処理します。

① リース開始時の仕訳(×1年7月1日)

利子抜き法では、リース料総額から利息相当額を控除した見積現金購入価額を**リース資産(資産)**で処理するとともに、**リース債務(負債)**を計上します。

(リース資産)	60,000	(リース債務)	60,000

リース資産 | 見積現金購入価額より**60,000千円**

② 決算時の仕訳(×2年３月31日)

ファイナンス・リース取引の場合、売買処理と同様の処理を行うため、減価償却費を計上し、利子抜き法では見積現金購入価額を基準に減価償却をします。なお、Ｂ備品は期中にリース契約を行っているため、減価償却費を月割計上します。

(減　価　償　却　費)	9,000	(リース資産減価償却累計額)	9,000

減価償却費｜ 60,000千円 ÷ ５年 × $\frac{9\text{か月}}{12\text{か月}}$ = **9,000千円**

また、利息の未払があるため、**未払利息（負債）**の増加として処理します。

(支　払　利　息)	600	(未　払　利　息)	600

未払利息｜ 12,800千円 − (60,000千円 ÷ ５年) = 800千円
１年分の支払利息

800千円 × $\frac{9\text{か月}}{12\text{か月}}$ = **600千円**

3 Ｃ備品の会計処理

オペレーティング・リース取引のため、利子込み法と同様の処理をします。

(支　払　リ　ー　ス　料)	2,000	(未　払　リ　ー　ス　料)	2,000

未払リース料｜ 12,000千円 × $\frac{2\text{か月}}{12\text{か月}}$ = **2,000千円**

4 帳簿上の金額

リース資産：90,000千円（Ａ備品）＋ 60,000千円（Ｂ備品）= **150,000千円**

支払利息：1,000千円（Ａ備品）＋ 600千円（Ｂ備品）= **1,600千円**

リース債務：90,000千円 − 15,000千円（Ａ備品）＋ 60,000千円（Ｂ備品）= **135,000千円**

減価償却費：15,000千円（Ａ備品）＋ 9,000千円（Ｂ備品）= **24,000千円**

支払リース料：**2,000千円**（Ｃ備品）

第３問 解答 合計20点 （各２点）

損益計算書

自×1年４月１日　至×2年３月31日　（単位：円）

Ⅰ 売上高		9,685,000
Ⅱ 売上原価		
1 期首商品棚卸高	(770,000)	
2 当期商品仕入高	(4,575,000)	
合計	(5,345,000)	
3 期末商品棚卸高	(520,000)	
差引	(4,825,000)	
4 棚卸減耗損	(30,000)	
5 商品評価損	(18,000)	(4,873,000)
売上総利益		(4,812,000)
Ⅲ 販売費及び一般管理費		
1 給料	3,360,780	
2 貸倒損失	(7,000)	
3 貸倒引当金繰入	(1,300)	
4 減価償却費	(239,600)	
5 退職給付費用	(25,000)	
6 修繕費	(100,000)	(3,733,680)
営業利益		(1,078,320)
Ⅳ 営業外収益		
1 有価証券利息		(11,250)
Ⅴ 営業外費用		
1 為替差損		(2,400)
経常利益		(1,087,170)
Ⅵ 特別利益		
1 固定資産売却益		125,030
Ⅶ 特別損失		
1 固定資産除却損		(59,000)
税引前当期純利益		(1,153,200)
法人税、住民税及び事業税		(345,960)
当期純利益		(807,240)

第3問 解説

1 全体像の把握

本問は、損益計算書の作成問題で、決算にあたっての修正事項と決算整理事項について問われています。修正事項を先に解き、その処理を前提に決算整理を行うので、修正事項の仕訳が決算整理仕訳のどの部分とつながるかあらかじめ把握しておきましょう。

また、損益計算書の作成に関係ある収益、費用項目を中心に集計し、時間を意識して解きましょう。

2 決算にあたっての修正事項

1 貸倒れに関する処理

当期販売の商品に対する掛代金が回収不能となっているため、**貸倒損失（費用）**として処理します。

（貸倒損失）	7,000	（売掛金）	7,000

2 退職金に関する処理

退職金に関する処理が仮払金で処理されているため、正しい処理を行います。なお、問題文に退職給付引当金を充当する指示があるため、**退職給付引当金（負債）**で処理します。

（退職給付引当金）	50,000	（仮払金）	50,000

3 建物に関する処理

当期中に建物が完成し、利用を開始しているため、建設仮勘定を**建物（資産）**に振り替えます。なお、建設仮勘定には修繕に関する金額も含まれているので、修繕に該当する金額は**修繕費（費用）**として処理します。

（建物）	300,000	（建設仮勘定）	400,000
（修繕費）	100,000		

建物 | 400,000円－100,000円＝**300,000円**

3 決算整理仕訳

1 売上原価の計算と期末商品の評価

① 売上原価の計算

期首商品棚卸高を繰越商品から仕入に振り替えるとともに、期末商品棚卸高を仕入から繰越商品に振り替えます。

（仕　　　　入）	770,000	（繰越商品）	770,000
（繰越商品）	520,000	（仕　　　　入）	520,000

② 棚卸減耗損の計算

問題文の指示にしたがい、**棚卸減耗損（費用）**を計上します。

（棚卸減耗損）	30,000	（繰越商品）	30,000

③ 商品評価損の計算

問題文の指示にしたがい、**商品評価損（費用）**を計上します。

（商品評価損）	18,000	（繰越商品）	18,000

④ 仕入勘定への振り替え

損益計算書上、棚卸減耗損と商品評価損は売上原価の内訳科目として処理しているため、仕入勘定へ振り替えます。

（仕　　　　入）	30,000	（棚卸減耗損）	30,000
（仕　　　　入）	18,000	（商品評価損）	18,000

2 貸倒引当金の設定

期末債権について貸倒引当金を設定します。なお、修正事項を考慮することに注意しましょう。

（貸倒引当金繰入）	1,300	（貸倒引当金）	1,300

貸倒引当金繰入｜(265,000円＋500,000円－7,000円)×1％－6,280円＝**1,300円**
（7,000円：未処理事項）

3 減価償却費の計上

① 建物

建物に関する減価償却費を計上します。なお、期中より使用を開始した建物については、問題文の指示にしたがって残存耐用年数20年で月割償却します。

（減価償却費）	70,000	（建物減価償却累計額）	70,000

減価償却費｜300,000円÷20年×$\frac{6\text{か月}}{12\text{か月}}$＝**7,500円（新規分）**
1,875,000円÷30年＝**62,500円（既存分）**
7,500円＋62,500円＝**70,000円**

② 備品

備品に関する減価償却費を200％定率法により計上します。

（減価償却費）	169,600	（備品減価償却累計額）	169,600

減価償却費

$$\frac{1年}{10年}\times 200(\%)=0.2(償却率)$$

$$(1{,}325{,}000円-477{,}000円)\times 0.2=\mathbf{169{,}600円}$$

4 満期保有目的債券に関する処理

額面総額と取得価額との差額が金利の調整と認められる場合、償却原価法で処理します。なお、本問の債券は当期の期中に取得しているため、月割りで計算します。また、利息に関しても未収分があるため、経過期間分については**未収有価証券利息（資産）**の増加として処理します。

① 償却原価法に関する処理

（満期保有目的債券）	3,750	（有価証券利息）	3,750

有価証券利息

$$(1{,}500{,}000円-1{,}470{,}000円)\times\frac{6か月(\times1年10月〜\times2年3月)}{48か月(\times1年10月〜\times5年9月)}=\mathbf{3{,}750円}$$

② 利息に関する処理

（未収有価証券利息）	7,500	（有価証券利息）	7,500

未収有価証券利息

$$1{,}500{,}000円\times 1\%\times\frac{6か月(\times1年10月〜\times2年3月)}{12か月(\times1年10月〜\times2年9月)}=\mathbf{7{,}500円}$$

5 外貨建債務の換算

外貨建ての債務である買掛金1,200ドルを決算時の為替レートによる円換算額に換算し、換算差額を**為替差損益**として処理します。

（為替差損益）	2,400	（買掛金）	2,400

為替差損益 ｜ (112円/ドル－114円/ドル)×1,200ドル＝**－2,400円**

6 退職給付引当金の計上

退職給付引当金（負債）を計上します。なお、修正事項を考慮することに注意しましょう。

（退職給付費用）	25,000	（退職給付引当金）	25,000

退職給付費用 ｜ 425,000円－(450,000円－50,000円)＝**25,000円**

7 建物の除却に関する処理

問題文の指示にしたがって、建物を除却します。なお、本問では除却の対象となる中古建物は建設仮勘定で処理しているため、建設仮勘定の減少として処理するとともに、相手勘定は**固定資産除却損（費用）**として処理します。

（固定資産除却損）	59,000	（建設仮勘定）	59,000

8 法人税、住民税及び事業税の計算

税引前当期純利益に法人税率を掛けて法人税を計算します。なお、中間納付分である**仮払法人税（資産）**を差し引いた金額は**未払法人税（負債）**として処理します。

（法人税、住民税及び事業税）	345,960	（仮払法人税等）	110,000
		（未払法人税等）	235,960

法人税、住民税及び事業税 | 1,153,200円×30％＝**345,960円**
税引前当期純利益

第４問 （１）解答（仕訳１組につき各４点） 合計12点

	借方			貸方		
	記号		金額	記号		金額
1	キ	材料消費価格差異	126,000	ア	材料	126,000
2	ウ	本社	2,500,000	ク	製品	2,500,000
3	ア	仕掛品	9,187,500	オ	賃金	9,187,500

最低でも２問は正解してほしいね！

第４問 （１）解説

1 労務費

1 当社では、材料に関して実際払出価格は先入先出法により処理し、材料費の計算には１kgあたり420円の予定消費価格を用いている。材料の月初在庫は200kg（購入原価１kgあたり450円）、当月購入量は1,800kg（購入原価１kgあたり500円）、月末在庫は300kgであり、棚卸減耗はなかった。当月末になり、材料の実際消費価格と予定消費価格に関する差異を計上した。

✓直接材料費の消費価格差異に関する仕訳です。まず、材料の払出単価を先入先出法により算出し、当月の実際消費高を計算します。そして、実際消費額と予定消費額を比較して**材料消費価格差異**を計算します。

仕訳

（材料消費価格差異） 126,000 （材料） 126,000

実際消費額	200kg＋1,800kg−300kg＝1,700kg 月初　当月購入　月末 @450円×200kg＋@500円×(1700kg−200kg)＝**840,000円**
予定消費額	@420円×1700kg＝**714,000円**
材料消費価格差異	714,000円−840,000円＝**−126,000円(不利差異)**

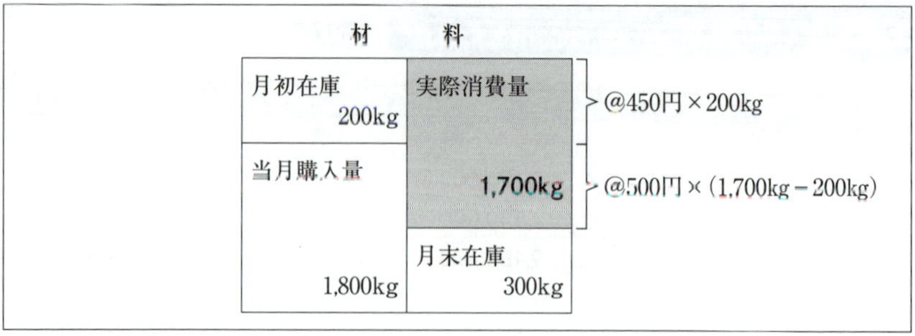

2 本社工場会計

2 本社の製品倉庫に、先月完成した製品2,500,000円を工場の倉庫から搬送した。なお、当社では本社会計から工場会計を独立させている。工場側の仕訳を示しなさい。

✓完成した製品が本社倉庫に搬送されたので、**製品**の減少として処理します。

仕　訳

（本　　社）	2,500,000	（製　　品）	2,500,000

本社への製品搬送時の仕訳は、例えば「製品の完成後、ただちに本社へ搬送する」といったケースでは、工場側で製品勘定を設定せず**仕掛品の減少**として処理することもあります。問題文に与えられている勘定科目を確認して解答しましょう。

【本社側の仕訳】

（製　　品）	2,500,000	（工　　場）	2,500,000

3 標準原価計算

3 当社は標準原価計算（シングル・プランにより記帳）を採用しており、月初仕掛品300個（加工進捗度50%）、当月投入量1,900個、月末仕掛品500個（40%）、完成品1,700個であった。また、製品１個あたりの標準直接労務費は5,250円であり、当月の実際直接労務費は9,420,000円であった。直接労務費の当月消費額に関する仕訳を示しなさい。

✓シングル・プランの場合、仕掛品勘定の借方は**標準原価**を用いて記帳します。
✓直接労務費の計算は、**加工換算量**を考慮した数量で計算します。

仕　訳

（仕　掛　品）	9,187,500	（賃　　　金）	9,187,500

仕掛品

1,700個 + 500個 × 0.4 − 300個 × 0.5 = **1,750個（加工換算量）**
（完成品）（月末仕掛品）（月初仕掛品）

5,250円 × 1,750個 = **9,187,500円**

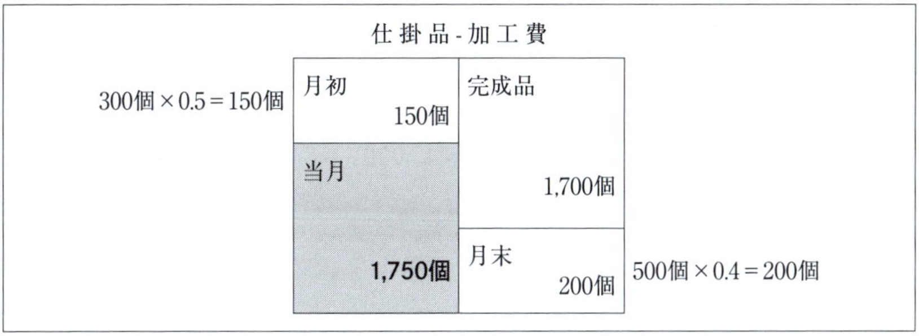

第４問 (2)解答

合計16点 (各４点)

組別総合原価計算表

(単位:円)

	A 製 品		B 製 品	
	直接材料費	加 工 費	直接材料費	加 工 費
月初仕掛品原価	720,000	270,000	215,000	52,000
当月製造費用	3,700,000	**1,600,000**	2,475,000	**1,400,000**
合 計	**4,420,000**	**1,870,000**	**2,690,000**	**1,452,000**
月末仕掛品原価	**740,000**	**128,000**	**450,000**	**200,000**
完成品総合原価	**3,680,000**	**1,742,000**	**2,240,000**	**1,252,000**

月次損益計算書（一部）

(単位:円)

売 上 高		(**12,900,000**)
売 上 原 価		
月初製品棚卸高	428,000	
当月製品製造原価	(**8,914,000**)	
小 計	(**9,342,000**)	
月末製品棚卸高	(**1,324,200**)	(**8,017,800**)
売 上 総 利 益		(**4,882,200**)

第４問 (2)解説

1 全体像の把握

組別総合原価計算からの出題です。複数の製品の製品原価を計算するので、計算ミスのないよう資料を整理して解答しましょう。

2 加工費の実際配賦額の計算

加工費は機械稼働時間を配賦基準として配賦しているので、機械稼働時間にもとづきA製品およびB製品の加工費配賦額を計算します。

配　賦　率　$\dfrac{\text{加工費実際発生額}\quad 3{,}000{,}000\text{円}}{\text{実際機械稼働時間}\quad 16{,}000\text{時間}+14{,}000\text{時間}}$ ＝ **100円/時間**

A製品への実際配賦額　100円/時間×16,000時間＝**1,600,000円**

B製品への実際配賦額　100円/時間×14,000時間＝**1,400,000円**

3 A製品完成品原価の計算

生産データを整理します。本問はA製品およびB製品を製造・販売しているので、別々に整理します。

1 生産データの整理（A製品）

仕掛品－A製品

720,000円 (270,000円)	月初 150個 (90個)	完成品 550個 (550個)
3,700,000円 (1,600,000円)	当月投入 500個 (500個)	月末 100個 (40個)

A　製　品

428,000円	月初 50個	販売 500個
	完成品 550個	月末 100個

加工換算量：月初　150個×0.6＝90個
　　　　　　月末　100個×0.4＝40個

2 月末仕掛品原価および完成品原価の計算（A製品）

月末仕掛品に配分する方法は先入先出法であるため、当月投入分から配分されたと仮定して計算します。

① 月末仕掛品の計算

先入先出法により、月末仕掛品原価を計算します。

材料費　$\frac{3,700,000円}{500個}$×100個＝**740,000円**

加工費　$\frac{1,600,000円}{500個}$×40個＝**128,000円**

② 完成品原価の計算

貸借差額で完成品原価を計算します。

材料費　720,000円＋3,700,000円－740,000円＝**3,680,000円**
加工費　270,000円＋1,600,000円－128,000円＝**1,742,000円**
合計 **5,422,000円**

3 売上原価の計算（A製品）

製品の払出単価の計算方法である平均法で月末の在庫を計算し、売上原価を計算します。

① 月末製品原価の計算

平均法により、月末製品原価を計算します。

月末製品原価 $\dfrac{428{,}000\text{円}+5{,}422{,}000\text{円}}{500\text{個}+100\text{個}}\times 100\text{個}=\mathbf{975{,}000\text{円}}$

② 売上原価の計算

貸借差額で売上原価を計算します。

売上原価 428,000円＋5,422,000円－975,000円＝**4,875,000円**

4 B製品完成品原価の計算

A製品と同様、B製品の生産データを整理します。

1 生産データの整理（B製品）

仕掛品－B製品

215,000円 （52,000円）	月初 50個 （20個）	完成品 500個 （500個）
2,475,000円 （1,400,000円）	当月投入 550個 （560個）	月末 100個 （ 80個）

B　製　品

完成品 500個	販売 450個
	月末 50個

加工換算量：月初　50個×0.4＝20個
　　　　　　月末　100個×0.8＝80個

2 月末仕掛品原価および完成品原価の計算（B製品）

月末仕掛品に配分する方法は先入先出法であるため、当月投入分から配分されたと仮定して計算します。

① 月末仕掛品の計算

先入先出法により、月末仕掛品原価を計算します。

材料費 $\dfrac{2{,}475{,}000\text{円}}{550\text{個}}\times 100\text{個}=\mathbf{450{,}000\text{円}}$

加工費 $\dfrac{1{,}400{,}000\text{円}}{560\text{個}}\times 80\text{個}=\mathbf{200{,}000\text{円}}$

② 完成品原価の計算

貸借差額で完成品原価を計算します。

材料費	215,000円＋2,475,000円－450,000円＝**2,240,000円**
加工費	52,000円＋1,400,000円－200,000円＝**1,252,000円**

→ **3,492,000円**

3 売上原価の計算（B製品）

B製品は月初仕掛品がないため、1個あたりの完成品原価で月末製品原価を計算します。

① 月末製品原価の計算

完成品原価にもとづいて、月末製品原価を計算します。

月末製品原価 | $\dfrac{3{,}492{,}000円}{500個}\times 50個＝$**349,200円**

② 売上原価の計算

貸借差額で売上原価を計算します。

売上原価 | 3,492,000円－349,200円＝**3,142,800円**

5 損益計算書の作成

上記の計算結果にもとづき、損益計算書を作成します。

売　上　高	15,000円×500個＋12,000円×450個＝**12,900,000円**
	A製品　　B製品
月初製品棚卸高	**428,000円**
当月製品製造原価	5,422,000円＋3,492,000円＝**8,914,000円**
	A製品　　B製品
月末製品棚卸高	975,000円＋349,200円＝**1,324,200円**
	A製品　　B製品
売　上　原　価	4,875,000円＋3,142,800円＝**8,017,800円**
	A製品　　B製品
売　上　総　利　益	12,900,000円－8,017,800円＝**4,882,200円**

第5問 解答 合計12点（各3点）

損益計算書（全部原価計算）（単位：円）

売上高	（ 9,280,000 ）
売上原価	（ 6,148,000 ）
配賦差異	（ 312,000 ）
売上総利益	（ 2,820,000 ）
販売費	（ 996,000 ）
一般管理費	（ 550,000 ）
営業利益	（ 1,274,000 ）

損益計算書（直接原価計算）（単位：円）

売上高	（ 9,280,000 ）
変動売上原価	（ 4,060,000 ）
変動製造マージン	（ 5,220,000 ）
変動販売費	（ 696,000 ）
貢献利益	（ 4,524,000 ）
固定費	（ 3,250,000 ）
営業利益	（ 1,274,000 ）

第5問 解説

1 全体像の把握

直接原価計算の問題です。まずは全体を読んで一連の流れを理解して、解きやすい問題から解答しましょう。

2 製品甲の加工費予定配賦率の計算

本問では加工費については生産量にもとづいて予定配賦しているため、加工費予算を予定生産量で割って予定配賦率を求めます。

変動費予定配賦率 $\frac{1,200,000\text{円}}{1,200\text{個}} = \mathbf{1,000円/個}$

固定費予定配賦率 $\frac{2,160,000\text{円}}{1,200\text{個}} = \mathbf{1,800円/個}$

3 全部原価計算方式による損益計算書の作成

全部原価計算方式による損益計算書を作成します。なお、原価差異については問題文の指示にしたがい当期の売上原価に賦課します。

1 売上高の計算

販売価格に実際販売量を掛けて計算します。

売上高 | 8,000円×1,160個＝**9,280,000円**

2 売上原価の計算

加工費については予定配賦率に実際販売量を掛けて計算します。

原料費　2,500円×1,160個＝**2,900,000円**
変動加工費　1,000円×1,160個＝**1,160,000円**
固定加工費　1,800円×1,160個＝**2,088,000円**
売上原価　2,900,000円＋1,160,000円＋2,088,000円＝**6,148,000円**

3 配賦差異の計算

本問では、変動加工費の予定配賦率と実際額は同じため、固定費予定配賦率と実際発生額との差額を配賦差異とします。

配賦差異　1,800円×1,160個－2,400,000円＝**－312,000円（不利差異）**

4 売上総利益の計算

売上高から売上原価および配賦差異を差し引いて計算します。

売上総利益　9,280,000円－6,148,000円－312,000円＝**2,820,000円**

5 販売費、一般管理費の計算

販売費は変動販売費と固定販売費を加算して計算します。

販売費　600円×1,160個＋300,000円＝**996,000円**
一般管理費　**550,000円**

6 営業利益の計算

売上総利益から販売費、一般管理費を差し引いて計算します。

営業利益　2,820,000円－996,000円－550,000円＝**1,274,000円**

4 直接原価計算方式による損益計算書の作成

直接原価計算方式による損益計算書を作成します。

1 売上高の計算

全部原価計算方式による損益計算書の売上高と同じ金額です。

売上高　8,000円×1,160個＝**9,280,000円**

2 変動売上原価の計算

変動売上原価は、製造原価の変動費部分の金額を集計します。

原料費　2,500円×1,160個＝**2,900,000円**
変動加工費　1,000円×1,160個＝**1,160,000円**
変動売上原価　2,900,000円＋1,160,000円＝**4,060,000円**

3 変動製造マージンの計算

売上高から変動売上原価を差し引いて変動製造マージンを計算します。

変動製造マージン　9,280,000円－4,060,000円＝**5,220,000円**

4 変動販売費の計算

変動販売費は、1個あたり変動費に販売量を掛けて計算します。

変動販売費 | 600円×1,160個＝**696,000円**

5 貢献利益の計算

貢献利益は売上高から変動費（変動売上原価と変動販売費）を差し引いて計算します。

貢献利益 | 9,280,000円－4,060,000円－696,000円＝**4,524,000円**

6 固定費の計算

固定費は、製造原価の固定費部分の実際発生額と、販売費および一般管理費に該当する項目のうち固定費に該当する項目の金額を集計します。

固定加工費 | **2,400,000円**
固定販売費 | **300,000円**
一般管理費 | **550,000円**
固定費合計 | 2,400,000円＋300,000円＋550,000円＝**3,250,000円**

7 営業利益の計算

営業利益は貢献利益から固定費を差し引いて計算します。

営業利益 | 4,524,000円－3,250,000円＝**1,274,000円**

全部原価計算方式と直接原価計算方式の表示方法の違い、さらに予定配賦をしている場合の配賦差異に関する違いをおさえましょう。

第8回 日商簿記2級予想問題 解答・解説

	第1問	第2問	第3問	第4問	第5問	合計
配　点	20点	20点	20点	28点	12点	100点
目標点	16点	16点	16点	20点	9点	77点
1回目	点	点	点	点	点	点
2回目	点	点	点	点	点	点

解答順序とアドバイス

第1問

●まず問題文全体を確認し、時間配分を考慮して確実に解答できる問題から解きましょう。少しでも考えさせられる問題と判断したら後回しにしましょう。

●ネット試験の受験の場合、例えば、「普通預金」と「当座預金」など、似ている勘定科目のプルダウンでの選択ミスをしないように注意しましょう。

↓

第4問

●仕訳問題は全体を確認し、時間配分を考慮して確実に解答できる問題から解きましょう。少しでも考えさせられる問題と判断したら後回しにしましょう。

●問2費目別計算からの出題です。問題を解くさいは、直接費と間接費の区分に注意しましょう。

↓

第5問

●標準原価計算の差異分析は、一度理解してしまえば簡単に解答できる内容です。また、試験でも頻出論点なので、必ずマスターしましょう。

↓

第3問

●本支店会計は、問われる仕訳自体は簡単な仕訳ですが、本店と支店の処理が必要なため時間がかかる問題が出題されます。そこで、内容と時間配分を解く前に確認し、解ける範囲で効率的に解答することを心がけましょう。

↓

第2問

●連結会計については、処理自体は一定のパターンで出題されますので頻出論点に関しては確実にマスターしておきましょう。また、本問のような解答箇所が多い問題では、どの項目の数値が解答しやすいかについて考えながら解き進めましょう。

第1問 解答（仕訳1組につき各4点） 合計20点

	借方			貸方		
	記号		金額	記号		金額
1	ウ	その他有価証券	2,160,000	カ	繰延税金負債	648,000
				エ	その他有価証券評価差額金	1,512,000
2	カ	リース資産	3,000,000	ア	リース債務	2,950,000
				エ	当座預金	50,000
3	ア	商品保証引当金	80,000	ウ	普通預金	120,000
	キ	商品保証費	40,000			
4	エ	株式申込証拠金	50,000,000	ア	資本金	25,000,000
	ウ	当座預金	50,000,000	オ	資本準備金	25,000,000
				イ	別段預金	50,000,000
5	ア	諸資産	51,000,000	ウ	諸負債	21,000,000
				イ	資本金	17,100,000
				キ	その他資本剰余金	11,400,000
				カ	負ののれん発生益	1,500,000

第1問は最低でも3問は正解してほしいね！

第1問 解説

1 有価証券

1 決算にさいして、長期投資目的で1株あたり¥2,000にて取得していた秋田重工業株式会社の株式8,000株を時価評価（決算時の時価：1株あたり¥2,270）し、全部純資産直入法を適用した。なお、法定実効税率30%とする税効果会計を適用する。また、秋田重工業株式会社は当社の子会社、関連会社に該当しない。

- 全部純資産直入法の場合、時価と取得原価の差額は**その他有価証券評価差額金（純資産）**で処理します。
- その他有価証券について税効果会計を適用する場合、**繰延税金資産（資産）**、または**繰延税金負債（負債）**を計上し、**その他有価証券評価差額金（純資産）**で調整をします。

仕 訳

（その他有価証券）	2,160,000	（繰延税金負債）	648,000
		（その他有価証券評価差額金）	1,512,000

その他有価証券	(@2,270円－@2,000円)×8,000株＝**2,160,000円**
繰延税金負債	2,160,000円×30％＝**648,000円**
その他有価証券評価差額金	2,160,000円－648,000円＝**1,512,000円**

2 リース取引

2 リース会社とオフィス機器のリース契約を、リース期間５年、リース料月額￥50,000の条件で結び、オフィス機器の導入と同時に第１回のリース料につき、当座預金口座を通じて支払った。なお、このリース取引はファイナンス・リース取引で、利子込み法により処理すること。

- ファイナンス・リース取引で利子込み法により処理する場合、リース料総額を**リース資産（資産）**および**リース債務（負債）**に計上します。
- リース料の支払時は、リース債務と利息相当額を区分せず、**リース債務（負債）**の減少として処理します。

仕 訳

（リース資産）	3,000,000	（リース債務）	2,950,000
		（当座預金）	50,000

リース資産	50,000円×12か月×5年＝**3,000,000円**
リース債務	3,000,000円－50,000円＝**2,950,000円**

本問は、次の仕訳を一つにまとめています。

【リース契約時の仕訳】

（リース資産）	3,000,000	（リース債務）	3,000,000

【支払時の仕訳】

（リース債務）	50,000	（当座預金）	50,000

3 引当金

3 前期に販売した商品について顧客より無料修理の申し出があったので修理業者に修理を依頼し、代金¥120,000は**普通預金**口座から支払った。なお、この保証はすべての商品に付帯する通常の保証であり、前期の決算で計上した**商品保証引当金**の残高は¥80,000である。

- 前期以前に販売した商品を無償で修理した場合で**商品保証引当金（負債）**が設定されているときはその引当金を取り崩し、残りの金額は**商品保証費（費用）**として処理します。

仕訳

（商品保証引当金）	80,000	（普通預金）	120,000
（商品保証費）	40,000		

商品保証費｜120,000円－80,000円＝**40,000円**

4 株式の発行

4 新株1,000株（1株の払込金額は¥50,000）を発行して増資を行うことになり、払い込まれた1,000株分の申込証拠金は**別段預金**に預け入れていた。その後、株式の払込期日となったので、**申込証拠金**を**資本金**に充当し、別段預金を**当座預金**に預け替えた。なお、資本金には会社法が規定する最低額を組み入れることとする。

- 払込期日では、事前に払い込まれていた**株式申込証拠金（純資産）**を**資本金（純資産）**、**資本準備金（純資産）**に振り替えます。
- 問題文の指示にしたがい、本問では会社法が規定する最低額である払込金額の２分の１を資本金として処理します。
- 株式申込証拠金として払い込まれていた金額は**別段預金（資産）**として処理しているため、**当座預金（資産）**に振り替えます。

仕訳

（株式申込証拠金）	50,000,000	（資本金）	25,000,000
（当座預金）	50,000,000	（資本準備金）	25,000,000
		（別段預金）	50,000,000

株式申込証拠金	@50,000円×1,000株＝**50,000,000円**
資　本　金	@50,000円×1,000株×$\frac{1}{2}$＝**25,000,000円**
資本準備金	50,000,000円－25,000,000円＝**25,000,000円**
当 座 預 金	@50,000円×1,000株＝**50,000,000円**
別 段 預 金	@50,000円×1,000株＝**50,000,000円**

株式申込証拠金の受入れ時の仕訳は、次のとおりです。

【受入時の仕訳】

（別 段 預 金）	50,000,000	（株式申込証拠金）	50,000,000

5 合併

5 新潟商事株式会社を吸収合併し、新たに当社の株式10,000株（合併時点の時価@¥2,850）を発行し、これを新潟商事の株主に交付した。なお、新潟商事の諸資産の簿価は¥50,000,000、諸資産の時価は¥51,000,000、諸負債の簿価は¥20,000,000、諸負債の時価は¥21,000,000であった。また、合併にあたっては、取得の対価のうち60％を資本金、40％をその他資本剰余金として計上することとした。

- 被合併会社から受け入れた資産および負債は、時価で評価します。
- 資産および負債の差額と、交付する株式の価額に差額が発生した場合、その差額は**のれん（資産）**または**負ののれん発生益（収益）**で処理します。

仕　訳

（諸　資　産）	51,000,000	（諸　負　債）	21,000,000
		（資　本　金）	17,100,000
		（その他資本剰余金）	11,400,000
		（負ののれん発生益）	1,500,000

資　本　金	@2,850円×10,000株×60％＝**17,100,000円**
その他資本剰余金	@2,850円×10,000株×40％＝**11,400,000円**
負ののれん発生益	51,000,000円－21,000,000円＝30,000,000円
	@2,850円×10,000株＝28,500,000円
	30,000,000円－28,500,000円＝**1,500,000円**

第2問 解答 合計20点 (各2点)

連結貸借対照表

×2年3月31日まで　　(単位:千円)

現金預金	(1,752,400)	買掛金	(3,112,900)
売掛金	(5,900,000)	未払費用	(10,500)
貸倒引当金 △	(59,000)	長期借入金	(1,550,000)
未収収益	(12,800)	退職給付に係る負債	(212,000)
商品	(1,237,000)	資本金	(4,600,000)
土地	(1,335,000)	利益剰余金	(3,253,400)
のれん	(134,400)	非支配株主持分	(351,000)
長期貸付金	(2,080,000)		
投資有価証券	(697,200)		
	(13,089,800)		(13,089,800)

連結損益計算書

自×1年4月1日　至×2年3月31日　　(単位:千円)

Ⅰ	売上高	(12,599,000)
Ⅱ	売上原価	(8,071,800)
	売上総利益	(4,527,200)
Ⅲ	販売費及び一般管理費	(4,092,000)
	営業利益	(435,200)
Ⅳ	営業外収益	(383,200)
Ⅴ	営業外費用	(41,400)
	経常利益	(777,000)
Ⅵ	特別利益	(39,000)
	当期純利益	(816,000)
	非支配株主に帰属する当期純利益	(24,000)
	親会社株主に帰属する当期純利益	(792,000)

第２問 解説

1 全体像の把握

本問は連結２年目の連結財務諸表が問われています。そして、親会社が子会社に売却するダウン・ストリームと子会社が親会社に売却するアップ・ストリームが問われています。したがって、まずはタイムテーブルなどを作成して前年度の取引を確認しつつ、資本連結を解き、その後、内部取引の相殺消去や未実現利益の消去を解いていきます。

なお、本問は解答箇所が多い問題ですので、試験時間に余裕がない場合は部分点を狙って解答欄を埋めましょう。

2 タイムテーブルの作成

タイムテーブルを作成し、全体像を把握します。

	支配獲得日		前期末	当期末
	×0年３/31		×1年３/31	×2年３/31
	70%			
資本金	700,000千円		700,000千円	700,000千円
利益剰余金	210,000千円	→	470,000千円	490,000千円
		*78,000千円		
非支配株主持分	273,000千円		351,000千円	
S社株式	805,000千円			
のれん	168,000千円	→	151,200千円	
		△16,800千円		

＊(470,000千円－210,000千円)×30％＝78,000千円

3 開始仕訳（以下、仕訳の単位千円）

前年度までの取引を整理し、開始仕訳を行います。

1 支配獲得日の連結修正仕訳（×0年３月31日）

支配獲得時の投資と資本を相殺消去し、のれんを計上します。

（資本金）	700,000	（Ｓ社株式）	805,000
（利益剰余金）	210,000	（非支配株主持分）	273,000
（のれん）	168,000		

のれん　(700,000千円+210,000千円)×70％－805,000千円＝－168,000千円
（70％：親会社持分）

非支配株主持分　(700,000千円+210,000千円)×30％＝273,000千円
（30％：非支配株主持分）

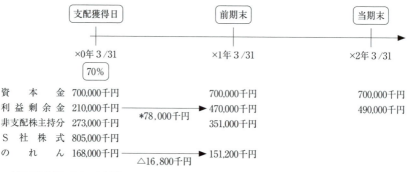

2 前期における連結修正仕訳(×0年4月1日～×1年3月31日)

損益項目に関しては利益剰余金で仕訳を行います。

① のれんの償却

(利益剰余金) のれん償却	16,800	(のれん)	16,800

利益剰余金 | 168,000千円÷10年＝**16,800千円**

② 当期純利益の非支配株主への振り替え

(利益剰余金) 非支配株主に帰属する当期純利益	108,000	(非支配株主持分)	108,000

利益剰余金 | 470,000千円－(210,000千円－100,000千円)＝360,000千円
(100,000千円：剰余金の配当、360,000千円：S社当期純利益)

360,000千円×30％＝**108,000千円**

③ 剰余金の配当の修正

親会社に対して支払った配当金は内部取引となるので相殺消去します。また、非支配株主に対して支払った配当金は、利益剰余金を減額させるとともに、非支配株主持分を減額させます。

(利益剰余金) 受取配当金	70,000	(利益剰余金)	100,000
(非支配株主持分)	30,000		

利益剰余金 | 100,000千円×70％＝**70,000千円**
非支配株主持分 | 100,000千円×30％＝**30,000千円**

④ 開始仕訳(1＋①＋②＋③)

上記の仕訳をまとめると、×1年度の開始仕訳となります。

(資本金)	700,000	(S社株式)	805,000
(利益剰余金)	304,800	(非支配株主持分)	351,000
(のれん)	151,200		

4 当期における連結修正仕訳(×1年4月1日～×2年3月31日)

当期における親子会社間の取引の相殺消去、未実現利益の消去を行います。

1 のれんの償却

（のれん償却）	16,800	（のれん）	16,800

のれん償却 | 168,000千円÷10年＝**16,800千円**

2 当期純利益の非支配株主への振り替え

（非支配株主に帰属する当期純利益）	30,000	（非支配株主持分）	30,000

非支配株主に帰属する当期純利益 | 100,000千円×30％＝**30,000千円**
S社当期純利益

3 剰余金の配当の修正

親会社に対して支払った配当金は内部取引となるので相殺消去します。また、非支配株主に対して支払った配当金は、利益剰余金を減額させるとともに、非支配株主持分を減額させます。

（受取配当金）	56,000	（利益剰余金）	80,000
（非支配株主持分）	24,000		

受取配当金 | 80,000千円×70％＝**56,000千円**
非支配株主持分 | 80,000千円×30％＝**24,000千円**

4 売上高と売上原価の相殺消去に関する仕訳

親子会社間の売買取引について、相殺消去の仕訳を行います。

（売上高）	1,800,000	（売上原価）	1,800,000

5 商品に含まれる未実現利益の消去（ダウン・ストリーム）

本問は親会社が子会社へ商品を販売しているので、親会社が付加した未実現利益を消去します。

① 期首商品に含まれる未実現利益の消去

i ）開始仕訳

（利益剰余金） 売上原価	76,000	（商品）	76,000

商品 | 380,000千円×20％＝**76,000千円**

ii ）実現仕訳

（商品）	76,000	（売上原価）	76,000

ⅲ)期首商品に関する連結修正仕訳(ⅰ+ⅱ)

(利益剰余金)	76,000	(売上原価)	76,000

② 期末商品に含まれる未実現利益の消去

(売上原価)	96,000	(商品)	96,000

商品 | 480,000千円×20%=**96,000千円**

6 売掛金と買掛金の相殺消去

親子会社間の売掛金残高、および買掛金残高について相殺消去の仕訳を行います。

(買掛金)	780,000	(売掛金)	780,000

7 貸倒引当金の調整

内部取引の債権債務を相殺消去した場合、その債権に対して設定されていた貸倒引当金も調整する必要があります。

(貸倒引当金)	7,800	(貸倒引当金繰入)	7,800

貸倒引当金繰入 | 780,000千円×1%=**7,800千円**

8 貸付金と借入金の相殺消去

親子会社間の貸付金残高、および借入金残高について相殺消去の仕訳を行います。また、親会社の貸付金に対する利息、さらに、本問では利払日が12月末日のため、経過勘定項目の相殺消去も行います。

① 貸付金と借入金の相殺消去

(長期借入金)	800,000	(長期貸付金)	800,000

② 受取利息と支払利息の相殺消去

(受取利息)	16,000	(支払利息)	16,000

受取利息 | 800,000千円×2%=**16,000千円**

③ 未収利息と未払利息の相殺消去

(未払費用)	4,000	(未収収益)	4,000

未収収益 | $800{,}000千円 \times 2\% \times \frac{3か月}{12か月} = \mathbf{4{,}000千円}$

9 土地の売却に関する未実現利益の消去（アップ・ストリーム）

子会社が、親会社に土地を売却しているので、その土地の売却に関する未実現利益を消去します。なお、子会社の非支配株主の持分割合に応じて非支配株主持分を調整します。

（土地売却益）	20,000	（土　　地）	20,000
（非支配株主持分）	6,000	（非支配株主に帰属する当期純利益）	6,000

土地売却益｜120,000千円－100,000千円＝**20,000千円**
非支配株主持分｜20,000千円×30％＝**6,000千円**

10 退職給付引当金の表示科目の振り替え

問題文の指示にもとづき、退職給付引当金に関する表示科目を連結財務諸表における科目へ振り替えます。

（退職給付引当金）	212,000	（退職給付に係る負債）	212,000

以上を集計して連結財務諸表を作成し、貸借対照表の借方と貸方の差額が利益剰余金の金額となります。なお、計算用紙に利益剰余金を個別に集計することも可能ですが、個別に集計するより貸借差額で計算する方が効率的ですので、試験時間が余るようでしたら、利益剰余金を個別に計算してみましょう（配点との兼ね合いから、個別に計算するより、その時間を全体の見直し時間に充てるほうをおススメします）。

P社利益剰余金（個別）	⇒	＋3,193,200千円
S社利益剰余金（個別）	⇒	＋490,000千円
開始仕訳	⇒	△304,800千円
のれんの償却	⇒	△16,800千円
当期純利益の非支配株主への振り替え	⇒	△30,000千円
剰余金の配当の修正	⇒	△56,000千円
		＋80,000千円
売上高と売上原価の相殺消去に関する仕訳	⇒	△1,800,000千円
		＋1,800,000千円
商品に含まれる未実現利益の消去	⇒	△76,000千円
		＋76,000千円
		△96,000千円
貸倒引当金の調整	⇒	＋7,800千円
貸付金と借入金の相殺消去	⇒	＋16,000千円
		△16,000千円
土地の売却に関する未実現利益の消去	⇒	△20,000千円
		＋6,000千円
利益剰余金		**3,253,400千円**

11 連結損益計算書の金額

連結損益計算書の各金額は、次のように計算します。

売上高	7,679,000千円＋6,720,000千円－1,800,000千円＝**12,599,000千円**
売上原価	5,021,800千円＋4,830,000千円－1,800,000千円－76,000千円＋96,000千円 ＝**8,071,800千円**
販売費及び一般管理費	
販売費及び一般管理費	2,170,000千円＋1,869,800千円＝4,039,800千円
貸倒引当金繰入	20,400千円＋22,800千円－7,800千円＝35,400千円
のれん償却	16,800千円
合計	4,039,800千円＋35,400千円＋16,800千円＝**4,092,000千円**
営業外収益	
受取利息	159,000千円＋46,200千円－16,000千円＝189,200千円
受取配当金	180,000千円＋70,000千円－56,000千円＝194,000千円
合計	189,200千円＋194,000千円＝**383,200千円**
営業外費用	
支払利息	23,800千円＋33,600千円－16,000千円＝**41,400千円**
特別利益	
土地売却益	39,000千円＋20,000千円－20,000千円＝**39,000千円**
非支配株主に帰属する当期純利益	30,000千円－6,000千円＝**24,000千円**

第3問 解答 合計20点（ 各4点 、 各2点 ）

損　　益

日付		摘要	金額	日付		摘要	金額
3	31	仕入	3,939,200	3	31	売上	8,400,000
	〃	支払家賃	936,000		〃	受取手数料	63,000
	〃	給料	1,071,000		〃	受取配当金	12,560
	〃	広告宣伝費	394,800		〃	有価証券評価益	40,000
	〃	棚卸減耗損	12,000		〃	支店	1,123,250
	〃	貸倒引当金繰入	8,000				
	〃	減価償却費	413,750				
	〃	繰越利益剰余金	2,864,060				
			9,638,810				9,638,810

第3問 解説

1 全体像の把握

本問は、本支店会計の本店の損益勘定について問われています。未処理事項があるので、まずは未処理事項を先に解き、その処理を前提に決算整理を行うので、未処理事項の仕訳が決算整理仕訳のどの部分とつながるかあらかじめ把握しておきましょう。

なお、本問では本店の損益勘定のみ作成するので、時間配分との兼ね合いで本店の決算整理事項のみ集計し、支店、および繰越利益剰余金は無視するという方法も考えられます。全体の時間配分を考えて問題を解きましょう。

2 未処理事項に関する処理

1 仕入れ取引に関する処理

本店より仕入れた商品の金額が支店で誤記入のため、支店の仕訳を修正します。

支店：（仕　　　入）　27,000　（本　　　店）　27,000

仕入 | 152,000円－125,000円＝**27,000円**

2 広告宣伝費に関する処理

本店、支店共に未処理のため、本店と支店で仕訳を行います。

本店：（広 告 宣 伝 費）　12,000　（支　　　店）　12,000

支店：（本　　　店）　12,000　（現 金 預 金）　12,000

3 売掛金の回収に関する処理

支店で未処理のため、支店で回収に関する仕訳を行います。

支店：	（本　　　店）	50,000	（売　掛　金）	50,000

未処理事項の処理後、本店勘定と支店勘定の金額が一致しているか確認しましょう。

支　　店

残高試算表	1,842,000	広告宣伝費	12,000
		残　　高	1,830,000

本　　店

現　　金	12,000	残高試算表	1,865,000
売 掛 金	50,000	仕　　入	27,000
残　　高	1,830,000		

3 決算整理事項に関する処理

未処理事項の確認後、続いて決算整理事項に関して処理します。本問では本店の損益勘定が求められているため、まずは本店のみ集計して答案用紙を埋めていきます。

1 貸倒引当金の設定

期末債権について貸倒引当金を設定します。

（貸倒引当金繰入）	8,000	（貸　倒　引　当　金）	8,000

貸倒引当金繰入 ｜ 1,312,000円×２％－18,240円＝**8,000円**

2 売上原価の計算と期末商品の評価

① 売上原価の計算

問題文の指示にしたがって、期首商品棚卸高を繰越商品から仕入に振り替えるとともに、期末商品棚卸高を仕入から繰越商品に振り替えます。

（仕　　　　入）	871,200	（繰　越　商　品）	871,200
（繰　越　商　品）	732,000	（仕　　　　入）	732,000

繰越商品（期末） ｜ @600円×1,220個＝**732,000円**

② 棚卸減耗損の計算

問題文の指示にしたがい、**棚卸減耗損（費用）**を計上します。

（棚　卸　減　耗　損）	12,000	（繰　越　商　品）	12,000

棚卸減耗損 ｜ @600円×（1,220個－1,200個）＝**12,000円**

正味売却価額が原価を上回っているため、商品評価損に関する処理は不要です。

3 減価償却費の計算

① 備品

備品に関する減価償却費を200％定率法により計上します。

（減価償却費）	101,250	（備品減価償却累計額）	101,250

減価償却費
$\frac{1\text{年}}{8\text{年}} \times 200(\%) = 0.25$（償却率）
(720,000円 − 315,000円) × 0.25 = **101,250円**

② 車両運搬具

車両運搬具に関する減価償却費を生産高比例法により計上します。

（減価償却費）	312,500	（車両運搬具減価償却累計額）	312,500

減価償却費
$2{,}500{,}000\text{円} \times \frac{25{,}000\text{km}}{200{,}000\text{km}} = $ **312,500円**

4 売買目的有価証券の評価

売買目的有価証券は時価で評価し、帳簿価額との差額は**有価証券評価益**で処理します。

（売買目的有価証券）	40,000	（有価証券評価益）	40,000

有価証券評価益　820,000円 − 780,000円 = **40,000円**

5 給料の未払いに関する処理

当期に帰属する給料の未払い分につき、**未払給料（負債）**の増加として処理します。

（給料）	75,000	（未払給料）	75,000

4 本店の決算振替仕訳に関する処理

収益項目、および費用項目を損益勘定へ振り替えます。

1 収益項目の決算振替仕訳

（売上）	8,400,000	（損益）	8,515,560
（受取手数料）	63,000		
（受取配当金）	12,560		
（有価証券評価益）	40,000		

2 費用項目の決算振替仕訳

（損　　　益）	6,774,750	（仕　　　入）	3,939,200
		（支　払　家　賃）	936,000
		（給　　　料）	1,071,000
		（広　告　宣　伝　費）	394,800
		（棚　卸　減　耗　損）	12,000
		（貸倒引当金繰入）	8,000
		（減　価　償　却　費）	413,750

5 支店の純損益の振り替え

支店における純利益を本店へ振り替えます。なお、支店の純利益を計算するために、支店における未処理事項、および決算整理事項を集計し、支店の純利益を計算します。

ここから先は、時間に余裕がある人のみ挑戦しましょう。

1 貸倒引当金の設定

期末債権について貸倒引当金を設定します。なお、未処理事項を含めることに注意しましょう。

（貸倒引当金繰入）	6,000	（貸　倒　引　当　金）	6,000

貸倒引当金繰入 ┃ （1,150,000円－50,000円）× 2 ％－16,000円＝**6,000円**

2 売上原価の計算と期末商品の評価

① 売上原価の計算

問題文の指示にしたがって、期首商品棚卸高を繰越商品から仕入に振り替えるとともに、期末商品棚卸高を仕入から繰越商品に振り替えます。

（仕　　　入）	594,000	（繰　越　商　品）	594,000
（繰　越　商　品）	585,000	（仕　　　入）	585,000

繰越商品（期末） ┃ @650円×900個＝**585,000円**

② 棚卸減耗損の計算

問題文の指示にしたがい、**棚卸減耗損（費用）**を計上します。

（棚　卸　減　耗　損）	26,000	（繰　越　商　品）	26,000

棚卸減耗損 ┃ @650円×（900個－860個）＝**26,000円**

(3) 商品評価損の計算

問題文の指示にしたがい、**商品評価損（費用）**を計上します。

(商品評価損)	25,800	(繰越商品)	25,800

商品評価損 ｜ (@650円－@620円)×860個＝**25,800円**

3 減価償却費の計算

備品に関する減価償却費を200％定率法により計上します。

(減価償却費)	78,750	(備品減価償却累計額)	78,750

減価償却費 ｜ $\frac{1年}{8年}\times 200(\%) = 0.25$(償却率)

(420,000円－105,000円)×0.25＝**78,750円**

4 給料の未払いに関する処理

当期に帰属する給料の未払い分につき、**未払給料（負債）**の増加として処理します。

(給料)	40,000	(未払給料)	40,000

6 支店の決算振替仕訳に関する処理

収益項目、および費用項目を損益勘定へ振り替えます。

1 収益項目の決算振替仕訳

(売上)	5,200,000	(損益)	5,208,800
(受取手数料)	8,800		

2 費用項目の決算振替仕訳

(損益)	4,085,550	(仕入)	2,336,000
		(支払家賃)	660,000
		(給料)	772,000
		(広告宣伝費)	181,000
		(棚卸減耗損)	26,000
		(商品評価損)	25,800
		(貸倒引当金繰入)	6,000
		(減価償却費)	78,750

7 支店純利益の振り替えに関する処理

支店の純利益を本店へ振り替えます。

支店:（損　　　　益）1,123,250（本　　　　店）1,123,250

損益 ｜ 5,208,800円－4,085,550円＝**1,123,250円**

本店:（支　　　　店）1,123,250（損　　　　益）1,123,250

支店の損益勘定は、次のようになります。

損　　　　益

日付		摘要	金額	日付		摘要	金額
3	31	仕入	2,336,000	3	31	売上	5,200,000
	〃	支払家賃	660,000		〃	受取手数料	8,800
	〃	給料	772,000				
	〃	広告宣伝費	181,000				
	〃	棚卸減耗損	26,000				
	〃	商品評価損	25,800				
	〃	貸倒引当金繰入	6,000				
	〃	減価償却費	78,750				
	〃	**本店**	**1,123,250**				
			5,208,800				5,208,800

8 繰越利益剰余金の計算

支店純利益を振り替え後、本店の損益勘定の貸借差額で繰越利益剰余金を計算します。

（損　　　　益）2,864,060（繰越利益剰余金）2,864,060

繰越利益剰余金 ｜ 本店損益勘定の**貸借差額**

第４問 （１）解答（仕訳１組につき各４点） 合計12点

	借方			貸方		
	記号		金額	記号		金額
1	ア	材料	6,390,000	キ	本社	6,390,000
2	オ	仕掛品	3,750,000	ウ	賃金	5,600,000
	エ	製造間接費	1,850,000			
3	カ	製品	15,000,000	オ	仕掛品	15,000,000

最低でも２問は正解してほしいね！

第４問 （１）解説

1 本社工場会計

1 製品用の素材3,000kg（購入価額2,000円/kg）および補修用材料400kg（購入価額600円/kg）を掛けで購入し、工場の倉庫に搬入した。なお、購入に際し、本社は、150,000円の買入手数料を支払っている。

- 材料を購入した時は、**材料**の増加として処理します。
- 材料の取得原価は、材料自体の価格に引取運賃などの付随費用を含めた金額で処理します。
- 材料の購入に関する支払いは本社で行うため、**本社勘定**で処理します。

仕訳

（材料）	6,390,000	（本社）	6,390,000

材料｜2,000円/kg×3,000kg＋600円/kg×400kg＋150,000円＝**6,390,000円**

なお、本社側は次の仕訳を行っています。

【本社側の仕訳】

（工場）	6,390,000	（買掛金など）	6,390,000

2 本社工場会計

2 工場での賃金の消費額を計上した。直接工の作業時間の記録によれば、直接作業時間2,500時間、間接作業時間500時間であった。当工場で適用する予定総平均賃率は1,500円である。また、間接工については、前月賃金未払高200,000円、当月賃金支払高1,120,000円、当月賃金未払高180,000円であった。

- 直接工の直接作業は、**仕掛品**として処理します。
- 直接工の間接作業、および間接工の消費額は**製造間接費**として処理します。

仕　訳

（仕　掛　品）	3,750,000	（賃　　金）	5,600,000
（製造間接費）	1,850,000		

仕掛品　1,500円×2,500時間＝**3,750,000円**

製造間接費　1,500円×500時間（間接作業時間）＋1,120,000円（支払額）＋180,000円（当月未払）－200,000円（前月未払）＝**1,850,000円**

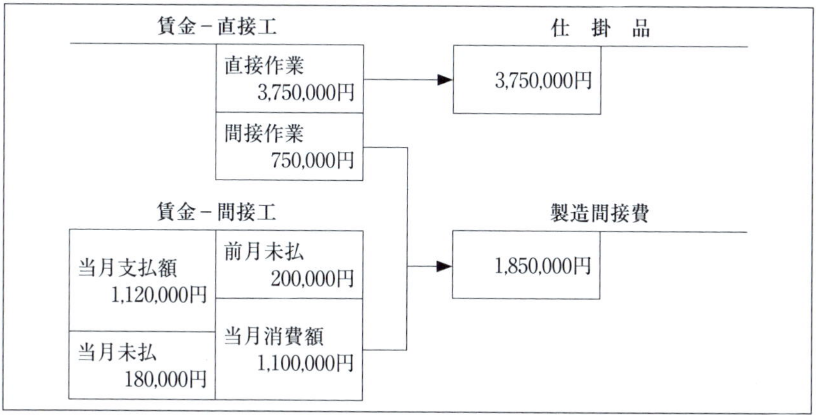

3 本社工場会計

3 当月に完成した製品を倉庫に搬入した。完成した製品に要した製造直接費は12,200,000円で、製造間接費は直接作業時間を配賦基準として予定配賦している。なお、当工場の年間製造間接費予算は36,000,000円、予定総直接作業時間は18,000時間であり、直接作業時間は1,400時間であった。

- ✓完成した製品については、**仕掛品**から**製品**へ振り替えます。
- ✓製造間接費の予定配賦率は、年間の製造間接費予算から予定総直接作業時間を割って求めます。

仕訳

（製　　　品）	15,000,000	（仕　掛　品）	15,000,000

製品

$$12{,}200{,}000\text{円}+\frac{36{,}000{,}000\text{円}}{18{,}000\text{時間}}\times 1{,}400\text{時間}=\mathbf{15{,}000{,}000\text{円}}$$

第4問 (2)解答 (各4点) 合計16点

問1	材料副費差異	4,500 円 (有利差異 ・ (不利差異))
問2	間接労務費	31,500 円
問3	予定配賦額	2,448,000 円
問4	操業度差異	20,000 円 (有利差異 ・ (不利差異))

第4問 (2)解説

1 全体像の把握

費目別計算の計算問題です。全体を読んで一連の流れを理解して、解きやすい問題から解答しましょう。

2 材料副費差異の計算(問1)

材料副費の予定配賦に関する仕訳です。材料副費を予定配賦する場合、貸方に予定配賦額を記入し、実際発生額と予定配賦額を比較して**材料副費差異**を計算します。

買掛金	400円/kg×1,500kg+80,000円=**680,000円**
材料副費予定配賦額	600,000円×10%=**60,000円**
材料	680,000円+60,000円=**740,000円**
材料副費実際発生額	**64,500円**
材料副費差異	60,000円−64,500円=**−4,500円(不利差異)**

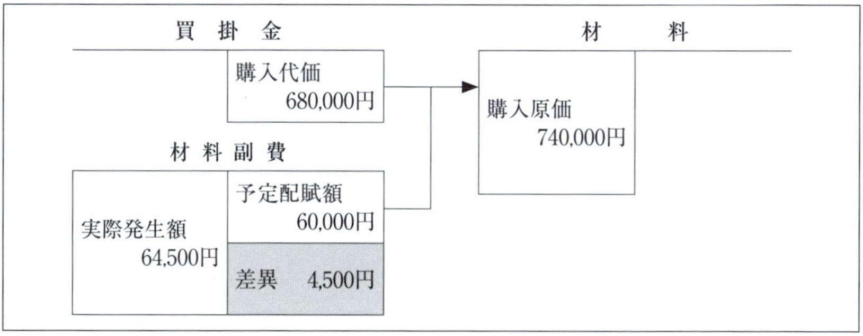

3 労務費の計算(問2)

直接労務費と間接労務費に関する計算です。直接労務費は直接作業時間（加工時間、段取時間）で計算し、**仕掛品**として処理します。また、間接労務費は間接作業時間（間接作業時間、手待時間）で計算し、**製造間接費**として処理します。

直接労務費 | @1,050円×(650時間＋70時間)＝**756,000円**
（650時間＋70時間：直接作業時間(720h)）

間接労務費 | @1,050円×(20時間＋10時間)＝**31,500円**
（20時間＋10時間：間接作業時間(30h)）

4 製造間接費の予定配賦(問3)

問題文の指示により、直接作業時間を配賦基準として予定配賦します。

1 予定配賦率の算定

直接作業時間を配賦基準としているので、製造間接費の年間予算額を年間の予定総直接作業時間で割って計算します。

予定配賦率 | $\frac{29,784,000円}{8,760時間}$＝**3,400円/時間**

2 予定配賦額の計算

予定配賦率に直接工の実際作業時間を掛けて計算します。

予定配賦額 | 3,400円/時間×720時間＝**2,448,000円**

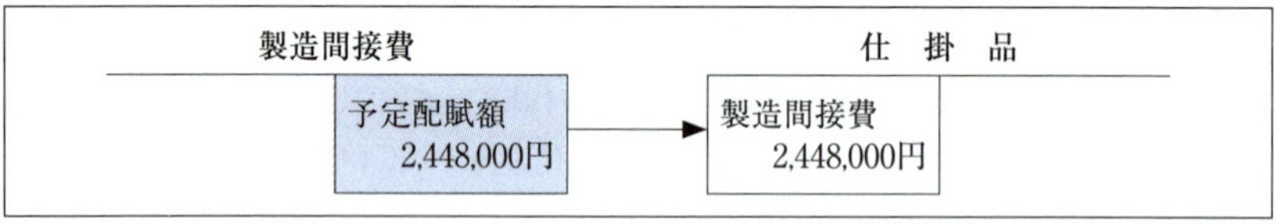

5 製造間接費差異の分析(問4)

問題文の指示にしたがって、公式法変動予算により差異分析を行います。

1 固定費率と変動費率の算定

固定費率は、固定費の年間予算額を年間の予定総直接作業時間で割って計算します。

固定費率 | $\frac{17,520,000円}{8,760時間}$＝**2,000円/時間**

変動費率 | 3,400円/時間－2,000円/時間＝**1,400円/時間**

2 操業度差異の計算

操業度差異は、月間の実際作業時間と予定総直接作業時間との差額に固定費率を掛けて計算します。

操業度差異 ┃ (720時間－730時間)×2,000円/時間＝**－20,000円(不利差異)**

参考として、予算差異、および差異分析を分析図で示すと、次のようになります。

月間基準操業度	8,760時間÷12か月＝**730時間**
月間固定費予算	17,520,000円÷12か月＝**1,460,000円**
予 算 許 容 額	1,400円/時間×720時間＋1,460,000円＝**2,468,000円**
予 算 差 異	2,468,000円－2,520,000円＝**－52,000円(不利差異)**

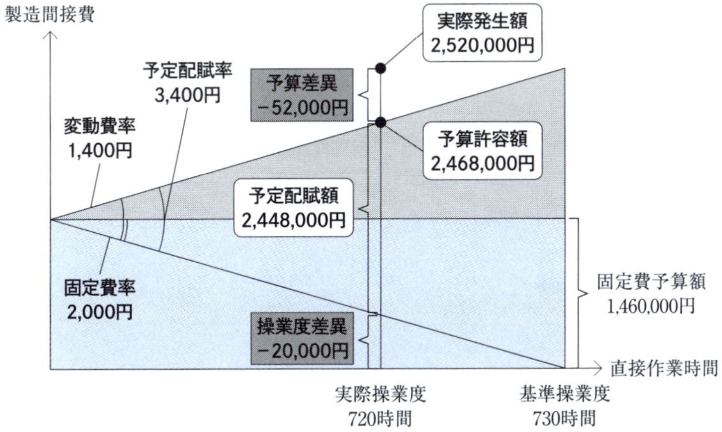

第5問 解答（各3点） 合計12点

問1

製品甲の標準原価	3,750,000 円

問2

製品乙の標準原価	6,000,000 円

問3

価格差異	252,000 円	（有利差異 ・ 不利差異）	両方正解で3点
数量差異	180,000 円	（有利差異 ・ 不利差異）	

（不利差異に○）

問4

予算差異	90,000 円	（有利差異 ・ 不利差異）	すべて正解で3点
能率差異	120,000 円	（有利差異 ・ 不利差異）	
操業度差異	140,000 円	（有利差異 ・ 不利差異）	

（不利差異に○）

第5問 解説

1 全体像の把握

問題の資料で標準原価カードが与えられているので、この標準原価カードの数値を用いて計算します。

2 予算生産量にもとづく標準原価の計算（問1）

製品甲の予算生産量にもとづいて標準原価を計算します。

標準原価｜2,500円/個（原価標準）× 1,500個（予算生産量）= **3,750,000円**

3 実際生産量にもとづく標準原価の計算（問2）

製品乙の実際生産量にもとづいて標準原価を計算します。

標準原価｜3,000円/個（原価標準）× 2,000個（実際生産量）= **6,000,000円**

4 製品乙に関する原料費差異の分析（問3）

原料費差異は、標準単価と実際単価を比較して算出する価格差異、標準消費量と実際消費量を比較して算出する数量差異があります。

以上の差異分析を分析図で示すと、次のようになります。

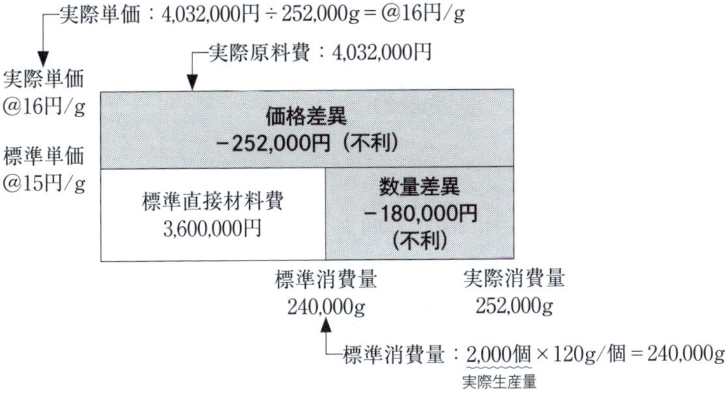

価格差異	(15円/g－16円/g)×252,000g＝**－252,000円(不利差異)** 標準単価　実際単価　実際消費量
数量差異	(240,000g－252,000g)×15円/g＝**－180,000円(不利差異)** 標準消費量　実際消費量　標準単価

5 製品乙に関する加工費差異の分析

加工費差異は、当月の標準加工費と実際の加工費を比較して原価差異を計算します。なお、本問では能率差異は変動費部分から計算します。

1 予算差異の計算

予算差異は、月間の加工費の実際発生額と予算許容額との差額で計算します。

予算許容額	600円/時間×2,600時間＋1,100,000円＝**2,660,000円**
予算差異	2,660,000円－2,750,000円＝**－90,000円(不利差異)**

2 能率差異の計算

能率差異は、月間の標準作業時間と実際作業時間との差額で計算します。なお、問題文の指示により、能率差異は変動費部分から計算します。

月間標準作業時間	2,000個×1.2時間＝2,400時間
能率差異	(2,400時間－2,600時間)×600円/時間＝**－120,000円(不利差異)**

3 操業度差異の計算

操業度差異は、月間の標準直接作業時間と予算直接作業時間との差額で計算します。

固定費率	1,000円/時間－600円/時間＝**400円/時間**
月間基準操業度	1,100,000円÷400円/時間＝**2,750時間**
操業度差異	(2,400時間－2,750時間)×400円/時間＝**－140,000円(不利差異)**

以上の差異分析を分析図で示すと、次のようになります。

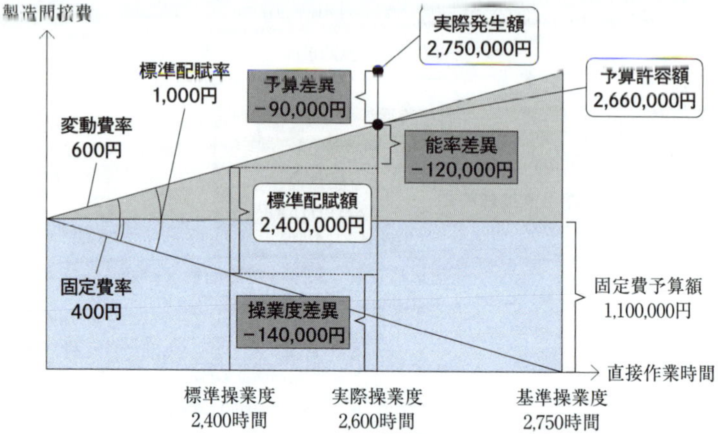

本問では能率差異を変動費のみから把握しましたが、固定費を含めた標準配賦率から能率差異を計算することもあります。その場合操業度差異は実際操業度と基準操業度の差額に固定費率を掛けて計算します。問題文の指示に注意しましょう。

MEMO

【著　者】
滝澤ななみ（たきざわ・ななみ）

簿記、ＦＰ、宅建士など多くの資格書を執筆している。主な著書は『スッキリわかる日商簿記』１～３級（16年連続全国チェーン売上第１位[※1]）、『みんなが欲しかった！簿記の教科書・問題集』日商２・３級、『みんなが欲しかった！ＦＰの教科書』２・３級（11年連続売上第１位[※2]）、『みんなが欲しかった！ＦＰの問題集』２・３級など。

※１　紀伊國屋書店PubLine/丸善ジュンク堂書店　2009年1月～2024年12月（各社調べ、50音順）

※２　紀伊國屋書店PubLine調べ　2014年１月～2024年12月

〈ホームページ〉『滝澤ななみのすすめ！』
著者が運営する簿記・ＦＰ・宅建士に関する情報サイト。
ネット試験対応の練習問題も掲載しています。
URL：https://takizawananami-susume.jp/

・装　　　　丁：小川あづさ（ATOZデザイン株式会社）
・本文デザイン：大野虹太郎（ラグタイム）
・本文イラスト：奥村菜々実

勝者《しょうしゃ》の日商《にっしょう》簿記《ぼき》２級《きゅう》
本試験《ほんしけん》を徹底分析《てっていぶんせき》した予想模試《よそうもし》2025年度版《ねんどばん》

2025年５月11日　　初　版　第1刷発行

著　　者	滝　澤　な　な　み
発 行 者	多　田　敏　男
発 行 所	TAC株式会社　出版事業部 （TAC出版）
	〒101-8383 東京都千代田区神田三崎町3-2-18 電 話 03（5276）9492（営業） FAX 03（5276）9674 https://shuppan.tac-school.co.jp
企画制作	Simple Design Lab 合同会社
印　　刷	株 式 会 社 光 邦
製　　本	東京美術紙工協業組合

ISBN 978-4-300-11860-3
N.D.C. 336

乱丁・落丁による交換，および正誤のお問合せ対応は，該当書籍の改訂版刊行月末日までといたします。なお，交換につきましては，書籍の在庫状況等により，お受けできない場合もございます。
また，各種本試験の実施の延期，中止を理由とした本書の返品はお受けいたしません。返金もいたしかねますので，あらかじめご了承くださいますようお願い申し上げます。

書籍の正誤に関するご確認とお問合せについて

書籍の記載内容に誤りではないかと思われる箇所がございましたら、以下の手順にてご確認とお問合せをしてくださいますよう、お願い申し上げます。
なお、正誤のお問合せ以外の**書籍内容に関する解説および受験指導などは、一切行っておりません。**
そのようなお問合せにつきましては、お答えいたしかねますので、あらかじめご了承ください。

1 「Cyber Book Store」にて正誤表を確認する

TAC出版書籍販売サイト「Cyber Book Store」の
トップページ内「正誤表」コーナーにて、正誤表をご確認ください。

CYBER BOOK STORE TAC出版書籍販売サイト

URL:https://bookstore.tac-school.co.jp/

2 1の正誤表がない、あるいは正誤表に該当箇所の記載がない ⇒ 下記①、②のどちらかの方法で文書にて問合せをする

★ご注意ください★

お電話でのお問合せは、お受けいたしません。
①、②のどちらの方法でも、お問合せの際には、「お名前」とともに、
「対象の書籍名(○級・第○回対策も含む)およびその版数(第○版・○○年度版など)」
「お問合せ該当箇所の頁数と行数」
「誤りと思われる記載」
「正しいとお考えになる記載とその根拠」
を明記してください。
なお、回答までに1週間前後を要する場合もございます。あらかじめご了承ください。

① ウェブページ「Cyber Book Store」内の「お問合せフォーム」より問合せをする

【お問合せフォームアドレス】

https://bookstore.tac-school.co.jp/inquiry/

② メールにより問合せをする

【メール宛先 TAC出版】

syuppan-h@tac-school.co.jp

※土日祝日はお問合せ対応をおこなっておりません。
※正誤のお問合せ対応は、該当書籍の改訂版刊行月末日までといたします。

乱丁・落丁による交換は、該当書籍の改訂版刊行月末日までといたします。なお、書籍の在庫状況等により、お受けできない場合もございます。
また、各種本試験の実施の延期、中止を理由とした本書の返品はお受けいたしません。返金もいたしかねますので、あらかじめご了承くださいますようお願い申し上げます。

TACにおける個人情報の取り扱いについて
■お預かりした個人情報は、TAC(株)で管理させていただき、お問合せへの対応、当社の記録保管にのみ利用いたします。お客様の同意なしに業務委託先以外の第三者に開示、提供することはございません(法令等により開示を求められた場合を除く)。その他、個人情報保護管理者、お預かりした個人情報の開示等及びTAC(株)への個人情報の提供の任意性については、当社ホームページ(https://www.tac-school.co.jp)をご覧いただくか、個人情報に関するお問い合わせ窓口(E-mail:privacy@tac-school.co.jp)までお問合せください。

(2022年7月現在)

勝者の日商簿記２級　本試験徹底分析予想模試

2025年度版

〈別冊〉問題用紙

別冊の使い方

この用紙を残したまま、冊子をていねいに抜き取ってください。
色紙は本体から取れませんのでご注意ください。
また、冊子をコピーすれば、何度でも活用することができます。

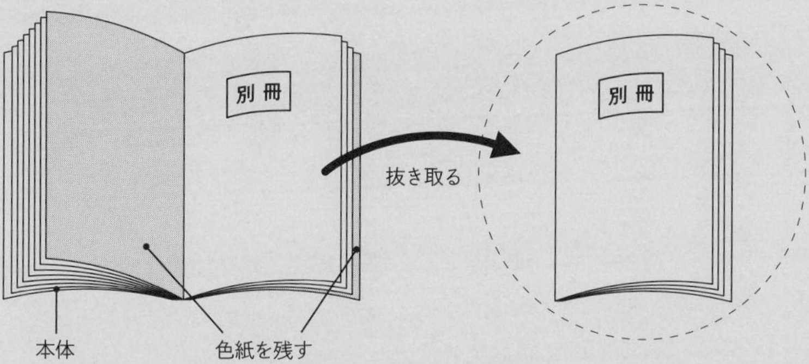

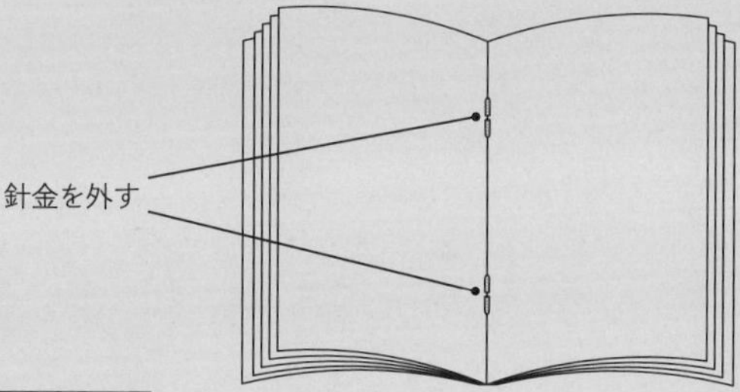

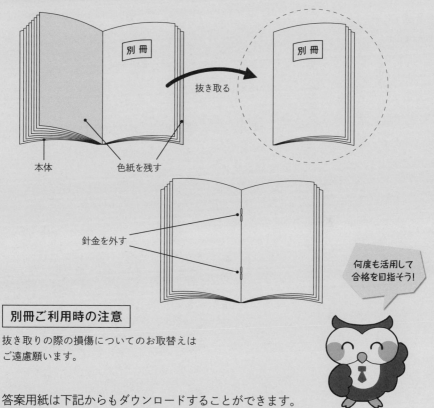

別冊ご利用時の注意

抜き取りの際の損傷についてのお取替えは
ご遠慮願います。

答案用紙は下記からもダウンロードすることができます。
https://bookstore.tac-school.co.jp/

※ダウンロードデータを許可なく配布したりWebサイト等に転載したりすることはできません。
　また、本データは予告なく終了することがあります。あらかじめご了承ください。

日商簿記２級予想問題　第１回　問題　　２ 級 ① 商 業 簿 記

第１問（20点）

下記の各取引について仕訳しなさい。ただし、勘定科目は、各取引の下の勘定科目の中から最も適当と思われるものを選び、記号で選択すること。なお、消費税については指示がある問題のみ考慮し、各取引は独立しているものとする。

１．神奈川商事は、商品500個（原価＠￥600、売価＠￥750）を売り上げ、代金は掛けとした。なお、神奈川商事は商品売買に関して、商品を仕入れたとき商品勘定に記入し、販売したそのつど売上原価を売上原価勘定に振り替える方法で記帳している。

ア．売掛金　　イ．受取手形　　ウ．商品　　エ．売上
オ．売上原価　　カ．前払金　　キ．普通預金

２．取引先の発行済株式の15％を取得価額￥7,500,000で所有していたが、追加で60％を取得し取引先に対する支配を獲得することになり、代金￥36,000,000を当座預金口座より支払った。

ア．その他有価証券　　イ．普通預金　　ウ．当座預金　　エ．子会社株式
オ．満期保有目的債券　　カ．未払金　　キ．有価証券利息

３．×1年４月１日、リース会社から複合機をリースする契約を結び、リース取引を開始した。リース期間は３年、リース料は年間￥120,000（毎年３月末払い）、リースする複合機の見積現金購入価額は￥300,000である。なお、当社の決算日は３月31 日（１年決算）であり、また、このリース取引はファイナンス・リース取引（利子抜き法）で会計処理を行う。

ア．支払リース料　　イ．リース資産　　ウ．支払利息　　エ．備品

日商簿記２級予想問題　第１回　問題　　２級②　商業簿記

第２問（20点）

下記の各問に答えなさい。ただし、仕訳や勘定記入を行うにあたり、勘定科目等は各問の下から最も適当と思われるものを選び、記号で解答すること。

問１　東海商事株式会社は、北陸株式会社を当期首（×5年４月１日）に合併し北陸株式会社の株主に自社の株式30,000株（１株あたりの時価@￥800）を交付した。なお、資本金は１株につき￥500とし、資本準備金は１株につき￥200、残りはその他資本剰余金とした。また、合併時の北陸株式会社の諸資産、諸負債は次のとおりである。

	帳簿価額	時価
諸資産	￥30,000,000	￥32,000,000
諸負債	￥9,000,000	￥9,200,000

（１）　合併時の取引について仕訳しなさい。

（２）　のれん勘定の記帳を行い、締め切りなさい。なお、前期繰越は、×2年４月１日に他社を買収したさいに生じたのれんの未償却残高である。東海商事株式会社は、のれんを取得時から20年間にわたり定額法で償却している。

ア．諸資産	イ．諸負債	ウ．のれん	エ．のれん償却
オ．繰越利益剰余金	カ．資本金	キ．利益準備金	ク．資本準備金
ケ．その他資本剰余金	コ．次期繰越	サ．諸口	シ．負ののれん発生益

日商簿記２級予想問題　第１回　問題　　２級③　商業簿記

第３問（20点）

次に示した徳島株式会社の［**資料Ⅰ**］、［**資料Ⅱ**］、［**資料Ⅲ**］にもとづいて、答案用紙の損益計算書を完成しなさい。なお、会計期間は×2年４月１日から×3年３月31日までの１年間である。

［**資料Ⅰ**］決算整理前残高試算表

決算整理前残高試算表　（単位：円）

借　方	勘定科目	貸　方
4,329,000	現金預金	
3,600,000	売掛金	
1,240,000	クレジット売掛金	
	貸倒引当金	18,450
530,000	売買目的有価証券	
680,000	繰越商品	
75,000	仮払金	
100,000	仮払法人税等	
6,200,000	建物	
	建物減価償却累計額	2,250,000
2,800,000	備品	

［**資料Ⅱ**］決算にあたっての修正事項

1．決算手続き中に、￥150,000の商品を得意先に納入し、先方による検収が３月中に完了していたとの連絡が入った。なお、当社では、クレジット取引をのぞき商品の売買はすべて掛けで行っており、収益の認識は検収基準にもとづいている。

2．当期の12月１日に中古の建物￥1,200,000を取得し、翌年１月１日より使用している（処理済み）。ただし、使用できる状態にする内装工事に￥400,000を支出していたが、これをすべて修繕費として処理していた。

3．仮払金は当期中に支払った従業員の退職金￥75,000であり、退職給付引当金で充当する。

［**資料Ⅲ**］決算整理事項

1．期末商品帳簿棚卸高は￥840,000（［**資料Ⅱ**］1．の原価は控除済み）である。ただし、商品Aには棚卸減耗損￥120,000、商品Bには商品評価損￥30,000が

第４問（28点）

（１）下記の各取引について仕訳しなさい。ただし、勘定科目は、各取引の下の勘定科目の中から最も適当と思われるものを選び、記号で選択すること。

１．原料2,000kg（購入代価300円/kg）と工場消耗品8,000円（購入代価）を掛けで購入した。なお、当工場では購入時に予定配賦を実施しており、材料副費として原料の購入代価の４％を予定配賦している。

ア．材料	イ．賃金・給料	ウ．買掛金	エ．材料副費差異
オ．材料副費	カ．製造間接費	キ．仕掛品	ク．材料消費価格差異

２．製造間接費について予定配賦額と実際発生額との差額を予算差異勘定と操業度差異勘定に振り替える。公式法変動予算にもとづく年間製造間接費予算15,360,000円のうち年間固定費は9,600,000円であり、年間の予定総直接作業時間は9,600時間である。また、当月の製造間接費の実際発生額は1,280,000円、実際直接作業時間は750時間であった。

ア．材料	イ．賃金・給料	ウ．予算差異	エ．操業度差異
オ．材料副費	カ．製造間接費	キ．仕掛品	ク．材料副費差異

３．組別総合原価計算を採用している当工場では、当月にＡ組製品およびＢ組製品を掛けにより販売したので売上高および売上原価を計上する。なお、Ａ組製品の売価は2,300,000円、売上製品製造原価は1,800,000円であり、Ｂ組製品の売価は2,100,000円、売上製品製造原価は1,850,000円であった。

ア．Ａ組製品	イ．売掛金	ウ．Ｂ組製品	エ．売上原価
オ．仕掛品	カ．売上	キ．製造間接費	ク．材料

（２）当工場では、同一工程で等級製品Ａ、Ｂ、Ｃを連続生産している。次の［**資料**］にもとづいて、当月の月末仕掛品原価、完成品総合原価、等級製品Ａ、Ｃの完成品総合原価を計算しなさい。なお、原価投入額合計を完成品

第５問（12点）

当年度の直接原価計算方式の損益計算書は次のとおりである。下記の問に答えなさい。

損益計算書（直接原価計算方式）

		（単位：円）
売上高	@500円×2,000個	1,000,000
変動売上原価	@250円×2,000個	500,000
変動製造マージン		500,000
変動販売費	@50円×2,000個	100,000
貢献利益		400,000
固定製造原価		250,000
固定販売費及び一般管理費		50,000
営業利益		100,000

問１　損益分岐点における販売数量を計算しなさい。

問２　目標営業利益150,000円を達成するための売上高を計算しなさい。

問３　損益分岐点売上高を50,000円引き下げるための固定費の金額を計算しなさい。

問４　経営レバレッジ係数を計算しなさい。

問５　当年度の販売数量が20%増加した場合における営業利益の増加額を計算しなさい。

第１問（20点）

下記の各取引について仕訳しなさい。ただし、勘定科目は、各取引の下の勘定科目の中から最も適当と思われるものを選び、記号で選択すること。なお、消費税については指示がある問題のみ考慮し、各取引は独立しているものとする。

１．備品を甲府建設株式会社に売却したさい、代金として同社振出しの約束手形￥750,000を受け取っていたが、支払期日を迎えたにもかかわらず、この手形が決済されていなかった。

ア．受取手形　イ．備品　ウ．不渡手形　エ．営業外受取手形
オ．支払手形　カ．仮受金　キ．未収入金

２．生産ライン増設のための工事が完成し、機械装置に￥5,000,000、構築物に￥1,400,000を計上した。この工事に関し、毎月末に支払期日が到来する額面￥325,000の約束手形20枚を振り出して相手先に交付した。なお、約束手形に含まれる利息相当額については資産勘定で処理すること。

ア．長期前払費用　イ．機械装置　ウ．支払手形　エ．構築物
オ．未払金　カ．営業外支払手形　キ．支払利息

３．×1年４月１日よりＯＡ機器のリース契約（期間４年間、月額リース料￥25,000を毎月末支払い）を締結した。このリース取引はファイナンス・リース取引に該当し利子込み法により会計処理してきたが、×4年３月31日でこのリース契約を解約し、×4年４月以降の未払リース料の残額については当座預金口座を通じて支払った。また、解約と同時にこのリース物件（×4年３月31日までの減価償却費は計上済）を貸手に無償で返却し除却の処理を行った。

ア．支払リース料　イ．リース資産　ウ．普通預金　エ．リース資産減価償却累計額

第２問（20点）

次に示した北陸物産株式会社の**［資料］**にもとづき、答案用紙の株主資本等変動計算書について、（　　）に適切な金額を記入して完成しなさい。金額が負の値であるときは、（　　）の前に△を付している。なお、会計期間はX2年４月１日からX3年３月31日までの１年間である。

［資料］

１．X2年６月11日、新株を発行して増資を行い、払込金￥2,000,000は当座預金口座を通じて受け取った。なお、増資に伴う資本金の計上額は、払込金の70%の金額とした。

２．X2年６月30日、定時株主総会を開催し、剰余金の配当および処分を次のように決定した。

（１）　株主への配当￥1,250,000

￥250,000はその他資本剰余金を財源とし、残りは繰越利益剰余金を財源とする。

（２）　株主への配当に伴う準備金の積立て

その他資本剰余金を財源とする配当については、その10分の１に相当する金額をその他資本剰余金から資本準備金として積み立て、繰越利益剰余金を財源とする配当については、その10分の１に相当する金額を繰越利益剰余金から利益準備金として積み立てる。

（３）　別途積立金の積立て

繰越利益剰余金を処分し、別途積立金として￥300,000を積み立てる。

３．X3年３月31日、決算にあたり、次の処理を行った。

（１）　その他有価証券（前期末の時価は￥1,550,000、当期末の時価は￥1,620,000）について時価評価を行い、

第3問（20点）

次に示した秋田株式会社の［**資料Ⅰ**］、［**資料Ⅱ**］、［**資料Ⅲ**］にもとづいて、答案用紙の貸借対照表を完成しなさい。なお、会計期間は×2年4月1日から×3年3月31日までの1年間であり、消費税の税率は10%とする。

［**資料Ⅰ**］決算整理前残高試算表

決算整理前残高試算表　（単位：円）

借方	勘定科目	貸方
337,500	現金	
2,625,000	当座預金	
825,000	受取手形	
1,440,000	売掛金	
	貸倒引当金	25,000
1,867,000	繰越商品	
520,000	仮払消費税	
30,000	仮払法人税等	
6,750,000	建物	
1,350,000	備品	
	建物減価償却累計額	1,620,000
	備品減価償却累計額	486,000

［**資料Ⅱ**］未処理事項

1．掛売上として処理した商品の売上（売価￥150,000（税抜）、原価￥105,000）が3月31日までに出荷されていないことが判明したが、売上の取消し処理が未処理だった。

2．手形￥300,000を取引銀行で割り引き、割引料￥12,500を差し引いた手取額は当座預金としていたが、この取引は未記帳である。

［**資料Ⅲ**］決算整理事項

1．受取手形と売掛金の期末残高に対して1.5%の貸倒れを見積る（差額補充法）。

2．商品の期末帳簿棚卸高は￥1,655,000、実地棚卸高は￥1,660,000であった。棚卸差異の原因を調査したところ、次の事項が判明した。

（1）3月31日に納入された商品￥25,000（税抜）の掛仕入が帳簿上で計上もれであった。

（2）［**資料Ⅱ**］1．の商品は帳簿棚卸高と実地棚卸高のいずれにも含まれていないことが判明

第４問（28点）

（１）下記の各取引について仕訳しなさい。ただし、勘定科目は、各取引の下の勘定科目の中から最も適当と思われるものを選び、記号で選択すること。

１．当月の労務費の実際消費額を計上する。なお、直接工の作業時間報告書によれば、加工時間は600時間、段取時間は200時間、間接作業時間は50時間、手待時間が30時間であった。また、当工場において適用される直接工の予定賃率は１時間あたり1,500円である。

ア．買掛金	イ．仕掛品	ウ．売上原価	エ．材料副費差異
オ．賃金	カ．製品	キ．製造間接費	ク．賃率差異

２．部門別個別原価計算を採用している当工場では、製造部門費につき直接作業時間を基準として予定配賦している。第１製造部門の予定配賦率は750 円/時間であり、当月の第１製造部門の直接作業時間は、製造指図書＃001が400時間、製造指図書＃002が500時間であった。なお、第1製造部門費の実際発生額690,000円であったため、配賦差異を原価差異勘定へ振り替えた。

ア．修繕部門費	イ．売上原価	ウ．仕掛品	エ．第１製造部門費
オ．原価差異	カ．賃金	キ．売上	ク．材料消費価格差異

３．当社では標準原価計算を採用しパーシャル・プランにより記帳しており、当月において価格差異と数量差異を計上した。直接材料費の標準消費価格は材料１kgあたり800円、実際消費価格は材料１kgあたり820円であり、標準材

第５問（12点）

当社はA製品を製造・販売し、製品原価の計算は単純総合原価計算により行っている。次の**［資料］**にもとづいて答案用紙の総合原価計算表を完成しなさい。ただし、原価投入額合計を完成品総合原価と月末仕掛品原価に配分する方法として先入先出法を用いること。

［資料］

１．当月の生産・販売データ

月初仕掛品量	500個（0.4）
当月完成品量	3,000個
月末仕掛品量	600個（0.2）
正常仕損品量	400個

２．当月の原価データ

月初仕掛品原価		当月製造費用	
X原料費	1,000,000円	X原料費	7,350,000円
Y原料費	240,000円	Y原料費	4,150,000円
Z原料費	－　円	Z原料費	1,240,000円
加 工 費	510,000円	加 工 費	8,798,000円
計	1,750,000円	計	21,538,000円

（注）X原料は工程の始点、Y原料は工程を通じて平均的、Z原料は工程の終点に投入しており、（　）内は

日商簿記２級予想問題　第３回　問題　　２ 級 ① 商 業 簿 記

第１問（20点）

下記の各取引について仕訳しなさい。ただし、勘定科目は、各取引の下の勘定科目の中から最も適当と思われるものを選び、記号で選択すること。なお、消費税については指示がある問題のみ考慮し、各取引は独立しているものとする。

1．商品を￥400,000（税抜）で販売し、このうち消費税込みで￥110,000を現金で受け取り、残額をクレジット払いの条件とするとともに、信販会社へのクレジット手数料（クレジット販売代金の４％）も販売時に計上した。なお、消費税の税率は10％とし、税抜方式で処理するが、クレジット手数料には消費税は課税されない。また、商品売買に関しては三分法で記帳している。

ア．仮払消費税	イ．現金	ウ．支払手数料	エ．クレジット売掛金
オ．売掛金	カ．売上	キ．仮受消費税	

2．大型複合機を分割払いで購入し、代金として毎月末に支払期日が順次到来する額面￥300,000の約束手形８枚を振り出した。なお、大型複合機の現金購入価額は￥2,360,000である。

ア．備品	イ．支払手形	ウ．支払利息	エ．営業外支払手形
オ．現金	カ．消耗品費	キ．未払金	

3．社内利用目的のソフトウェアの開発を外部に依頼し、５回均等分割払いの条件で契約総額￥50,000,000の全額を未払計上し、４回分をすでに支払っていた。本日、このソフトウェアの製作が完成し使用を開始したため、ソフトウェアの勘定に振り替えるとともに、最終回（第５回目）の支払いに関して当座預金口座を通じて行った。

ア．未払金	イ．研究開発費	ウ．普通預金	エ．ソフトウェア仮勘定

第２問（20点）

次の［**資料**］にもとづいて、×2年３月期（×1年４月１日から×2年３月31日まで）の連結精算表（連結貸借対照表と連結損益計算書の部分）を完成しなさい。なお、修正・消去欄は採点の対象としないものとする。

［**資料**］

１．Ｐ社は×0年３月31日にＳ社の発行済株式総数（10,000株）の70％を575,000千円で取得して支配を獲得し、それ以降Ｓ社を連結子会社として連結財務諸表を作成している。Ｓ社の純資産の部の変動は、次のとおりであった。

	×0年３月31日	×1年３月31日	×2年３月31日
資本金	500,000千円	500,000千円	500,000千円
利益剰余金	150,000千円	270,000千円	350,000千円
合計	650,000千円	770,000千円	850,000千円

２．Ｓ社は×1年３月期において80,000千円、当期において50,000千円の配当を行っている。

３．のれんは20年にわたり定額法で償却を行っている。

４．Ｐ社およびＳ社間の債権債務残高および取引高は、次のとおりであった。なお、Ｐ社がＳ社から仕入れた商品30,000千円がＰ社で未処理であったため適正に処理する。また、売買取引は全て掛け取引である。

日商簿記２級予想問題　第３回　問題

第３問 (20点)

次に示した［**資料Ⅰ**］、［**資料Ⅱ**］にもとづいて、答案用紙の決算整理後残高試算表を完成しなさい。なお、会計期間は４月１日から３月31日までの１年間である。

［**資料Ⅰ**］決算整理前残高試算表

決算整理前残高試算表　　(単位：円)

借　方	勘定科目	貸　方
388,000	現金	
234,000	当座預金	
325,000	受取手形	
550,000	売掛金	
520,000	売買目的有価証券	
85,000	繰越商品	
1,500,000	建物	
1,300,000	備品	
700,000	その他有価証券	
	買掛金	159,000
	未払金	78,000

［**資料Ⅱ**］決算整理事項等

1．配当金領収証￥37,500を受け取っていたが、未処理であった。

2．当座預金の銀行残高証明書の金額は￥314,000であり、当社の帳簿残高と不一致であったため、その原因を調査したところ、次の事実が判明した。

（１）掛代金として回収した￥125,000を￥215,000と誤記していた。

（２）銀行に取立依頼し、当座預金口座に入金済みの約束手形￥200,000につき当社では未記帳であった。

（３）売掛金￥180,000を回収し、ただちに当座預金へ預け入れたが、銀行では翌日入金となっていた。

（４）広告宣伝費の支払いのため小切手￥150,000を作成して振出処理を行っていたが、取引先への引渡しが行われずに、金庫に保管されていた。

3．受取手形および売掛金の期末残高に対して１％の貸倒れを見積もり、差額補充法により貸倒引当金を設定する。

第４問（28点）

（１）下記の各取引について仕訳しなさい。ただし、勘定科目は、各取引の下の勘定科目の中から最も適当と思われるものを選び、記号で選択すること。

１．当工場では、製品Ａの生産のため素材1,400,000円、買入部品150,000円、工場消耗品125,000円を消費した。

ア．賃金	イ．賃率差異	ウ．製造間接費	エ．材料消費価格差異
オ．買掛金	カ．仕掛品	キ．製品	ク．材料

２．予定配賦率を適用して、製造間接費を各製造指図書に配賦する。当工場の年間の固定製造間接費予算は2,580,000円、変動製造間接費予算は3,420,000円であり、年間の予定総直接作業時間は6,000時間である。なお、当月の直接作業時間は520時間であった。

ア．材料	イ．買掛金	ウ．賃金	エ．賃率差異
オ．仕掛品	カ．製品	キ．製造間接費	ク．材料消費価格差異

３．当社では実際個別原価計算を採用しており、当月の材料消費量は次のとおりである。なお、直接材料の消費額の計算には実際払出価格1,200円/kgを用いている。

製造指図書＃101：180kg、製造指図書＃201：200kg、製造指図書番号なし：60kg

ア．材料	イ．仕掛品	ウ．製品	エ．売上原価
オ．製造間接費	カ．材料副費	キ．材料副費差異	ク．売上

（２）当社は製品甲を製造し、製品原価の計算は累加法による工程別総合原価計算を採用している。次の［**資料**］にもとづいて、答案用紙の空欄を答えなさい。なお、原価投入額を完成品総合原価と月末仕掛品原価に配分する方法は、第１工程は平均法、第２工程は先入先出法を用いること。また、第１工程の始点で発生する正常減損の処理は度外視法による。第２工程の終点で発生する正常減損は完成品に負担させること。

第５問（12点）

当社はＡ製品を生産しており、パーシャル・プランの標準原価計算を採用している。

１．Ａ製品の標準原価カード

	（標 準 単 価）	（標準消費量）	
直接材料費	800円/kg	0.5kg	400円
	（標 準 賃 率）	（標準直接作業時間）	
直接労務費	1,500円/時間	0.6時間	900円
	（標準配賦率）	（標準直接作業時間）	
製造間接費	3,000円/時間	0.6時間	1,800円
製品１個あたりの標準製造原価			3,100円

２．当月のＡ製品の生産量・完成量は2,500個であり、仕掛品はない。また、当月の製造費用は下記のとおりである。

直接材料費　1,050,000円

直接労務費　2,270,000円

製造間接費　4,780,000円

３．製造間接費は直接作業時間を配賦基準として配賦される。また、製造間接費には変動予算が設定されており、月間製造間接費予算は変動費1,600,000円と固定費3,200,000円で、月間正常直接作業時間は1,600時間である。なお

第１問（20点）

下記の各取引について仕訳しなさい。ただし、勘定科目は、各取引の下の勘定科目の中から最も適当と思われるものを選び、記号で選択すること。なお、消費税については指示がある問題のみ考慮し、各取引は独立しているものとする。

１．埼玉建設株式会社に対する買掛金￥300,000の支払いにつき、取引銀行を通じて電子債権記録機関に千葉興業株式会社に対する電子記録債権の譲渡記録を行った。

ア．買掛金	イ．受取手形	ウ．電子記録債務	エ．支払手形
オ．売掛金	カ．仮払金	キ．電子記録債権	

２．X4年４月１日に購入した￥5,000,000の備品を、X9年度の期首に除却した。この備品については、耐用年数10年、残存価額０として、定額法で償却（間接法）しており、この備品の除却時の処分価額は、￥1,800,000と見積もられた。当社の決算日は年１回、３月31日である。

ア．貯蔵品	イ．固定資産除却損	ウ．減価償却費	エ．備品減価償却累計額
オ．備品	カ．未収入金	キ．固定資産売却損	

３．開発を依頼していた社内利用目的のソフトウェアが完成し使用を開始したため、ソフトウェア勘定に振り替えた。この開発費用￥5,800,000のうちソフトウェアの仕様変更に伴い修正した金額￥300,000が含まれており、当該修正作業に関しては資産性が認められないため除却処理する。なお、開発費用に関してはすべて支払済みである。

ア．ソフトウェア	イ．固定資産売却損	ウ．減価償却費	エ．ソフトウェア仮勘定
オ．備品	カ．研究開発費	キ．固定資産除却損	

第２問（20点）

次の固定資産に関連する**［資料］**にもとづいて、設問に答えなさい（会計期間は×５年４月１日から×６年３月31日）。減価償却に係る記帳は直接法によることとし、期中に備品を除却した場合、減価償却費は月割りで計算すること。

［資料］

取引日	摘　要	内　　　容
４月１日	前期繰越	甲備品（取得：×４年４月１日　取得価額：￥500,000 残存価額：ゼロ　耐用年数：５年　200％定率法）
〃	リース取引開始	複合機のリース契約を締結し、ただちに引渡しを受け、使用を開始した。 ・年間リース料：￥170,000（後払い） ・見積現金購入価額：￥600,000 ・リース期間：４年 ・減価償却：残存価額ゼロ　定額法 ・リース取引の会計処理：ファイナンス・リース取引に該当し、利子込み法を適用
４月30日	国庫補助金受入	機械装置の購入に先立ち、国から補助金￥300,000が当社の当座預金口座に振り込まれた。
７月１日	機械装置購入	機械装置を購入し、当座預金口座を通じて支払った。 （取得価額：￥900,000　残存価額：ゼロ　耐用年数：５年　200％定率法）

第３問（20点）

次に示した商品売買業を営む当社の［**資料Ⅰ**］、［**資料Ⅱ**］にもとづいて、貸借対照表を完成しなさい。会計期間は×4年４月１日より×5年３月31日までの１年間である。本問では貸倒引当金、減価償却、およびその他有価証券の３項目に関してのみ税効果会計を適用する。法定実効税率は前期・当期とも30%であり、将来においても税率は変わらないと見込まれている。なお、繰延税金資産は全額回収可能性があるものとする。

［**資料Ⅰ**］決算整理前残高試算表

決算整理前残高試算表　（単位：円）

借　方	勘定科目	貸　方
2,508,800	現金預金	
3,688,000	売掛金	
3,360,000	繰越商品	
288,000	仮払法人税等	
6,000,000	建物	
2,880,000	備品	
2,720,000	その他有価証券	
1,200,000	長期貸付金	
12,000	繰延税金資産	
	買掛金	3,094,400

［**資料Ⅱ**］決算整理事項等

1．期中に当社建物が火災に遭ったが保険を付していたため、焼失した資産の帳簿価額（減価償却費計上済）を火災未決算勘定に振り替える処理を行っていた。その後、保険会社から保険金￥616,000を支払う旨の連絡があったが未処理であった。

2．売上債権の期末残高につき、「1,000分の10」を貸倒引当金として設定する（差額補充法）。なお、引当金に係る税効果は生じていない。

3．商品の期末帳簿棚卸高は￥3,560,000であり、評価損￥160,000が生じている。

4．有形固定資産の減価償却は、次の方法で行う。

なお、備品は当期首に購入したものであり、税務上の法定耐用年数が８年であることから、減価償却費損金算入限度超過額に係る税効果会計を適用する。

第４問（28点）

（１）下記の各取引について仕訳しなさい。ただし、勘定科目は、各取引の下の勘定科目の中から最も適当と思われるものを選び、記号で選択すること。

１．予定賃率にもとづく消費賃金と実際消費賃金との差異を賃率差異勘定に振り替える。直接工の予定賃率は１時間あたり1,500円、直接作業時間は800時間であった。また、直接工の当月賃金支払高は1,180,000円、当月賃金未払高200,000円、前月賃金未払高150,000円であった。

ア．材料	イ．仕掛品	ウ．製品	エ．材料消費価格差異
オ．製造間接費	カ．未払金	キ．賃率差異	ク．賃金

２．当社では製造部門費の予定配賦を行っており、第１製造部門の予定配賦率は600円/時間（配賦基準は機械運転時間）、第２製造部門の予定配賦率は800円/時間（配賦基準は直接作業時間）である。なお、当月の第１製造部門の機械運転時間は製造指図書＃101に対して60時間、製造指図書＃201に対して50時間、第２製造部門の直接作業時間は製造指図書＃101に対して40時間、製造指図書＃201に対して30時間である。

ア．仕掛品	イ．製品	ウ．材料	エ．第１製造部門費
オ．賃金	カ．売上原価	キ．賃率差異	ク．第２製造部門費

３．当社では標準原価計算（パーシャル・プランにより記帳）を採用しており、当月において賃率差異と時間差異を計上した。なお、直接労務費の標準賃率は直接作業時間１時間あたり1,800円、標準直接作業時間は550時間であり、実際賃率は直接作業時間１時間あたり1,900円、実際直接作業時間は580時間であった。

ア．仕掛品	イ．製品	ウ．賃率差異	エ．時間差異
オ．賃金	カ．能率差異	キ．予算差異	ク．操業度差異

第５問（12点）

次の［**資料**］にもとづいて、答案用紙の仕掛品勘定と損益計算書を完成しなさい。なお、当社では、直接原価計算による損益計算書を作成している。

［**資料**］

1．棚卸資産有高は下記のとおりである。なお、仕掛品、および製品は変動製造原価のみで計算されている。

	期首有高	期末有高
原　　料	360,000円	310,000円
仕 掛 品	435,000円	480,000円
製　　品	530,000円	470,000円

2．原料の当期仕入高は 2,900,000円である。

3．賃金・給料に関する資料は下記のとおりである。なお、直接工は直接作業のみに従事している。また、間接工賃金は変動費、工場従業員給料は固定費である。

（1）賃金・給料の当期支払高

直接工賃金 1,250,000円

間接工賃金 380,000円

工場従業員給料 540,000円

（2）賃金・給料の未払高

	期首未払高	期末未払高

日商簿記２級予想問題　第５回　問題　　２級①　商業簿記

第１問（20点）

下記の各取引について仕訳しなさい。ただし、勘定科目は、各取引の下の勘定科目の中から最も適当と思われるものを選び、記号で選択すること。なお、消費税については指示がある問題のみ考慮し、各取引は独立しているものとする。

1．電子記録債権￥430,000を割り引くために、取引銀行より電子債権記録機関に譲渡記録の請求を行い、割引料￥4,000を差し引いた手取金が当座預金口座に振り込まれた。

ア．普通預金　イ．当座預金　ウ．電子記録債務　エ．電子記録債権売却損
オ．受取手形　カ．売掛金　キ．電子記録債権

2．本社建物の修繕工事を行い、代金￥2,500,000は普通預金口座を通じて支払った。なお、工事代金の40%は改良のための支出である。また、この修繕工事に備えて、前期までに￥1,200,000の引当金を設定している。

ア．修繕費　イ．建物　ウ．普通預金　エ．修繕引当金
オ．減価償却費　カ．建設仮勘定　キ．建物減価償却累計額

3．研究開発に従事している従業員の給料￥450,000および特定の研究開発にのみ使用する目的で購入した機械装置の代金￥4,000,000につき、普通預金口座を通じて支払った。

ア．給料　イ．備品　ウ．機械装置　エ．当座預金
オ．普通預金　カ．研究開発費　キ．支払手数料

4．本日、得意先である群馬商事株式会社へ商品￥250,000を引き渡した。なお、群馬商事株式会社とは先月末に商

第２問（20点）

次の［**資料**］にもとづいて、×3年３月期（×2年４月１日から×3年３月31日まで）の連結精算表（連結貸借対照表と連結損益計算書の部分）を完成しなさい。なお、修正・消去欄は採点の対象としないものとする。

［**資料**］

１．Ｐ社は×0年３月31日にＳ社の発行済株式総数（6,000株）の60％を160,000千円で取得して支配を獲得し、それ以降Ｓ社を連結子会社として連結財務諸表を作成している。×0年３月31日のＳ社の資本金は150,000千円、資本剰余金は30,000千円、利益剰余金は50,000千円であった。なお、Ｓ社は支配獲得後に配当を行っておらず、また、のれんは10年にわたり定額法で償却を行っている。

２．Ｓ社の×0年度（×0年４月１日から×1年３月31日）の当期純利益は10,000千円であった。

３．当期よりＰ社はＳ社に対し商品を販売しており、Ｐ社がＳ社に対して販売する商品の売上総利益率は20％である。なお、当期におけるＰ社の売上高のうち、Ｓ社向けの売上高は480,000千円であった。また、Ｓ社の期末商品のうち、160,000千円はＰ社より仕入れたものである。

４．Ｐ社およびＳ社間の債権債務残高は、次のとおりであった。なお、Ｐ社がＳ社から受け取った手形180,000千円のうち、30,000千円は仕入先へ裏書譲渡し、50,000千円は銀行で割引きをおこなった。なお、割引き時の手数料500千円のうち、当期末から満期日までの期間の額は150千円であった。

Ｐ社のＳ社に対する債権債務	Ｓ社のＰ社に対する債権債務

第３問（20点）

次の［**資料Ⅰ**］および［**資料Ⅱ**］にもとづいて、答案用紙の損益計算書を完成しなさい。なお、会計期間は×5年４月１日から×6年３月31日までの１年間である。

［**資料Ⅰ**］決算整理前残高試算表

決算整理前残高試算表　（単位：円）

借　方	勘定科目	貸　方
315,305	現金	
514,420	普通預金	
432,000	受取手形	
660,000	売掛金	
	貸倒引当金	17,200
264,000	繰越商品	
121,600	仮払法人税等	
3,600,000	建物	
1,080,000	備品	
	備品減価償却累計額	388,800
2,400,000	土地	

［**資料Ⅱ**］決算整理事項等

1．当期に売掛金￥15,000が貸倒れとなったが未処理であった。このうち￥6,000は前期の取引から生じたものであり、残りの￥9,000は当期の取引から生じたものである。

2．売上債権の期末残高に対して0.5%の貸倒れを見積もる（差額補充法）。

3．商品の期末棚卸高は次のとおりである。なお、棚卸減耗損と商品評価損は売上原価の内訳科目として処理する。

　帳簿棚卸数量：720個　帳簿価額：@￥500
　実地棚卸数量：715個　正味売却価額：@￥480

4．建物は当期の12月１日に取得したものであり、耐用年数は40年、残存価額はゼロとして、定額法により月割で減価償却を行う。

5．備品は耐用年数10年、残存価額はゼロとして、200%定率法により減価償却を行っている。なお、保証率は0.06552、改定償却率は0.250である。

第４問（28点）

（１）下記の各取引について仕訳しなさい。ただし、勘定科目は、各取引の下の勘定科目の中から最も適当と思われるものを選び、記号で選択すること。

１．当社は材料副費につき予定配賦を実施している。当月の材料副費予定配賦額は2,400,000円であり、実際発生額は2,450,000円であったため、その差額を材料副費差異勘定に振り替えた。

ア．仕掛品	イ．製品	ウ．材料副費	エ．材料副費差異
オ．材料消費価格差異	カ．材料	キ．買掛金	ク．未払金

２．製造間接費の当月における予定配賦額は1,280,000円、実際発生額は1,350,000円であったので、この予定配賦額と実際発生額の差額を原価差異勘定に振り替えた。

ア．製造間接費	イ．製品	ウ．原価差異	エ．材料副費差異
オ．材料消費価格差異	カ．材料	キ．賃金	ク．仕掛品

３．当社では等級別総合原価計算を採用しており、今月は6,000個（Ａ等級製品2,500個とＢ等級製品3,500個）が完成した。なお、完成品の総合原価は2,175,000円であり、等価係数はＡ等級製品３：Ｂ等級製品２である。

ア．Ａ等級製品	イ．仕掛品	ウ．売上	エ．材料
オ．Ｂ等級製品	カ．売上原価	キ．製造間接費	ク．売掛金

（２）Ａ工場では実際個別原価計算を採用し、製造間接費の計算は部門別計算を行っている。製造部門費の配賦基準

第５問（12点）

当年度における直接原価計算方式の予算損益計算書は次のとおりである。下記の問に答えなさい。

予算損益計算書（直接原価計算方式）　（単位：円）

売上高	@4,000円×3,000個	12,000,000
変動売上原価	@2,500円×3,000個	7,500,000
変動製造マージン		4,500,000
変動販売費	@　300円×3,000個	900,000
貢献利益		3,600,000
製造固定費		1,200,000
固定販売費及び一般管理		600,000
営業利益		1,800,000

問１　損益分岐点における売上高を計算しなさい。

問２　売上高が12,000,000円のときの安全余裕率を計算しなさい。

問３　目標営業利益率20%を達成するための売上高を計算しなさい。

問４　競業企業の躍進により当社の売上数量が10%減少し、さらに素材価格の高騰により変動売上原価が@2,500円から@3,000円になった場合における当社の営業利益を計算しなさい。

問５　当年度の会計期間における実績販売単価は@3,800円、実績販売数量は3,100個であった。この実績数値にも

第１問（20点）

下記の各取引について仕訳しなさい。ただし、勘定科目は、各取引の下の勘定科目の中から最も適当と思われるものを選び、記号で選択すること。なお、消費税については指示がある問題のみ考慮し、各取引は独立しているものとする。

１．X1年５月14日、満期まで保有する目的で、他社が発行する額面総額￥1,500,000の社債（利率は年0.73%、利払日は３月末と９月末）を額面￥100につき￥98で購入し、代金は直近の利払日の翌日から売買日当日までの期間にかかわる端数利息とともに普通預金口座を通じて支払った。なお、端数利息については、１年を365日として日割計算する。

ア．満期保有目的債券　イ．その他有価証券　ウ．子会社株式　エ．有価証券利息
オ．受取利息　カ．当座預金　キ．普通預金

２．当期首に、建物（取得原価￥8,000,000、減価償却累計額￥5,600,000、間接法で記帳）が火災により全焼した。この建物には総額￥2,000,000の火災保険を掛けていたので、保険会社に保険金の支払いを請求した。

ア．未決算　イ．保険差益　ウ．建物　エ．建物減価償却累計額
オ．減価償却費　カ．未収入金　キ．火災損失

３．決算につき消費税の処理を行う。なお、当期における仮払消費税勘定の残高は￥150,000、仮受消費税勘定の残高は￥120,000であった。

ア．現金　イ．前払金　ウ．仮払消費税　エ．未払消費税
オ．仮受消費税　カ．前受金　キ．未収還付消費税

第２問（20点）

次に示した **[資料]** にもとづいて、答案用紙の株主資本等変動計算書について、（　　）に適切な金額を記入して完成しなさい。金額が負の値のときは、金額の前に△を付して示すこと。なお、当社の会計期間はx2年４月１日からx3年３月31日までの１年間である。

[資料]

1．前期の決算時に作成した貸借対照表によると、純資産の部に記載された項目の金額は次のとおりであった。なお、この時点における当社の発行済株式総数は30,000株である。

資本金	70,000千円	資本準備金	8,000千円	その他資本剰余金	1,000千円
利益準備金	2,000千円	新築積立金	700千円	繰越利益剰余金	3,000千円

2．x2年６月23日に開催された株主総会において、剰余金の配当等が次のとおり承認された。

（１）株主への配当金を、利益剰余金を財源とし１株につき￥50にて実施する。

（２）会社法で規定する額の利益準備金を計上する。

（３）新築積立金を500千円設定する。

3．x2年12月１日に株式会社埼玉商事を吸収合併した。埼玉商事の諸資産の簿価は115,000千円、時価は120,000千円、諸負債の簿価は80,000千円であった。なお、合併の対価として埼玉商事の株主に当社の株式5,000株（時価@￥8,400）を交付し、資本金増加額は30,000千円、資本準備金増加額は10,000千円、残額はその他資本剰余金とした。

4．x3年２月１日に増資を行い、3,000株を１株につき@￥8,000で発行し、払込金は全額当座預金に預け入れた。なお、資本金は、会社法で規定する最低額を計上することとした。

5．x3年３月31日、決算にあたり当期純利益3,000千円を計上した。

第３問（20点）

次の決算整理事項等にもとづいて精算表を完成しなさい。なお、会計期間は×1年４月１日から×2年３月31日までの１年間である。

決算整理事項等

1．売上高の計上基準は得意先の検収基準であるが、３月の掛け売上計上分のうち¥900,000（原価¥630,000）が得意先で未検収のままであることが判明した。

2．買掛金のうち取引銀行を通じて債務の発生記録を行った電子記録債務¥200,000の振替処理が漏れていることが判明した。

3．受取手形および売掛金の残高について、1.5%の貸倒引当金を差額補充法により設定する。

4．商品の期末帳簿棚卸高（出荷基準にもとづき算定）は¥2,500,000、実地棚卸高は¥2,400,000であった。なお、売上原価は「仕入」の行で計算し、棚卸減耗損は独自の科目として処理する。

5．減価償却を次のとおり行う。なお、減価償却費は、概算額で建物は¥3,300、備品¥5,500を４月から２月までの月次決算で各月に計上しており、減価償却費の年間確定額との差額を決算月で計上する。

　建物　定額法　　　　耐用年数30年　残存価額ゼロ

　備品　200%定率法　耐用年数８年

6．借入金は、×2年３月１日に利率年２%で借り入れたものである。なお、利息は３月１日に６か月分を前払（月割計算）し、支払時にその全額を前払利息に計上しており、期末に前払利息分を月割で計算して処理する。

7．未払給料は前期末の決算整理により計上されたものであり、期首の再振替仕訳は行われていない。また、当期末の未払給料は¥155,000であった。

8．長期前払保険料は、×2年３月１日に２年分の火災保険料を支払ったものであり、当期分を費用として計上す

第４問（28点）

（１）下記の各取引について仕訳しなさい。ただし、勘定科目は、各取引の下の勘定科目の中から最も適当と思われるものを選び、記号で選択すること。

1．本社で支払った通信費のうち70,000円を間接経費として計上した。なお、当社では本社会計から工場会計を独立させている。工場側の仕訳を示しなさい。

ア．製造間接費	イ．仕掛品	ウ．売上	エ．売上原価
オ．工場	カ．本社	キ．製品	ク．通信費

2．当社では本社から工場会計を独立させており、当月の機械装置の減価償却を行った。機械装置の減価償却費に関する年間見積額は4,800,000円であり、機械装置の減価償却累計額の勘定は本社で設定している。工場の仕訳を示しなさい。

ア．本社	イ．仕掛品	ウ．売上	エ．売上原価
オ．工場	カ．製造間接費	キ．製品	ク．機械装置減価償却累計額

3．当社の外注業者である青森商会に対し、加工賃666,000円につき当座預金口座を通じて支払った。

ア．普通預金	イ．当座預金	ウ．材料	エ．製造間接費
オ．仕掛品	カ．製品	キ．未払金	ク．買掛金

（２）当社では受注生産を行っており、製品原価の計算には実際個別原価計算を採用している。次の［**資料**］にもとづいて、下記の［一連の取引］について下記の問に答えなさい。

［**資料**］

第５問（12点）

当工場では、製品Ａを製造・販売している。これまで全部原価計算による損益計算書を作成してきたが、販売量と営業利益の関係がわかりにくいため、過去２期分のデータをもとに直接原価計算による損益計算書を作成し検討することとした。次の［**資料**］にもとづいて、答案用紙の直接原価計算による損益計算書を完成しなさい。

［**資料**］

１．製品Ａ１個あたり全部製造原価

製品Ａ１個あたりの全部製造原価は下記のとおりである。なお、固定加工費は前々期、前期とも450,000円であり、各期の実際生産量にもとづいて実際配賦している。

	前々期	前　期
直接材料費	800円	700円
変動加工費	150円	200円
固定加工費	？円	？円
	？円	？円

２．生産・販売状況

生産・販売状況は下記のとおりである。なお、期首仕掛品および期末仕掛品は存在しない。

	前々期	前　期

日商簿記２級予想問題　第７回　問題　　２ 級 ① 商 業 簿 記

第１問（20点）

下記の各取引について仕訳しなさい。ただし、勘定科目は、各取引の下の勘定科目の中から最も適当と思われるものを選び、記号で選択すること。なお、消費税については指示がある問題のみ考慮し、各取引は独立しているものとする。

１．×1年11月21日、売買目的で保有している額面総額￥3,000,000の社債（年利率1.825%、利払日は３月末と９月末の年２回）を額面￥100につき￥99.50の価額（裸相場）で売却し、売却代金は売買日までの端数利息とともに普通預金口座に入金された。なお、この社債は×1年９月１日に額面￥100につき￥99.20の価額（裸相場）で買い入れたものであり、端数利息は１年を365日として日割で計算する。

ア．有価証券売却益　イ．有価証券売却損　ウ．有価証券利息　エ．当座預金
オ．売買目的有価証券　カ．満期保有目的債券　キ．普通預金

２．本日、最新式の業務用換気機器￥3,200,000を購入し、小切手を振り出して支払った。なお、導入にあたり先月末に国から￥1,500,000の補助金を得ている（適切に会計処理済み）。そのうえで、補助金に関する圧縮記帳を直接控除方式にて行った。なお、備品勘定は圧縮記帳した事実を示すように記入すること。

ア．国庫補助金受贈益　イ．備品　ウ．当座預金　エ．固定資産圧縮損
オ．普通預金　カ．減価償却費　キ．未払金

３．当期首に、得意先である長野商事へ大型除菌装置を掛けにより販売した。なお、通常の基本保証とは別に、すべての修理または交換につき継続的に提供される追加の保証契約を２年間締結している。また、契約書に記載された対価の額は￥380,000であり、この金額には２年間の保守サービス料￥47,500が含まれている。

第２問（20点）

問題１

次の［**資料**］にもとづいて、下記の設問に答えなさい。なお、会計期間は１年であり、決算日は３月31日とする。また、［**資料**］以外の外貨建取引は生じていない。

［**資料**］

１．取引の概要

X1年９月１日	当社は商品500ドルを掛で輸入した。なお、代金はX2年６月30日に支払う予定である。
X2年１月１日	当社は商品400ドルを掛で輸出した。なお、代金はX2年９月30日に受け取る予定である。
X2年３月31日	決算日
X2年６月30日	X1年９月１日に取引を行った際の掛代金500ドルを、当座預金口座を通じて支払った。
X2年９月30日	X2年１月１日に取引を行った際の掛代金400ドルが、当座預金口座に振り込まれた。

２．為替相場

	直物為替相場	先物為替相場
X1年９月１日	112円/ドル	114円/ドル
X2年１月１日	114円/ドル	116円/ドル
X2年２月１日	117円/ドル	118円/ドル
X2年３月31日	120円/ドル	123円/ドル
X2年６月30日	119円/ドル	121円/ドル

第３問（20点）

次に示した当社の［**資料Ⅰ**］、［**資料Ⅱ**］、［**資料Ⅲ**］にもとづいて、答案用紙の損益計算書を完成しなさい。なお、会計期間は×1年４月１日から×2年３月31日までの１年間である。

［**資料Ⅰ**］決算整理前残高試算表

決算整理前残高試算表　（単位：円）

借　方	勘定科目	貸　方
297,500	現金	
480,280	当座預金	
265,000	受取手形	
500,000	売掛金	
770,000	繰越商品	
50,000	仮払金	
110,000	仮払法人税等	
1,875,000	建物	
1,325,000	備品	
459,000	建設仮勘定	
1,470,000	満期保有目的債券	
	支払手形	177,500

［**資料Ⅱ**］決算にあたっての修正事項

1．当期に販売した掛代金￥7,000の貸倒処理が未処理のままであった。

2．仮払金は、当期に退職した従業員に対する支払額￥50,000であり、対応する退職給付引当金の取崩し処理が未処理のままであった。

3．建設仮勘定の￥400,000は、当期中に完了した建物の増改築工事にかかわるものであり、増改築工事による増加部分は、10月１日より使用している。なお、この増改築工事の代金￥400,000のうち￥100,000は修繕費に該当することが判明した。

［**資料Ⅲ**］決算整理事項

1．期末商品帳簿棚卸高は￥520,000である。なお、棚卸減耗損￥30,000、商品評価損￥18,000が生じている。

2．受取手形および売掛金の期末残高に対して１％の貸倒れを見積もり、差額補充法により貸倒引当金を設定する。

第４問（28点）

（１）下記の各取引について仕訳しなさい。ただし、勘定科目は、各取引の下の勘定科目の中から最も適当と思われるものを選び、記号で選択すること。

１．当社では、材料に関して実際払出価格は先入先出法により処理し、材料費の計算には１kgあたり420円の予定消費価格を用いている。材料の月初在庫は200kg（購入原価１kgあたり450円）、当月購入量は1,800kg（購入原価１kgあたり500円）、月末在庫は300kgであり、棚卸減耗はなかった。当月末になり、材料の実際消費価格と予定消費価格に関する差異を計上した。

ア．材料	イ．仕掛品	ウ．買掛金	エ．製造間接費
オ．売上原価	カ．材料副費差異	キ．材料消費価格差異	ク．製品

２．本社の製品倉庫に、先月完成した製品2,500,000円を工場の倉庫から搬送した。なお、当社では本社会計から工場会計を独立させている。工場側の仕訳を示しなさい。

ア．売掛金	イ．材料	ウ．本社	エ．工場
オ．製造間接費	カ．売上	キ．売上原価	ク．製品

３．当社は標準原価計算（シングル・プランにより記帳）を採用しており、月初仕掛品300個（加工進捗度50%）、当月投入量1,900個、月末仕掛品500 個(40%)、完成品1,700個であった。また、製品１個あたりの標準直接労務費は5,250円であり、当月の実際直接労務費は9,420,000円であった。直接労務費の当月消費額に関する仕訳を示しなさい。

ア．仕掛品	イ．製品	ウ．賃率差異	エ．時間差異
オ．賃金	カ．能率差異	キ．予算差異	ク．操業度差異

第５問（12点）

当社では、製品甲を製造・販売している。次の **[資料]** にもとづいて、答案用紙に示されている全部原価計算による損益計算書と直接原価計算による損益計算書を完成しなさい。なお、加工費については生産量にもとづいて予定配賦し、すべての配賦差異を当期の売上原価に賦課している。また、期首および期末に仕掛品・製品は存在しない。

[資料]

１．販売価格 8,000円/個

２．実際生産量・販売量

　当期製品生産量　1,160個

　当期製品販売量　1,160個

３．実際製造原価

　原料費（変動費）　2,500円/個

　変動加工費 1,000円/個

　固定加工費 2,400,000円

４．実際販売費及び一般管理費

　変動販売費 600円/個

　固定販売費 300,000円

　一般管理費（固定費）　550,000円

５．予定生産量は1,200個であり、変動加工費予算は1,200,000円、固定加工費予算は2,160,000円である。

第１問（20点）

下記の各取引について仕訳しなさい。ただし、勘定科目は、各取引の下の勘定科目の中から最も適当と思われるものを選び、記号で選択すること。なお、消費税については指示がある問題のみ考慮し、各取引は独立しているものとする。

１．決算にさいして、長期投資目的で１株あたり￥2,000にて取得していた秋田重工業株式会社の株式8,000株を時価評価（決算時の時価：１株あたり￥2,270）し、全部純資産直入法を適用した。なお、法定実効税率30%とする税効果会計を適用する。また、秋田重工業株式会社は当社の子会社、関連会社に該当しない。

ア．満期保有目的債券　イ．子会社株式　ウ．その他有価証券　エ．その他有価証券評価差額金
オ．繰延税金資産　カ．繰延税金負債　キ．法人税等調整額

２．リース会社とオフィス機器のリース契約を、リース期間５年、リース料月額￥50,000の条件で結び、オフィス機器の導入と同時に第１回のリース料につき、当座預金口座を通じて支払った。なお、このリース取引はファイナンス・リース取引で、利子込み法により処理すること。

ア．リース債務　イ．支払利息　ウ．支払リース料　エ．当座預金
オ．普通預金　カ．リース資産　キ．減価償却費

３．前期に販売した商品について顧客より無料修理の申し出があったので修理業者に修理を依頼し、代金￥120,000は普通預金口座から支払った。なお、この保証はすべての商品に付帯する通常の保証であり、前期の決算で計上した商品保証引当金の残高は￥80,000である。

ア．商品保証引当金　イ．当座預金　ウ．普通預金　エ．修繕引当金
オ．修繕費　カ．支払手数料　キ．商品保証費

日商簿記2級予想問題　第8回　問題　　　2 級 ② 商 業 簿 記

第2問（20点）

次の［**資料**］にもとづいて、×2年3月期（×1年4月1日から×2年3月31日まで）の連結貸借対照表と連結損益計算書を完成しなさい。なお、本問では税効果会計、法人税の計算、消費税の計算に関しては無視すること。

［**資料**］

貸借対照表

×2年3月31日現在　（単位：千円）

資産	P社	S社	負債・純資産	P社	S社
現金預金	1,537,800	214,600	買掛金	1,851,000	2,041,900
売掛金	3,480,000	3,200,000	未払費用	4,000	10,500
未収収益	15,000	1,800	貸倒引当金	34,800	32,000
商品	465,000	868,000	長期借入金	500,000	1,850,000
土地	1,082,000	273,000	退職給付引当金	124,000	88,000
長期貸付金	2,540,000	340,000	資本金	4,600,000	700,000
投資有価証券	382,200	315,000	利益剰余金	3,193,200	490,000
S社株式	805,000	—			
	10,307,000	5,212,400		10,307,000	5,212,400

損益計算書

自×1年4月1日　至×2年3月31日　（単位：千円）

費用	P社	S社	収益	P社	S社
売上原価	5,021,800	4,830,000	売上高	7,679,000	6,720,000

第３問（20点）

当社は、東京の本店のほかに、大阪に支店を有している。次の［**資料Ⅰ**］、［**資料Ⅱ**］および［**資料Ⅲ**］にもとづいて本店の損益勘定を完成しなさい。なお、本問では税効果会計、法人税の計算、消費税の計算に関しては無視すること。

［**資料Ⅰ**］残高試算表（本店・支店）

決算整理前残高試算表　（単位：円）

借方	本店	支店	貸方	本店	支店
現金預金	4,028,000	1,719,000	買掛金	901,700	561,200
売掛金	1,312,000	1,150,000	貸倒引当金	18,240	16,000
繰越商品	871,200	594,000	備品減価償却累計額	315,000	105,000
売買目的有価証券	780,000	－	車両運搬具減価償却累計額	937,500	－
備品	720,000	420,000	本店	－	1,865,000
車両運搬具	2,500,000	－	資本金	5,200,000	－
支店	1,842,000	－	利益準備金	1,000,000	－
仕入	3,800,000	2,300,000	繰越利益剰余金	1,320,000	－
支払家賃	936,000	660,000	売上	8,400,000	5,200,000
給料	996,000	732,000	受取手数料	63,000	8,800
広告宣伝費	382,800	181,000	受取配当金	12,560	－
	18,168,000	7,756,000		18,168,000	7,756,000

第４問（28点）

（１）下記の各取引について工場側の仕訳をしなさい。ただし、勘定科目は、各取引の下の勘定科目の中から最も適当と思われるものを選び、記号で選択すること。なお、当社は工場会計を独立させており、材料と製品の倉庫は工場に置き、材料購入の支払いと給与の支払いは本社が行っている。

１．製品用の素材3,000kg（購入価額2,000円/kg）および補修用材料400kg（購入価額600円/kg）を掛けで購入し、工場の倉庫に搬入した。なお、購入に際し、本社は、150,000円の買入手数料を支払っている。

ア．材料　イ．買掛金　ウ．賃金　エ．製造間接費
オ．仕掛品　カ．製品　キ．本社

２．工場での賃金の消費額を計上した。直接工の作業時間の記録によれば、直接作業時間2,500時間、間接作業時間500時間であった。当工場で適用する予定総平均賃率は1,500円である。また、間接工については、前月賃金未払高200,000円、当月賃金支払高1,120,000円、当月賃金未払高180,000円であった。

ア．材料　イ．買掛金　ウ．賃金　エ．製造間接費
オ．仕掛品　カ．製品　キ．本社

３．当月に完成した製品を倉庫に搬入した。完成した製品に要した製造直接費は12,200,000円で、製造間接費は直接作業時間を配賦基準として予定配賦している。なお、当工場の年間製造間接費予算は36,000,000円、予定総直接作業時間は18,000時間であり、直接作業時間は1,400時間であった。

ア．材料　イ．買掛金　ウ．賃金　エ．製造間接費
オ．仕掛品　カ．製品　キ．本社

第５問（12点）

当工場では製品甲と製品乙を製造し、原価計算方式としては標準原価計算を採用している。次の［**資料**］にもとづいて、下記の問に答えなさい。なお、加工費予算は変動予算を用いており、配賦基準は直接作業時間としている。また、予算直接作業時間を基準操業度とし、月初・月末に仕掛品は存在しない。

［**資料**］

１．製品１個あたりの標準原価

（１）製品甲

原料費	10円/g×100g	1,000	円
加工費	1,000円/時間×1.5時間	1,500	円
		2,500	円

（２）製品乙

原料費	15円/g×120g	1,800	円
加工費	1,000円/時間×1.2時間	1,200	円
		3,000	円

２．当月の予算データ

（１）製品甲

製品甲の予算生産量は1,500個であり、変動加工費は１時間あたり600円、固定加工費は1,000,000円である。

（２）製品乙

製品乙の予算生産量は2,000個であり、変動加工費は１時間あたり600円、固定加工費は1,100,000円である。

３．当月の実績データ

	製品甲	製品乙
生産量	1,600個	2,000個
原料費	1,750,000円	4,032,000円
原料消費量	162,000ｇ	252,000ｇ
加工費	2,650,000円	2,750,000円
直接作業時間	2,450時間	2,600時間

問１　予算生産量にもとづいて、製品甲の標準原価を計算しなさい。

問２　実際生産量にもとづいて、製品乙の標準原価を計算しなさい。

問３　製品乙の原料費差異を、価格差異、数量差異に分析しなさい。

問４　製品乙の加工費差異を予算差異、能率差異、操業度差異に分析しなさい。なお、能率差異は変動費のみから計算すること。

（2）当社では受注生産を行っており、製品原価の計算には実際個別原価計算を採用している。次の **[資料]** にもとづいて、当社の一連の取引について下記の問に答えなさい。

[資料]

1．原料1,500kg（購入代価400円/kg）と工場消耗品80,000円（購入代価）を掛けで購入した。当工場では購入時に予定配賦を実施しており、材料副費として原料の購入代価の10%を予定配賦している。なお、当月の材料副費の実際発生額は64,500円であった。

2．直接工の作業時間報告書によれば、加工時間は650時間、段取時間は70時間、間接作業時間は20時間、手待時間が10時間であった。また、当工場において適用される直接工の予定賃率は1時間あたり1,050円である。

3．直接作業時間を配賦基準として製造間接費を各製造指図書に予定配賦している。なお、公式法変動予算にもとづく年間の製造間接費予算は29,784,000円で、そのうち年間固定費は17,520,000円である。また、年間の予定総直接作業時間は8,760時間であり、当月の製造間接費の実際発生額は2,520,000円である。

問1　材料副費差異を計算しなさい。

問2　間接労務費の金額を計算しなさい。

問3　製造間接費の予定配賦額を計算しなさい。

問4　操業度差異を計算しなさい。

1．本店が支店へ商品￥152,000（仕入価額）を移送したが、支店は誤って￥125,000と記帳していた。

2．支店は本店の広告宣伝費￥12,000を現金で立替払いしたが、本店、支店ともに会計処理が未処理であった。

3．本店は支店の売掛金￥50,000を現金で回収したが、支店では未処理であった。

［資料Ⅲ］ 決算整理事項等

1．本店・支店とも売上債権残高の２％にあたる貸倒引当金を差額補充法により設定する。

2．商品の期末棚卸高は次のとおりである。なお、棚卸減耗損および商品評価損は、総勘定元帳においては、棚卸減耗損および商品評価損を仕入勘定に振り替えず独立の費用として処理するが、外部報告用の損益計算書では売上原価に含めて表示すること。

本　店（未処理事項考慮後）

原　　　　価：@￥600　正味売却価額：@￥630

帳簿棚卸数量：1,220個　実地棚卸数量：1,200個

支　店（未処理事項考慮後）

原　　　　価：@￥650　正味売却価額：@￥620

帳簿棚卸数量：900個　　実地棚卸数量：860個

3．有形固定資産の減価償却

備　　　品：本店・支店とも、残存価額ゼロ、耐用年数８年、200％定率法で処理

車両運搬具：総利用可能距離200,000km　当期の利用距離25,000km、残存価額ゼロ、生産高比例法で処理

4．有価証券は売買目的で保有しており、期末時点の時価は￥820,000である。

5．経過勘定項目（本店・支店）

本　店：給料の未払分　￥75,000　　支　店：給料の未払分　￥40,000

6．支店で算出された損益（各自算定）が本店に報告された。

販売費及び一般管理費	2,170,000	1,869,800	受取利息	159,000	46,200
貸倒引当金繰入	20,400	22,800	受取配当金	180,000	70,000
支払利息	23,800	33,600	土地売却益	39,000	20,000
当期純利益	821,000	100,000			
	8,057,000	6,856,200		8,057,000	6,856,200

1．P社は×0年３月31日にＳ社の発行済株式総数（5,000株）の70％を805,000千円で取得して支配を獲得し、それ以降Ｓ社を連結子会社として連結財務諸表を作成している。Ｓ社の純資産の部の変動は次のとおりであった。

	×0年３月31日	×1年３月31日
資本金	700,000千円	700,000千円
利益剰余金	210,000千円	470,000千円

2．Ｓ社は×1年３月期において100,000千円、当期において80,000千円の配当を行っている。

3．のれんは10年にわたり定額法で償却を行っている。

4．Ｐ社はＳ社に対して掛けで商品を販売している。当期のＰ社の売上高のうち、1,800,000千円はＳ社に対する売上高である。また、当年度末にＳ社が保有する商品のうちＰ社から仕入れた商品は480,000千円、期首の商品残高にＰ社からの商品が380,000千円が含まれており、商品の売上総利益率は20％である。

5．Ｐ社の売掛金のうち、780,000千円はＳ社に対する売掛金である。本年度よりＳ社への売掛金に対し１％の貸倒引当金を設定する。

6．Ｐ社の長期貸付金のうち、800,000千円はＳ社に対する貸付金である。貸付金は前期に年利率２％、利払い年１回（12月末日）の条件で貸し付けたものであり、決算において利息の未収分が計上されている。

7．Ｓ社は当年度中に土地（帳簿価額100,000千円）を、Ｐ社に対して120,000千円で売却した。Ｐ社は当期末現在において当該土地を保有している。

8．退職給付に関しては、退職給付引当金を退職給付に係る負債に振り替える。

4．新株1,000株（1株の払込金額は￥50,000）を発行して増資を行うことになり、払い込まれた1,000株分の申込証拠金は別段預金に預け入れていた。その後、株式の払込期日となったので、申込証拠金を資本金に充当し、別段預金を当座預金に預け替えた。なお、資本金には会社法が規定する最低額を組み入れることとする。

ア．資本金　イ．別段預金　ウ．当座預金　エ．株式申込証拠金
オ．資本準備金　カ．利益準備金　キ．繰越利益剰余金

5．新潟商事株式会社を吸収合併し、新たに当社の株式10,000株（合併時点の時価@￥2,850）を発行し、これを新潟商事の株主に交付した。なお、新潟商事の諸資産の簿価は￥50,000,000、諸資産の時価は￥51,000,000、諸負債の簿価は￥20,000,000、諸負債の時価は￥21,000,000であった。また、合併にあたっては、取得の対価のうち60%を資本金、40%をその他資本剰余金として計上することとした。

ア．諸資産　イ．資本金　ウ．諸負債　エ．資本準備金
オ．のれん　カ．負ののれん発生益　キ．その他資本剰余金

（２）当工場では、A製品とB製品を製造・販売しており、原価計算方法としては、組別総合原価計算を採用している。直接材料費は各製品に直課し、加工費は機械稼働時間（A製品：16,000時間、B製品：14,000時間）にもとづいて各製品に実際配賦しており、仕掛品の払出単価の計算は先入先出法、製品の払出単価の計算は平均法を採用している。次の［**資料**］にもとづいて、答案用紙の組別総合原価計算表と月次損益計算書（一部）を完成しなさい。

［資料］

1．当月の原価データ

直接材料費	A製品	3,700,000円	B製品	2,475,000円
加工費	3,000,000円			

2．当月の生産・販売データ

完成品	A製品	550個	B製品	500個
販売品	A製品	500個	B製品	450個
販売単価	A製品	15,000円	B製品	12,000円

3．月初・月末在庫量

		A製品	B製品
月初在庫量	仕掛品	150個（60%）	50個（40%）
	製品	50個	0個
月末在庫量	仕掛品	100個（40%）	100個（80%）
	製品	100個	50個

（注）（　　）内は加工費進捗度を示す。直接材料は工程の始点で投入している。

	買掛金	250,000
	退職給付引当金	450,000
	貸倒引当金	6,280
	建物減価償却累計額	593,750
	備品減価償却累計額	477,000
	資本金	3,280,000
	繰越利益剰余金	493,000
	売上	9,685,000
	固定資産売却益	125,030
4,575,000	仕入	
3,360,780	給料	
15,537,560		15,537,560

当期の増設築工事による増加部分は、この建物の残存耐用年数20年、残存価額はゼロとして定額法により月割りで償却すること。

建　　物：耐用年数は30年、残存価額はゼロとして、定額法を用いて計算する。

備　　品：耐用年数は10年、残存価額はゼロとして、200%定率法を用いて計算する。

4．満期保有目的債券は、当期の10月１日に他社が発行した社債（額面総額￥1,500,000、利率年１%、利払日は年１回（９月末）、償還期間は４年）を発行と同時に取得したものである。額面総額と取得価額の差額は金利の調整を表しているので、償却原価法（定額法）により処理する。

5．買掛金の中に、ドル建買掛金￥134,400（1,200ドル、仕入時の為替相場１ドル￥112）が含まれている。なお、決算時の為替相場は、１ドル￥114であった。

6．従業員に対する退職給付債務を見積もった結果、期末に引当金として計上すべき残高は￥425,000と見積もられた。

7．建設仮勘定の￥59,000は以前に取得した中古建物であるが、調査した結果、使用できる見込みがなくなったため決算時に除却処理を行うこととした。

8．法人税、住民税及び事業税について、税引前当期純利益の30%を計上する。なお、仮払法人税等は中間納付にかかわるものである。

問１　×1年度の財務諸表における各勘定の金額を答えなさい。

問２　×2年度の財務諸表における為替差損益勘定の金額を答えなさい。

問３　仮に、×2年２月１日に下記の取引を行っていた場合の×1年度の財務諸表における各勘定の金額を答えなさい。

×2年２月１日	×1年９月１日の500ドルについて、為替予約を付した。なお、為替予約にともなう差額はすべて当期の損益として処理している。

問４　×1年９月１日の500ドルに対し、取引発生日に為替予約を付した場合の×1年度の財務諸表における各勘定の金額を答えなさい。

問題２

当社がリース取引によって調達している備品の状況は、以下のとおりである。なお、当期の会計期間は×1年４月１日から×2年３月31日の１年である。

名称	リース開始日	リース期間	リース料支払日	年額リース料	見積現金購入価額
A備品	×1年４月１日	６年	毎年３月末日	16,000千円	90,000千円
B備品	×1年７月１日	５年	毎年６月末日	12,800千円	60,000千円
C備品	×2年２月１日	３年	毎年１月末日	12,000千円	33,900千円

このうちA備品、B備品にかかるリース取引は、ファイナンス・リース取引と判定された。これらの備品の減価償却は、リース期間を耐用年数とする定額法で行う。

問１　会計処理を利子込み法で行った場合の×1年度の財務諸表上の各勘定の金額を答えなさい。

問２　会計処理を利子抜き法で行った場合の×1年度の財務諸表上の各勘定の金額を答えなさい。

オ．契約負債　　カ．返金負債　　キ．受取手形

4．普通預金口座に、品川建設株式会社の株式に対する期末配当金￥120, 000（源泉所得税20％を控除後）の入金があった旨の通知があった。

ア．普通預金　　イ．当座預金　　ウ．租税公課　　エ．仮払法人税等
オ．受取手数料　　カ．受取配当金　　キ．有価証券利息

5．決算にあたり、本店が支払った支払家賃￥1, 250, 000につき、その５分の２を長野支店が負担するよう本店より指示があったので、長野支店はこの指示にしたがって支払家賃を計上した。なお、当社は支店独立会計制度を導入しており、本店側の仕訳は答えなくてよい。

ア．支店　　イ．本店　　ウ．仕入　　エ．売上
オ．支払手数料　　カ．支払家賃　　キ．未払金

当期製品生産量	1,000個	1,500個
当期製品販売量	1,000個	1,000個
期末製品在庫量	0個	500個

3．販売費および一般管理費

前々期および前期における変動販売費は１個あたり100円である。また、固定販売費および一般管理費は250,000円である。

4．損益計算書

全部原価計算における損益計算書は、下記のとおりである。

	前々期	前　期
売　上　高	2,000,000円	2,000,000円
売　上　原　価	1,400,000円	1,200,000円
売　上　総　利　益	600,000円	800,000円
販売費および一般管理費	350,000円	350,000円
営　業　利　益	250,000円	450,000円

月初有高　　300kg（@520円/kg）

当月仕入高　4,500kg（@530円/kg）

2．当月の直接材料消費量・直接作業時間・機械稼働時間（＃101および＃201は当月に完成している）

製造指図書番号	＃101	＃201	＃301
直接材料消費量	1,200kg	1,500kg	1,900kg
直接作業時間	100時間	150時間	130時間
機械稼働時間	250時間	360時間	230時間

3．直接材料費に関する資料

予定消費単価　500円/kg

4．賃金に関する資料

予定平均賃率　1,200円/時間

5．製造間接費予算（公式法変動予算）

変動費　300円/時間　　年間固定費　4,320,000円　　年間予定機械稼働時間　10,800時間

6．当月の製造間接費実際発生額　675,000円

問１　当月における製造指図書に対する製造間接費の予定配賦額合計を計算しなさい。なお、製造間接費の配賦基準は機械稼働時間である。

問２　製造指図書＃101および＃201の完成品原価を計算しなさい。なお、＃201には188,000円の月初仕掛品原価が計上されている。

問３　直接材料費の材料消費価格差異を計算しなさい。実際消費単価は先入先出法にもとづいて計算する。なお、棚卸減耗等はなかった。

問４　製造間接費差異を予算差異と操業度差異に分析し計算しなさい。

9．退職給付引当金の当期の負担に属する金額は、￥100,000であった。

は1台あたり￥15,000で販売しており、販売条件として静岡物産株式会社への年間販売数量が2,000台に達した場合、1台あたり￥1,500のリベートを当社が支払う契約を締結している。なお、静岡物産株式会社への年間販売台数は3,000台と予測している。

ア．売掛金　　イ．売上　　ウ．契約資産　　エ．未収入金
オ．契約負債　　カ．返金負債　　キ．受取手形

5．顧客に対するサービス提供が完了し、契約額￥2,000,000を収益に計上した（翌月末受取）。また、それまでに仕掛品に計上されていた諸費用￥1,200,000と追加で発生した外注費￥150,000との合計額を原価に計上した（翌月末支払）。なお、外注費は買掛金で処理すること。

ア．役務原価　　イ．前払金　　ウ．仕掛品　　エ．役務収益
オ．売掛金　　カ．買掛金　　キ．前受金

［資料］

1．補助部門費の配賦に関する月次予算データ

配　賦　基　準	合　　計	仕上部門	組立部門	動力部門	修繕部門	工場事務部門
従　業　員　数	110人	60人	30人	12人	6人	2人
修　繕　時　間	350時間	180時間	120時間	30時間	―	20時間
動　力　消　費　量	1,100kwh	650kwh	350kwh	―	100kwh	―

2．月次直接作業時間データ

	仕上部門	組立部門
予定直接作業時間	5,000時間	2,500時間
実際直接作業時間	4,800時間	2,400時間

問１　月次予算部門別配賦表を完成しなさい。なお、補助部門費の配賦は直接配賦法により、適切なデータのみ選んで使用すること。

問２　仕上部門費および組立部門費の予定配賦額と実際配賦額の差額を答えなさい。なお、当月の仕上部門費の実際配賦率は１時間あたり550円、組立部門費の実際配賦率は１時間あたり780円であった。

985,000	満期保有目的債券	
600,000	長期貸付金	
	支払手形	403,000
	買掛金	576,000
	長期借入金	1,000,000
	資本金	7,200,000
	利益準備金	276,000
	繰越利益剰余金	382,600
	売上	8,880,725
	有価証券利息	12,000
	固定資産売却益	80,000
6,771,000	仕入	
819,000	給料	
216,000	租税公課	
150,000	固定資産売却損	
19,216,325		19,216,325

生じたものであり、取得後10年間にわたって定額法で償却している。

7．満期保有目的債券は、×4年４月１日に他社が発行した社債(額面総額 ￥1,000,000、利率年1.2%、償還日は×8年３月31日)を額面 @￥100につき @￥98で取得したものであり、償却原価法(定額法)で評価している。

8．長期貸付金は、当期の１月１日に貸付期間４年、利率年２%、利払いは年１回(12月末)の条件で貸し付けたものである。決算にあたって、貸付利息の未収分を月割計算で計上する。

9．長期借入金に関する未払利息￥13,500を計上する。

10．法人税、住民税及び事業税について決算整理を行う。仮払法人税等￥121,600は中間納付にかかわるものである。なお、当期の費用計上額のうち ￥13,000 は、税法上の課税所得の計算にあたって損金算入が認められない。法人税等の法定実効税率は30%である。

11．上記10．の損金算入が認められない費用計上額￥13,000(将来減算一時差異)について、税効果会計を適用する。

売　掛　金　200,000千円　　　買　掛　金　200,000千円

5．Ｓ社は当年度中に土地（帳簿価額150,000千円）を、Ｐ社に対して155,000千円で売却した。なお、Ｐ社は当期末現在において当該土地を保有している。

オ．契約負債　　カ．返金負債　　キ．受取手形

5．旅行業を営む東海トラベルは、ツアーを催行し、宿泊費、交通費など、￥500,000につき普通預金口座を通じて支払った。なお、ツアー代金合計￥800,000は事前に現金で受け取っている。

ア．役務原価　　イ．前受金　　ウ．旅費交通費　　エ．役務収益
オ．現金　　カ．普通預金　　キ．仮受金

間　接　工　賃　金	40,000円	36,000円
工場従業員給料	63,000円	60,000円

4．製造経費の当期発生高は下記のとおりである。なお、製造経費のうち水道料のみが変動費である。

水道料　140,000円

賃借料　155,000円

減価償却費　210,000円

その他　135,000円

5．変動製造間接費は直接労務費の40%を予定配賦している。なお、配賦差異は変動売上原価に賦課する。

6．販売費・一般管理費は下記のとおりである。なお、一般管理費はすべて固定費である。

変動販売費　485,000円

固定販売費　315,000円

一般管理費　355,000円

[資料]にもとづいて、下記の問に答えなさい。なお、当社では直接材料費は予定消費単価(@580円/kg)、製造間接費は固定予算（月間予算は780,000円）にもとづく予定配賦率を使用して計算しており、当月の実際製造間接費は815,000円であった。

[資料]

1．当月の直接材料購入量・在庫量（先入先出法を採用している）

月初在庫量　　400 kg（実際購入単価　600円/kg）
当月購入量　1,600 kg（実際購入単価　650円/kg）
月末在庫量　　200 kg（棚卸減耗等はなかった）
当月消費量　1,800 kg（＃101：1,000kg、＃101-1：200kg、＃201：600kg）

2．当月の原価計算表（一部）

製造指図書番号	＃101	＃101-1	＃201	合　計
直接労務費	319,000 円	64,000 円	191,000 円	574,000 円
製造間接費	296,000 円	110,000 円	334,000 円	740,000 円

3．当月の生産状況

（1）製造指図書　＃101および＃201は当月に着手し、当月末までに＃101は完成し、＃201は未完成であった。
（2）製造指図書　＃101-1は、一部仕損となった101を合格品とするために発行した補修指図書である。なお、仕損は正常なものであり、補修は当月中に開始し、当月中に完了している。

問１　当月の材料消費価格差異を計算しなさい。
問２　当月の完成品原価および月末仕掛品原価を計算しなさい。
問３　当月の予算差異を計算しなさい。
問４　当月の操業度差異を計算しなさい。

	建物減価償却累計額	2,000,000
	資本金	12,000,000
	繰越利益剰余金	2,076,800
28,000	その他有価証券評価差額金	
	売上	36,496,000
	受取利息	24,000
27,000,000	仕入	
4,091,200	給料	
360,000	販売費	
120,000	減価償却費	
1,440,000	火災未決算	
55,696,000		55,696,000

備品：耐用年数は６年、残存価額はゼロとして、定額法を用いて計算する。

5．長期貸付金は、X4年10月１日に期間５年、年利率４％、利払日は毎年３月31日と９月30日の年２回の条件で他社に貸し付けたものである。貸付額につき８％の貸倒引当金を計上する。なお、貸付金に対する貸倒引当金繰入について損金算入が認められなかったため、税効果会計を適用する。

6．その他有価証券は、前期末に全部純資産直入法にもとづき時価評価した差額について、期首に戻し入れる洗替処理を行っていなかった。そのため、決算整理前残高試算表の繰延税金資産は、前期末に当該株式に対して税効果会計を適用した際に生じたものであり、これ以外に期首時点における税効果会計の適用対象はなかった。なお、当期末の時価は¥3,080,000である。

7．未払法人税等¥821,600を計上する。なお、仮払法人税等は中間納付によるものである。

8．繰延税金資産と繰延税金負債を相殺し、その純額を固定資産または固定負債として貸借対照表に表示する。

9月1日	備品購入	乙備品を購入し、当座預金口座を通じて支払った。 （取得価額：￥300,000　残存価額：ゼロ　耐用年数：4年　200%定率法）
12月31日	備品の除却	甲備品を除却した。なお、甲備品の見積処分価額は￥150,000である。
3月31日	リース料の支払い	リース取引につき、年間のリース料を当座預金口座より振り込んだ。
〃	決算整理	決算に際して、固定資産の減価償却を行った。なお、期中に取得した備品、および機械装置については月割計算にて減価償却費を行うこと。

問1　×4年度（×4年4月1日～×5年3月31日）における備品の減価償却費を答えなさい。

問2　×5年度（×5年4月1日～×6年3月31日）における甲備品の除却損の金額を答えなさい。

問3　×5年度（×5年4月1日～×6年3月31日）における減価償却費を答えなさい。

問4　総勘定元帳における機械装置勘定およびリース資産勘定への記入を行いなさい。

問5　上記機械装置に税効果会計を適用した場合に必要となる仕訳を示しなさい。なお、税法上の対応年数は8年（償却率0.250）であり、法人税、住民税及び事業税の実効税率は30%である。また、仕訳を行うにあたり、勘定科目は下記より最も適当と思われるものを選び、記号で解答すること。

ア．法人税、住民税及び事業税　　イ．法人税等調整額　　ウ．繰延税金資産　　エ．繰延税金負債

器￥120,000およびオフィス家具￥60,000を販売する契約を締結しており、オフィス家具￥60,000の引渡しについては来月の末日を予定している。なお、オフィス機器￥120,000に対する代金は、オフィス家具￥60,000の引渡しが完了した後に請求する契約となっており、￥120,000はまだ顧客との契約から生じた債権となっていない。また、オフィス機器とオフィス家具は別個の独立した履行義務であり、それぞれ栃木物産株式会社へ引き渡された時点で履行義務が充足する。

ア．売掛金　イ．売上　ウ．契約資産　エ．未収入金
オ．契約負債　カ．返金負債　キ．前受金

5．当期の株主総会において、その他資本剰余金より￥300,000、繰越利益剰余金より￥600,000の配当を決定した。なお、当社の資本金は￥20,000,000、資本準備金は￥1,000,000、利益準備金は￥600,000であり、配当金の10分の1を準備金として積み立てる。

ア．繰越利益剰余金　イ．資本金　ウ．資本準備金　エ．利益準備金
オ．別途積立金　カ．未払配当金　キ．その他資本剰余金

問１　直接材料費差異の金額を計算しなさい。

問２　直接労務費差異が賃率差異、時間差異に分析される場合の時間差異を計算しなさい。

問３　製造間接費に関する差異を予算差異、能率差異、操業度差異に分析しなさい。なお、能率差異は変動費のみで計算するものとする。

問４　仮に能率差異が変動費と固定費から計算する場合の金額を計算しなさい。

1．生産データ

	第１工程	第２工程
月初仕掛品	500 個（0.2）	250 個（0.4）
当月投入	8,950	8,750
合計	9,450 個	9,000 個
正常減損	250	500
月末仕掛品	450 （0.8）	1,000 （0.6）
完成品	8,750 個	7,500 個

（注）材料は工程の始点で投入し、（　　）内は加工費の進捗度である。

2．原価データ

	第１工程	第２工程
月初仕掛品原価		
原料費（前工程費）	90,000円	125,000円
加工費	35,000円	34,000円
小計	125,000円	159,000円
当月製造費用		
原料費（前工程費）	1,750,000円	（　?　）円
加工費	2,880,200円	2,975,000円
小計	4,630,200円	（　?　）円
投入額合計	4,755,200円	（　?　）円

	備品減価償却累計額	500,000
	資本金	3,000,000
	繰越利益剰余金	349,450
50,000	その他有価証券評価差額金	
	売上	2,300,000
	有価証券利息	4,050
	受取配当金	55,000
1,280,000	仕入	
500,000	給料	
125,000	広告宣伝費	
18,000	保険料	
7,575,000		7,575,000

減耗損および商品評価損は独立の科目として処理する。

帳簿棚卸数量：100個　仕入単価：@￥600

実地棚卸数量：　90個　正味売却価額：@￥550

5．建物、備品とも残存価額ゼロ、定額法にて減価償却を行う。建物の耐用年数は30年、備品の耐用年数は8年である。

なお、備品のうち￥300,000は当期の10月1日に購入したものであり、残存価額はゼロ、耐用年数は8年として定額法により月割で減価償却を行う。

6．売買目的有価証券の内訳は次のとおりである。

なお、B社社債（額面総額￥360,000、利率年1.5%、利払日は12月末日の年1回）は、当期首に取得したものである。利息の計算は、月割計算によること。

A社株式　帳簿価額：￥220,000　時価：￥195,000

B社社債　帳簿価額：￥300,000　時価：￥320,000

7．その他有価証券の当期末の時価は￥850,000である。なお、前期末に全部純資産直入法にもとづき時価評価した差額について、期首に洗替処理を行っていなかったため適正に処理すること。

8．保険料は、毎年同額を7月1日に1年分前払いしている。

9．法人税、住民税及び事業税として￥72,000計上する。

売掛金	650,000千円	買掛金	620,000千円
貸付金	240,000千円	借入金	240,000千円
売上高	2,700,000千円	仕入高	2,670,000千円
受取利息	12,500千円	支払利息	12,500千円

5．当年度末にP社が保有する商品のうちS社から仕入れた商品は450,000千円であり、S社がP社に対して販売する商品の売上総利益率は25%であった。また、P社の期首の商品残高にS社からの商品が380,000千円含まれている。なお、当期の未処理事項に関しては含まれていないため、適正に処理する。

6．本年度よりP社への売掛金に対し1%の貸倒引当金を設定する。

7．P社は当年度中に土地（帳簿価額160,000千円）を、S社に対して195,000千円で売却した。S社は当期末現在において当該土地を保有している。

4．海外の得意先に対して、製品 80,000ドルを２か月後に決済の条件で輸出した（輸出時の為替相場は１ドル￥112）。なお、事前に２か月後に50,000ドルを１ドル￥108で売却する為替予約が結ばれており、この為替予約の分については振当処理を行う。

ア．仕入　　イ．売上　　ウ．買掛金　　エ．売掛金
オ．為替差損益　　カ．受取手形　　キ．受取利息

5．繰越利益剰余金が￥1,000,000の借方残高となっていたため、株主総会の決議によって、資本準備金￥2,500,000、利益準備金￥2,000,000を取り崩すこととした。なお、利益準備金の取崩額は、繰越利益剰余金とした。

ア．繰越利益剰余金　　イ．資本金　　ウ．利益準備金　　エ．その他資本剰余金
オ．別途積立金　　カ．資本準備金　　キ．未払配当金

費はすべて完成品に負担させる。

ア．価格差異　　イ．仕掛品　　ウ．製造間接費　　エ．材料副費差異
オ．数量差異　　カ．製品　　キ．材料　　ク．材料副費

（2）当工場では材料としてA原料およびB消耗品を使用している。次の［**資料**］にもとづいて、答案用紙の各勘定に適切な金額を記入しなさい。なお、当工場では、材料に関する取引について、月末に仕訳帳に仕訳し、材料勘定に合計転記している。

［**資料**］

1．材料費に関する資料

A原料の消費高は継続記録法によって製造指図書（＃101、＃201）ごとに把握し、消費価格は実際消費価格とする。B消耗品の消費高は棚卸計算法によって把握し、当月末の実地棚卸によればB消耗品の月末有高は23,000円であった。

A　原　料

4月1日	月初有高	80,000円
4月3日	仕入れ	500,000円
4月10日	払出（＃101）	330,000円
4月15日	仕入れ	550,000円
4月18日	払出（＃201）	660,000円

B　消　耗　品

4月1日	月初有高	18,000円
4月5日	仕入れ	150,000円
4月18日	仕入れ	115,000円

2．製造間接費に関する資料

製造間接費は、A原料消費高を配賦基準として各製造指図書に予定配賦している。製造間接費の年間予算額は13,500,000円であり、A原料の年間予定消費高は9,000,000円である。

	買掛金	1,305,000
	仮受消費税	785,000
	賞与引当金	300,000
	長期借入金	1,800,000
	資本金	7,500,000
	資本準備金	700,000
	利益準備金	500,000
	繰越利益剰余金	490,950
	売上	7,850,000
	有価証券利息	30,000
5,200,000	仕入	
1,137,450	給料手当	
300,000	賞与引当金繰入	
7,500	支払利息	
112,500	手形売却損	
23,976,950		23,976,950

建物：耐用年数は40年、残存価額はゼロとして、定額法を用いて計算する。

備品：耐用年数は10年、残存価額はゼロとして、200%定率法を用いて計算する。

4．消費税の処理（税抜方式）を行う。

5．満期保有目的債券は、前期の４月１日に他社が発行した社債（額面総額￥1,500,000、利率年２%、利払日は年１回（３月末）、償還期間は６年）を発行と同時に取得したものである。額面総額と取得価額の差額は金利の調整を表しているので、償却原価法（定額法）により処理する。

6．買掛金の中に、ドル建買掛金￥216,000（2,000ドル、仕入時の為替相場１ドル￥108）が含まれており、決算時の為替相場は、１ドル￥113であった。

7．賞与引当金は、年２回の賞与の支給に備えて×2年10月から×3年２月まで、毎月￥60,000を計上してきたが、期末に支給見積額が￥450,000となり追加計上を行う。

8．長期借入金は、当期の１月１日に借入期間４年、利率年３%、利払いは年１回（12月末）の条件で借り入れたものである。決算にあたって、借入利息の未払分を月割計算で計上する。

9．法人税、住民税及び事業税について、税引前当期純利益の30%を計上する。なお、仮払法人税等￥30,000は中間納付にかかわるものである。

期にその他有価証券の売買取引は行われていない。

（２）　当期純利益￥1, 450, 000を計上した。

4．x1年12月１日に、１か月前の11月１日の輸入取引によって生じた外貨建ての買掛金20,000ドル（決済日はx2年３月31日）について、20,000ドルを１ドル￥112で購入する為替予約を契約して振当処理を行うこととした。為替予約による円換算額との差額はすべて当期の損益として処理すること。なお、輸入取引が行われたx1年11月１日の直物為替相場は１ドル￥109であり、またx1年12月１日の直物為替相場は１ドル￥110である。

ア．仕入
イ．買掛金
ウ．前払金
エ．為替差損益
オ．未払金
カ．支払手形
キ．前受金

5．株主総会が開催され、繰越利益剰余金を財源に１株につき￥20の配当を実施することが可決された（発行済株式総数は400,000株）。なお、株主総会開催直前の純資産は、資本金￥100,000,000、資本準備金￥20,000,000、利益準備金￥4,500,000、別途積立金￥15,000,000、および繰越利益剰余金￥9,000,000であった。会社法に定める金額の利益準備金を積み立てる。

ア．繰越利益剰余金
イ．資本金
ウ．資本準備金
エ．利益準備金
オ．別途積立金
カ．未払配当金
キ．その他資本剰余金

5

［資料］

1．生産データ

月初仕掛品	500 個	(0.4)	A製品	5,000個
当月投入	11,000		B製品	3,000個
合計	11,500 個		C製品	2,000個
正常仕損	1,100			
月末仕掛品	400	(0.75)		
完成品	10,000 個			

（注）材料は工程の始点で投入し、（　　）内は加工費の進捗度である。

2．原価データ

	直接材料費	加工費
月初仕掛品	150,000円	70,000円
当月製造費用	4,400,000円	6,720,000円
計	4,550,000円	6,790,000円

3．製品1個あたりの重量

A製品　1.3kg
B製品　2.5kg
C製品　3.0kg

4．その他資料

（1）製品原価の計算方法は、1か月の完成品総合原価を製品1個あたりの重量によって定められた等価係数に完成量を乗じた積数の比で各等級製品に按分する方法を採用している。

（2）正常仕損は工程の終点で発生したので、正常仕損費はすべて完成品に負担させる。

（3）この仕損品の処分価額はゼロである。

	車両運搬具減価償却累計額	870,000
5,000,000	土　　　　地	
	買　　掛　　金	1,850,000
	長 期 借 入 金	6,000,000
	退職給付引当金	520,000
	資　　本　　金	9,650,000
	繰越利益剰余金	1,073,550
	売　　　　上	26,500,000
	固定資産売却益	990,000
16,750,000	仕　　　　入	
7,200,000	給　　　　料	
635,000	修　　繕　　費	
300,000	保　　険　　料	
124,000	支 払 手 数 料	
131,000	支　払　利　息	
320,000	投資有価証券売却損	
51,514,000		51,514,000

倒引当金を設定する。

3．有形固定資産の減価償却は次のとおりである。

建　　　物：耐用年数は20年、残存価額はゼロとして、定額法で計算する。なお、新規取得分は月割で減価償却を行う。

備　　　品：耐用年数は５年、残存価額はゼロとして、200%定率法で計算する。

車両運搬具：残存価額はゼロとして、生産高比例法で計算する。なお、総走行可能距離は150,000kmで、当期の走行距離は12,000kmである。

4．売買目的有価証券の期末における時価は¥580,000であった。

5．従業員に対する退職給付債務を見積もった結果、期末に引当金として計上すべき残高は¥650,000と見積もられた。

6．保険料はかねてより毎年同額を７月１日に向こう１年分をまとめて支払っており、保険料の前払額を月割計算で計上する。

7．税引前当期純利益の30%を法人税、住民税および事業税として計上する。なお、仮払法人税等は中間納付にかかわるものである。

期首（×5年４月１日）に小切手を振り出して取得し子会社化した。そのときの名古屋物産株式会社の純資産は、資本金￥40,000,000、資本準備金￥12,000,000および繰越利益剰余金￥8,000,000であり、かつ資産・負債とも時価と帳簿価額は一致していた。

（１）　名古屋物産株式会社の株式取得時の仕訳をしなさい。

（２）　名古屋物産株式会社を子会社化したことによる、×6年３月期の連結修正仕訳を答えなさい。なお、東日本株式会社は、のれんを取得時から20年間にわたり、定額法で償却している。

また、名古屋物産株式会社の当期純利益は￥4,000,000であり、剰余金の配当を行っていない。

①　投資と資本の相殺消去

②　のれんの償却

③　非支配株主に帰属する当期純損益の振替

ア．その他資本剰余金	イ．子会社株式	ウ．当座預金	エ．損益
オ．資本金	カ．繰越利益剰余金	キ．のれん	ク．資本準備金
ケ．非支配株主持分	コ．のれん償却	サ．諸口	シ．非支配株主に帰属する当期純利益

4．従業員が退職したため、退職一時金￥12, 000, 000から源泉所得税分￥2, 500, 000を控除した残額を当座預金から支払っている。なお、当社では従業員の退職時に支払われる退職一時金の給付は内部積立方式により行っている。

ア．預り金	イ．退職給付費用	ウ．当座預金	エ．普通預金
オ．退職給付引当金	カ．未払金	キ．立替金	

5．定時株主総会を開催し、繰越利益剰余金￥5, 500, 000の処分を決定した。なお、資本金は￥90, 000, 000、資本準備金は￥10, 000, 000、利益準備金は￥4, 500, 000であり、発行済株式数は3, 000株である。

株主配当金：１株につき￥500　　利益準備金：会社法が定める金額　　別途積立金：￥700, 000

ア．繰越利益剰余金	イ．資本金	ウ．資本準備金	エ．利益準備金
オ．別途積立金	カ．未払配当金	キ．その他資本剰余金	

勝者の日商簿記２級　本試験徹底分析予想模試

2025年度版

〈別冊〉答案用紙

別冊の使い方

この用紙を残したまま、冊子をていねいに抜き取ってください。
色紙は本体から取れませんのでご注意ください。
また、冊子をコピーすれば、何度でも活用することができます。

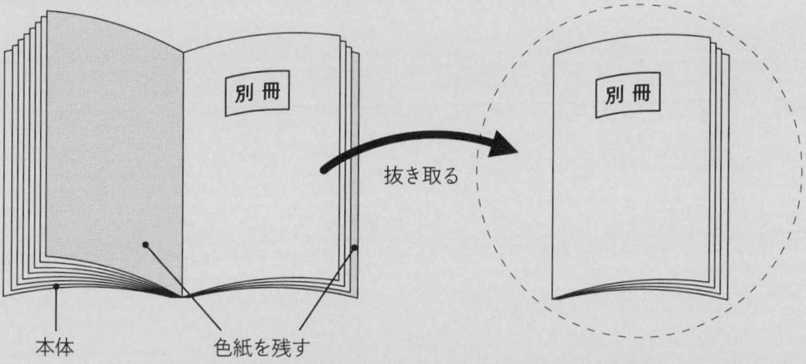

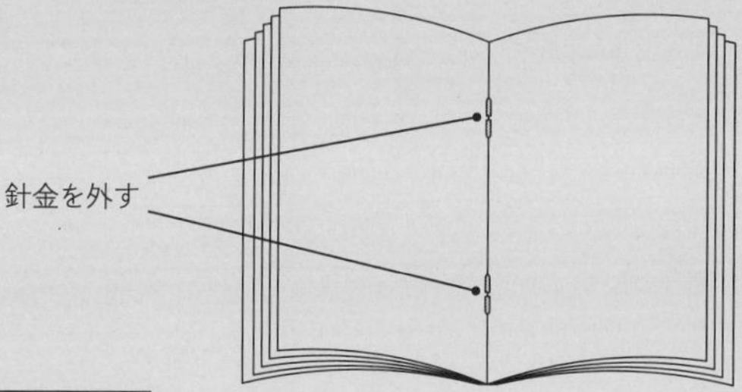

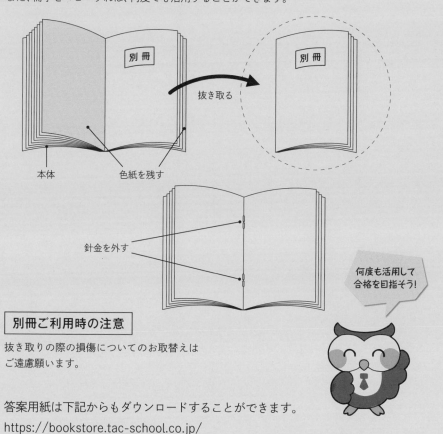

別冊ご利用時の注意

抜き取りの際の損傷についてのお取替えは
ご遠慮願います。

答案用紙は下記からもダウンロードすることができます。

https://bookstore.tac-school.co.jp/

※ダウンロードデータを許可なく配布したりWebサイト等に転載したりすることはできません。
　また、本データは予告なく終了することがあります。あらかじめご了承ください。

日商簿記２級予想問題　第１回　答案用紙　　２ 級 ① 商 業 簿 記

第１問（20点）

	借方		貸方	
	記号	金額	記号	金額
1	(　　)		(　　)	
	(　　)		(　　)	
	(　　)		(　　)	
	(　　)		(　　)	
	(　　)		(　　)	
2	(　　)		(　　)	
	(　　)		(　　)	
	(　　)		(　　)	
	(　　)		(　　)	
	(　　)		(　　)	
3	(　　)		(　　)	
	(　　)		(　　)	
	(　　)		(　　)	
	(　　)		(　　)	
	(　　)		(　　)	

日商簿記２級予想問題　第１回　答案用紙　　２ 級 ② 商 業 簿 記

第２問（20点）

問１

（１）

借方科目（記号）	金　　額	貸方科目（記号）	金　　額
（　　）		（　　）	
（　　）		（　　）	
（　　）		（　　）	
（　　）		（　　）	

（２）

総 勘 定 元 帳

の れ ん　　15

日	付	摘　　要	仕丁	借　　方	日	付	摘　　要	仕丁	貸　　方
4	1	前 期 繰 越	✓	2,550,000	3	31	（　　）	3	
	〃	（　　）	1			〃	（　　）	✓	

問２

第３問（20点）

損益計算書

自×2年４月１日　至×3年３月31日　　（単位：円）

Ⅰ 売上高		(　　　)
Ⅱ 売上原価		
1 期首商品棚卸高	(　　　)	
2 当期商品仕入高	(　　　)	
合計	(　　　)	
3 期末商品棚卸高	(　　　)	
差引	(　　　)	
4 棚卸減耗損	(　　　)	
5 商品評価損	(　　　)	(　　　)
売上総利益		(　　　)
Ⅲ 販売費及び一般管理費		
1 給料	(　　　)	
2 修繕費	(　　　)	
3 保険料	(　　　)	

第４問（28点）

（１）

	借方		貸方	
	記号	金額	記号	金額
1	（　）		（　）	
	（　）		（　）	
	（　）		（　）	
	（　）		（　）	
2	（　）		（　）	
	（　）		（　）	
	（　）		（　）	
	（　）		（　）	
3	（　）		（　）	
	（　）		（　）	
	（　）		（　）	
	（　）		（　）	

（２）

第５問（12点）

問１		個
問２		円
問３		円
問４		
問５		円

日商簿記２級予想問題　第２回　答案用紙　　２ 級 ① 商 業 簿 記

第１問（20点）

	借方		貸方	
	記号	金額	記号	金額
1	（　）		（　）	
	（　）		（　）	
	（　）		（　）	
	（　）		（　）	
	（　）		（　）	
2	（　）		（　）	
	（　）		（　）	
	（　）		（　）	
	（　）		（　）	
	（　）		（　）	
3	（　）		（　）	
	（　）		（　）	
	（　）		（　）	
	（　）		（　）	
	（　）		（　）	

第２問（20点）

株主資本等変動計算書

自x２年４月１日　至x３年３月31日

（単位：千円）

	株主資本			
	資本金	資本剰余金		
		資本準備金	その他資本剰余金	資本剰余金合計
当期首残高	25,000	2,000	1,200	3,200
当期変動額				
新株の発行	(　　)	(　　)		(　　)
剰余金の配当		(　　)	△(　　)	△(　　)
別途積立金の積立				
当期純利益				
株主資本以外の項目の当期変動額（純額）				
当期変動額合計	(　　)	(　　)	△(　　)	(　　)
当期末残高	(　　)	(　　)	(　　)	(　　)

（下段へ続く）

（上段より続く）

第３問（20点）

貸借対照表

×3年３月31日　　（単位：円）

資産の部			負債の部	
Ⅰ 流動資産			Ⅰ 流動負債	
現金預金		(　　)	支払手形	(　　)
受取手形	(　　)		買掛金	(　　)
売掛金	(　　)		未払費用	(　　)
計	(　　)		未払法人税等	(　　)
貸倒引当金	(　　)	(　　)	未払消費税	(　　)
商品		(　　)	賞与引当金	(　　)
流動資産合計		(　　)	流動負債合計	(　　)
Ⅱ 固定資産			Ⅱ 固定負債	
建物	(　　)		長期借入金	(　　)
減価償却累計額	(　　)	(　　)	固定負債合計	(　　)
備品	(　　)		負債合計	(　　)
減価償却累計額	(　　)	(　　)	純資産の部	
投資有価証券		(　　)	Ⅰ 資本金	(　　)
固定資産合計		(　　)	Ⅱ 資本剰余金	

日商簿記２級予想問題　第２回　答案用紙　　　２ 級 ④ 工 業 簿 記

第４問（28点）

（１）

	借方		貸方	
	記号	金額	記号	金額
1	（　　）		（　　）	
	（　　）		（　　）	
	（　　）		（　　）	
	（　　）		（　　）	
2	（　　）		（　　）	
	（　　）		（　　）	
	（　　）		（　　）	
	（　　）		（　　）	
3	（　　）		（　　）	
	（　　）		（　　）	
	（　　）		（　　）	
	（　　）		（　　）	

（２）

第５問（12点）

総合原価計算表

（単位：円）

	X 原料	Y 原料	Z 原料	加工費	合計
月初仕掛品	1,000,000	240,000	—	510,000	1,750,000
当月投入	7,350,000	4,150,000	1,240,000	8,798,000	21,538,000
合計	8,350,000	4,390,000	1,240,000	9,308,000	23,288,000
月末仕掛品	(　　)	(　　)	(　　)	(　　)	(　　)
差引	(　　)	(　　)	(　　)	(　　)	(　　)
仕損品評価額					(　　)
完成品原価					(　　)

日商簿記２級予想問題　第３回　答案用紙　　　　２ 級 ① 商 業 簿 記

第１問（20点）

	借方		貸方	
	記号	金額	記号	金額
1	(　　)		(　　)	
	(　　)		(　　)	
	(　　)		(　　)	
	(　　)		(　　)	
	(　　)		(　　)	
2	(　　)		(　　)	
	(　　)		(　　)	
	(　　)		(　　)	
	(　　)		(　　)	
	(　　)		(　　)	
3	(　　)		(　　)	
	(　　)		(　　)	
	(　　)		(　　)	
	(　　)		(　　)	
	(　　)		(　　)	

第２問（20点）

連　結　精　算　表　　（単位：千円）

科　目	個別財務諸表		修正・消去		連結財務諸表
	P　社	S　社	借　方	貸　方	
貸借対照表					
現金預金	1,350,000	158,000			
売掛金	3,200,000	2,800,000			
貸倒引当金	△32,000	△28,000			△
商品	1,280,000	620,000			
貸付金	720,000	100,000			
土地	780,000	195,000			
建物	1,500,000	150,000			
減価償却累計額	△750,000	△105,000			△
のれん					
投資有価証券	1,000,000	225,000			
S社株式	575,000				
資産合計	9,623,000	4,115,000			
買掛金	1,980,000	1,770,000			
借入金	555,000	1,495,000			
資本金	4,000,000	500,000			

日商簿記２級予想問題　第３回　答案用紙　　２　級　③　商　業　簿　記

第３問（20点）

決算整理後残高試算表

借方残高	勘定科目	貸方残高
	現金	
	当座預金	
	受取手形	
	売掛金	
	前払保険料	
	未収有価証券利息	
	売買目的有価証券	
	繰越商品	
	建物	
	備品	
	その他有価証券	
	買掛金	
	未払金	
	未払法人税等	
	貸倒引当金	

日商簿記２級予想問題　第３回　答案用紙　　２ 級 ④ 工 業 簿 記

第４問（28点）

（１）

	借方		貸方	
	記号	金額	記号	金額
1	(　　)		(　　)	
	(　　)		(　　)	
	(　　)		(　　)	
	(　　)		(　　)	
2	(　　)		(　　)	
	(　　)		(　　)	
	(　　)		(　　)	
	(　　)		(　　)	
3	(　　)		(　　)	
	(　　)		(　　)	
	(　　)		(　　)	
	(　　)		(　　)	

（２）

第５問（12点）

問１

直接材料費差異	円　（有利差異・不利差異）

（有利差異・不利差異）のいずれか囲みなさい。

問２

時間差異	円　（有利差異・不利差異）

（有利差異・不利差異）のいずれか囲みなさい。

問３

予算差異	円　（有利差異・不利差異）
能率差異	円　（有利差異・不利差異）
操業度差異	円　（有利差異・不利差異）

（有利差異・不利差異）のいずれか囲みなさい。

問４

能率差異	円　（有利差異・不利差異）

（有利差異・不利差異）のいずれか囲みなさい。

第１問（20点）

	借方		貸方	
	記号	金額	記号	金額
1	(　)		(　)	
	(　)		(　)	
	(　)		(　)	
	(　)		(　)	
	(　)		(　)	
2	(　)		(　)	
	(　)		(　)	
	(　)		(　)	
	(　)		(　)	
	(　)		(　)	
3	(　)		(　)	
	(　)		(　)	
	(　)		(　)	
	(　)		(　)	
	(　)		(　)	

第２問（20点）

問１　減価償却費　¥ [　　　　]

問２　備品の除却損　¥ [　　　　]

問３　減価償却費　¥ [　　　　]

問４

機 械 装 置

7/1	当座預金	(　　　)	7/1	固定資産圧縮損	(　　　)
			3/31	減価償却費	(　　　)
			〃	次期繰越	(　　　)
		(　　　)			(　　　)

リ ー ス 資 産

4/1	リース債務	(　　　)	3/31	減価償却費	(　　　)
			〃	次期繰越	(　　　)
		(　　　)			(　　　)

第3問（20点）

貸借対照表
X5年3月31日
（単位：円）

資産の部

Ⅰ 流動資産		
現金及び預金		(　　　)
売掛金	(　　　)	
貸倒引当金	(　　　)	(　　　)
商品		(　　　)
未収入金		(　　　)
流動資産合計		(　　　)
Ⅱ 固定資産		
建物	(　　　)	
減価償却累計額	(　　　)	(　　　)
備品	(　　　)	
減価償却累計額	(　　　)	(　　　)
投資有価証券		(　　　)
長期貸付金	(　　　)	
貸倒引当金	(　　　)	(　　　)

日商簿記２級予想問題　第４回　答案用紙

第４問（28点）

（１）

	借方		貸方	
	記号	金額	記号	金額
1	(　)		(　)	
	(　)		(　)	
	(　)		(　)	
	(　)		(　)	
2	(　)		(　)	
	(　)		(　)	
	(　)		(　)	
	(　)		(　)	
3	(　)		(　)	
	(　)		(　)	
	(　)		(　)	
	(　)		(　)	

（２）

日商簿記2級予想問題　第4回　答案用紙　　2 級 ⑤ 工 業 簿 記

第5問（12点）

仕　掛　品

期首有高	435,000	当期完成高	(　　)
直接材料費	(　　)	期末有高	(　　)
直接労務費	(　　)		
変動製造間接費	(　　)		
	(　　)		(　　)

損益計算書

（単位：円）

Ⅰ 売上高		7,600,000
Ⅱ 変動売上原価		
1 期首製品棚卸高	530,000	
2 当期製品変動製造原価	(　　)	
合計	(　　)	
3 期末製品棚卸高	(　　)	
差引	(　　)	
4 原価差異	(　　)	(　　)

日商簿記２級予想問題　第５回　答案用紙　　２　級　①　商　業　簿　記

第１問（20点）

	借方		貸方	
	記号	金額	記号	金額
1	（　　）		（　　）	
	（　　）		（　　）	
	（　　）		（　　）	
	（　　）		（　　）	
	（　　）		（　　）	
2	（　　）		（　　）	
	（　　）		（　　）	
	（　　）		（　　）	
	（　　）		（　　）	
	（　　）		（　　）	
3	（　　）		（　　）	
	（　　）		（　　）	
	（　　）		（　　）	
	（　　）		（　　）	
	（　　）		（　　）	
	（　　）		（　　）	

日商簿記２級予想問題　第５回　答案用紙　　　２　級　②　商　業　簿　記

第２問（20点）

連　結　精　算　表　　　　（単位：千円）

科　目	個別財務諸表		修正・消去		連結財務諸表
	P　社	S　社	借　方	貸　方	
貸借対照表					
現金預金	252,000	181,500			
受取手形	445,000	382,000			
売掛金	672,000	445,000			
商品	518,000	335,000			
貸付金	210,000	197,000			
前払費用	17,000	12,500			
土地	231,000	200,000			
建物	125,000				
減価償却累計額	△　50,000				△
のれん					
S社株式	160,000				
資産合計	2,580,000	1,753,000			
支払手形	486,000	388,000			
買掛金	599,000	644,000			
前受収益	24,000	38,000			

第３問（20点）

損益計算書

自×5年４月１日　至×6年３月31日　　（単位：円）

Ⅰ 売上高		(　　　)
Ⅱ 売上原価		
1 期首商品棚卸高	(　　　)	
2 当期商品仕入高	(　　　)	
合計	(　　　)	
3 期末商品棚卸高	(　　　)	
差引	(　　　)	
4 棚卸減耗損	(　　　)	
5 商品評価損	(　　　)	(　　　)
売上総利益		(　　　)
Ⅲ 販売費及び一般管理費		
1 給料	(　　　)	
2 租税公課	(　　　)	
3 減価償却費	(　　　)	
4 貸倒損失	(　　　)	
5 のれん償却	(　　　)	(　　　)
営業利益		(　　　)

日商簿記２級予想問題　第５回　答案用紙　　　２ 級 ④　工 業 簿 記

第４問（28点）

（１）

	借方		貸方	
	記号	金額	記号	金額
1	(　　)		(　　)	
	(　　)		(　　)	
	(　　)		(　　)	
	(　　)		(　　)	
2	(　　)		(　　)	
	(　　)		(　　)	
	(　　)		(　　)	
	(　　)		(　　)	
3	(　　)		(　　)	
	(　　)		(　　)	
	(　　)		(　　)	
	(　　)		(　　)	

（２）

問１

日商簿記２級予想問題　第５回　答案用紙　　２ 級 ⑤ 工 業 簿 記

第５問（12点）

問１		円
問２		％
問３		円
問４		円

問５

販売価格差異		円	（有利差異 ・ 不利差異）
販売数量差異		円	（有利差異 ・ 不利差異）

（有利差異・不利差異）のいずれか囲みなさい。

日商簿記２級予想問題　第６回　答案用紙　　　２ 級 ① 商 業 簿 記

第１問（20点）

	借方		貸方	
	記号	金額	記号	金額
1	(　　)		(　　)	
	(　　)		(　　)	
	(　　)		(　　)	
	(　　)		(　　)	
	(　　)		(　　)	
2	(　　)		(　　)	
	(　　)		(　　)	
	(　　)		(　　)	
	(　　)		(　　)	
	(　　)		(　　)	
3	(　　)		(　　)	
	(　　)		(　　)	
	(　　)		(　　)	
	(　　)		(　　)	
	(　　)		(　　)	
	(　　)		(　　)	

日商簿記２級予想問題　第６回　答案用紙　　２ 級 ② 商 業 簿 記

第２問（20点）

株主資本等変動計算書

自×2年４月１日　至×3年３月31日　　（単位：千円）

	株主資本			
	資本金	資本剰余金		
		資本準備金	その他資本剰余金	資本剰余金合計
当期首残高	（　　）	（　　）	（　　）	（　　）
当期変動額				
剰余金の配当				
新築積立金の積立				
吸収合併	（　　）	（　　）	（　　）	（　　）
新株の発行	（　　）	（　　）		（　　）
当期純利益				
当期変動額合計	（　　）	（　　）	（　　）	（　　）
当期末残高	（　　）	（　　）	（　　）	（　　）

（下段へ続く）

第３問（20点）

精　算　表

勘定科目	残高試算表		修正記入		損益計算書		貸借対照表	
	借方	貸方	借方	貸方	借方	貸方	借方	貸方
現金	199,800							
当座預金	510,000							
受取手形	210,000							
売掛金	3,100,000							
繰越商品	2,400,000							
前払利息	9,000							
未収入金	149,400							
建物	1,215,000							
備品	480,000							
土地	1,463,000							
長期貸付金	375,000							
長期前払保険料	24,000							
支払手形		261,000						
電子記録債務		818,000						
借入金		900,000						
買掛金		812,400						
未払給料		135,000						

第４問（28点）

（１）

	借方		貸方	
	記号	金額	記号	金額
1	(　　)		(　　)	
	(　　)		(　　)	
	(　　)		(　　)	
	(　　)		(　　)	
2	(　　)		(　　)	
	(　　)		(　　)	
	(　　)		(　　)	
	(　　)		(　　)	
3	(　　)		(　　)	
	(　　)		(　　)	
	(　　)		(　　)	
	(　　)		(　　)	

（２）

第５問（12点）

損益計算書（直接原価計算）

	前々期	前　期
売上高	（　　　）	（　　　）
変動費	（　　　）	（　　　）
貢献利益	（　　　）	（　　　）
固定費	（　　　）	（　　　）
営業利益	（　　　）	（　　　）

日商簿記２級予想問題　第７回　答案用紙　　２ 級 ① 商 業 簿 記

第１問（20点）

	借方		貸方	
	記号	金額	記号	金額
1	（　　）		（　　）	
	（　　）		（　　）	
	（　　）		（　　）	
	（　　）		（　　）	
	（　　）		（　　）	
2	（　　）		（　　）	
	（　　）		（　　）	
	（　　）		（　　）	
	（　　）		（　　）	
	（　　）		（　　）	
3	（　　）		（　　）	
	（　　）		（　　）	
	（　　）		（　　）	
	（　　）		（　　）	
	（　　）		（　　）	
	（　　）		（　　）	

第２問（20点）

問題１

問１

売掛金	¥	
買掛金	¥	
為替差損益	¥　（　）	差益の場合は益、差損の場合は損とカッコに記入

問２

為替差損益	¥　（　）	差益の場合は益、差損の場合は損とカッコに記入

問３

買掛金	¥	
為替差損益	¥　（　）	差益の場合は益、差損の場合は損とカッコに記入

問４

買掛金	¥	
為替差損益	¥　（　）	差益の場合は益、差損の場合は損とカッコに記入

第３問（20点）

損益計算書

自×1年４月１日　至×2年３月31日　（単位：円）

Ⅰ 売上高		9,685,000
Ⅱ 売上原価		
1 期首商品棚卸高	（　　）	
2 当期商品仕入高	（　　）	
合計	（　　）	
3 期末商品棚卸高	（　　）	
差引	（　　）	
4 棚卸減耗損	（　　）	
5 商品評価損	（　　）	（　　）
売上総利益		（　　）
Ⅲ 販売費及び一般管理費		
1 給料	3,360,780	
2 貸倒損失	（　　）	
3 貸倒引当金繰入	（　　）	
4 減価償却費	（　　）	

日商簿記2級予想問題　第7回　答案用紙　　2 級 ④ 工 業 簿 記

第4問（28点）

（1）

	借方		貸方	
	記号	金額	記号	金額
1	(　　)		(　　)	
	(　　)		(　　)	
	(　　)		(　　)	
	(　　)		(　　)	
2	(　　)		(　　)	
	(　　)		(　　)	
	(　　)		(　　)	
	(　　)		(　　)	
3	(　　)		(　　)	
	(　　)		(　　)	
	(　　)		(　　)	
	(　　)		(　　)	

（2）

組別総合原価計算表　（単位：円）

第５問（12点）

損益計算書（全部原価計算）（単位：円）

売上高	（　　）
売上原価	（　　）
配賦差異	（　　）
売上総利益	（　　）
販売費	（　　）
一般管理費	（　　）
営業利益	（　　）

損益計算書（直接原価計算）（単位：円）

売上高	（　　）
変動売上原価	（　　）
変動製造マージン	（　　）
変動販売費	（　　）
貢献利益	（　　）
固定費	（　　）
営業利益	（　　）

第１問（20点）

	借方		貸方	
	記号	金額	記号	金額
1	（　）		（　）	
	（　）		（　）	
	（　）		（　）	
	（　）		（　）	
	（　）		（　）	
2	（　）		（　）	
	（　）		（　）	
	（　）		（　）	
	（　）		（　）	
	（　）		（　）	
3	（　）		（　）	
	（　）		（　）	
	（　）		（　）	
	（　）		（　）	
	（　）		（　）	
	（　）		（　）	

第2問（20点）

連結貸借対照表

×2年3月31日まで　（単位：千円）

現金預金	(　　)	買掛金	(　　)
売掛金	(　　)	未払費用	(　　)
貸倒引当金	△ (　　)	長期借入金	(　　)
未収収益	(　　)	退職給付に係る負債	(　　)
商品	(　　)	資本金	(　　)
土地	(　　)	利益剰余金	(　　)
のれん	(　　)	非支配株主持分	(　　)
長期貸付金	(　　)		
投資有価証券	(　　)		
	(　　)		(　　)

連結損益計算書

自×1年4月1日　至×2年3月31日　（単位：千円）

Ⅰ 売上高	(　　)
Ⅱ 売上原価	(　　)
売上総利益	(　　)

第３問（20点）

損　　益

日付		摘要	金額	日付		摘要	金額
3	31	仕入		3	31	売上	
	〃	支払家賃			〃	受取手数料	
	〃	給料			〃	受取配当金	
	〃	広告宣伝費			〃	有価証券評価益	
	〃	棚卸減耗損			〃	支店	
	〃	貸倒引当金繰入					
	〃	減価償却費					
	〃	繰越利益剰余金					

日商簿記２級予想問題　第８回　答案用紙　　２ 級 ④　工 業 簿 記

第４問（28点）

（１）

	借方		貸方	
	記号	金額	記号	金額
1	(　　)		(　　)	
	(　　)		(　　)	
	(　　)		(　　)	
	(　　)		(　　)	
2	(　　)		(　　)	
	(　　)		(　　)	
	(　　)		(　　)	
	(　　)		(　　)	
3	(　　)		(　　)	
	(　　)		(　　)	
	(　　)		(　　)	
	(　　)		(　　)	

（２）

第５問（12点）

問１

製品甲の標準原価		円

問２

製品乙の標準原価		円

問３

価格差異		円	（有利差異 ・ 不利差異）
数量差異		円	（有利差異 ・ 不利差異）

（有利差異・不利差異）のいずれか囲みなさい。

問４

予算差異		円	（有利差異 ・ 不利差異）

操業度差異	円　（有利差異　・　不利差異）

（有利差異・不利差異）のいずれか囲みなさい。

問1

材料副費差異	円　（有利差異　・　不利差異）

（有利差異・不利差異）のいずれか囲みなさい。

問2

間接労務費	円

問3

予定配賦額	円

問4

操業度差異	円　（有利差異　・　不利差異）

（有利差異・不利差異）のいずれか囲みなさい。

	営業利益	(　　　　　)
Ⅳ	営業外収益	(　　　　　)
Ⅴ	営業外費用	(　　　　　)
	経常利益	(　　　　　)
Ⅵ	特別利益	(　　　　　)
	当期純利益	(　　　　　)
	非支配株主に帰属する当期純利益	(　　　　　)
	親会社株主に帰属する当期純利益	(　　　　　)

4	(　　)		(　　)	
	(　　)		(　　)	
	(　　)		(　　)	
	(　　)		(　　)	
5	(　　)		(　　)	
	(　　)		(　　)	
	(　　)		(　　)	
	(　　)		(　　)	
	(　　)		(　　)	

	A 製 品		B 製 品	
	直接材料費	加　工　費	直接材料費	加　工　費
月初仕掛品原価	720,000	270,000	215,000	52,000
当月製造費用	3,700,000		2,475,000	
合　　計				
月末仕掛品原価				
完成品総合原価				

月次損益計算書（一部）

（単位：円）

売上高		(　　　)
売上原価		
月初製品棚卸高	428,000	
当月製品製造原価	(　　　)	
小計	(　　　)	
月末製品棚卸高	(　　　)	(　　　)
売上総利益		(　　　)

5 退職給付費用	(　　　　)	
6 修繕費	(　　　　)	(　　　　)
営業利益		(　　　　)
Ⅳ 営業外収益		
1 有価証券利息		(　　　　)
Ⅴ 営業外費用		
1 為替差損		(　　　　)
経常利益		(　　　　)
Ⅵ 特別利益		
1 固定資産売却益		125, 030
Ⅶ 特別損失		
1 固定資産除却損		(　　　　)
税引前当期純利益		(　　　　)
法人税、住民税及び事業税		(　　　　)
当期純利益		(　　　　)

問題２

問１

リース資産（取得原価）	千円
支払利息	－
リース債務	千円
減価償却費	千円
支払リース料	千円

問２

リース資産（取得原価）	千円
支払利息	千円
リース債務	千円
減価償却費	千円
支払リース料	千円

4	(　　)		(　　)	
	(　　)		(　　)	
	(　　)		(　　)	
	(　　)		(　　)	
5	(　　)		(　　)	
	(　　)		(　　)	
	(　　)		(　　)	
	(　　)		(　　)	
	(　　)		(　　)	

製造間接費の予定配賦額	円

問２

完成品原価　＃１０１	円
完成品原価　＃２０１	円

問３

材料消費価格差異	円	（有利差異　・　不利差異）

（有利差異・不利差異）のいずれか囲みなさい。

問４

予算差異	円	（有利差異　・　不利差異）
操業度差異	円	（有利差異　・　不利差異）

（有利差異・不利差異）のいずれか囲みなさい。

貸倒引当金		17,500						
建物減価償却累計額		117,300						
備品減価償却累計額		270,500						
資本金		1,552,500						
資本準備金		1,164,000						
利益準備金		183,000						
繰越利益剰余金		1,887,450						
売上		16,672,000						
受取利息		31,500						
仕入	9,790,150							
給料	5,415,000							
減価償却費	96,800							
支払利息	60,000							
	25,497,150	25,497,150						
貸倒引当金繰入								
棚卸減耗損								
保険料								
退職給付費用								
前払保険料								
当期純利益								

	利益剰余金				
	利益準備金	その他利益剰余金		利益剰余金合計	株主資本合計
		新築積立金	繰越利益剰余金		
当期首残高	(　　)	(　　)	(　　)	(　　)	(　　)
当期変動額					
剰余金の配当	(　　)		(　　)	(　　)	(　　)
新築積立金の積立		(　　)	(　　)	—	—
吸収合併					(　　)
新株の発行					(　　)
当期純利益			(　　)	(　　)	(　　)
当期変動額合計	(　　)	(　　)	(　　)	(　　)	(　　)
当期末残高	(　　)	(　　)	(　　)	(　　)	(　　)

4	(　　)		(　　)	
	(　　)		(　　)	
	(　　)		(　　)	
	(　　)		(　　)	
5	(　　)		(　　)	
	(　　)		(　　)	
	(　　)		(　　)	
	(　　)		(　　)	
	(　　)		(　　)	

月次予算部門別配賦表　　　　（単位：円）

費目	合計	製造部門		補助部門		
		仕上部門	組立部門	動力部門	修繕部門	工場事務部門
部門費	4,500,000	1,020,000	1,180,000	800,000	600,000	900,000
工場事務部門費						
修繕部門費						
動力部門費						
製造部門費						

問2

仕上部門費

配賦差異	円　（有利差異　・　不利差異）

（有利差異・不利差異）のいずれか囲みなさい。

組立部門費

配賦差異	円　（有利差異　・　不利差異）

（有利差異・不利差異）のいずれか囲みなさい。

2	受取利息	(　　　)	
3	貸倒引当金戻入	(　　　)	(　　　)
Ⅴ	営業外費用		
1	支払利息		(　　　)
	経常利益		(　　　)
Ⅵ	特別利益		
1	固定資産売却益		(　　　)
Ⅶ	特別損失		
1	固定資産売却損		(　　　)
	税引前当期純利益		(　　　)
	法人税、住民税及び事業税	(　　　)	
	法人税等調整額	(△　　　)	(　　　)
	当期純利益		(　　　)

資本金	400,000	150,000			
資本剰余金	200,000	30,000			
利益剰余金	550,000	83,000			
非支配株主持分					
負債純資産合計	2,580,000	1,753,000			
損益計算書					
売上高	2,184,000	1,512,000			
売上原価	1,219,600	1,097,400			
販売費及び一般管理費	651,000	403,200			
のれん償却					
受取利息	7,280	1,120			
支払利息	5,600	2,520			
手形売却損	8,800	7,000			
土地売却益		5,000			
当期純利益	306,280	8,000			
非支配株主に帰属する当期純利益					
親会社株主に帰属する当期純利益	306,280	8,000			

4	(　　)		(　　)	
	(　　)		(　　)	
	(　　)		(　　)	
5	(　　)		(　　)	
	(　　)		(　　)	
	(　　)		(　　)	
	(　　)		(　　)	
	(　　)		(　　)	

Ⅲ 変動販売費		(　　　)
貢献利益		(　　　)
Ⅳ 固定費		
1 製造固定費	(　　　)	
2 固定販売費・一般管理費	(　　　)	(　　　)
営業利益		(　　　)

問1

材料消費価格差異	円　（有利差異・不利差異）

（有利差異・不利差異）のいずれか囲みなさい。

問2

完成品原価	円
月末仕掛品原価	円

問3

予算差異	円　（有利差異・不利差異）

（有利差異・不利差異）のいずれか囲みなさい。

問4

操業度差異	円　（有利差異・不利差異）

（有利差異・不利差異）のいずれか囲みなさい。

資産合計	(　　　　)

負債の部

I　流動負債	
買掛金	(　　　　)
未払法人税等	(　　　　)
流動負債合計	(　　　　)
II　固定負債	
繰延税金負債	(　　　　)
固定負債合計	(　　　　)
負債合計	(　　　　)

純資産の部

I　株主資本	
資本金	(　　　　)
繰越利益剰余金	(　　　　)
株主資本合計	(　　　　)
II　評価・換算差額等	
その他有価証券評価差額金	(　　　　)
評価・換算差額等合計	(　　　　)
純資産合計	(　　　　)
負債純資産合計	(　　　　)

問５

借方科目（記号）	金　額	貸方科目（記号）	金　額
（　　）		（　　）	
（　　）		（　　）	
（　　）		（　　）	
（　　）		（　　）	

4	(　　)		(　　)	
	(　　)		(　　)	
	(　　)		(　　)	
5	(　　)		(　　)	
	(　　)		(　　)	
	(　　)		(　　)	
	(　　)		(　　)	
	(　　)		(　　)	

5

第１工程完成品原価		円
第２工程月末仕掛品の加工費		円
第２工程完成品原価		円

	備品減価償却累計額	
	資本金	
	繰越利益剰余金	
	その他有価証券評価差額金	
	売上	
	有価証券利息	
	受取配当金	
	仕入	
	給料	
	広告宣伝費	
	保険料	
	貸倒引当金繰入	
	棚卸減耗損	
	減価償却費	
	商品評価損	
	有価証券評価損	
	法人税、住民税及び事業税	

非支配株主持分					
負債純資産合計	9,623,000	4,115,000			
損益計算書					
売上高	5,800,000	4,800,000			
売上原価	4,000,000	3,450,000			
販売費及び一般管理費	1,550,000	1,255,000			
貸倒引当金繰入	36,000	24,000			
のれん償却					
受取利息	35,000	33,000			
受取配当金	200,000	50,000			
支払利息	17,000	24,000			
土地売却益	35,000				
当期純利益	467,000	130,000			
非支配株主に帰属する当期純利益					
親会社株主に帰属する当期純利益					

4	(　　)		(　　)	
	(　　)		(　　)	
	(　　)		(　　)	
5	(　　)		(　　)	
	(　　)		(　　)	
	(　　)		(　　)	
	(　　)		(　　)	
	(　　)		(　　)	

月初有高	(　　　)	直接材料費	(　　　)
当月仕入高	(　　　)	間接材料費	(　　　)
		月末有高	(　　　)
	(　　　)		(　　　)

製造間接費

間接材料費	(　　　)	予定配賦額	(　　　)
間接労務費	490,000	配賦差異	(　　　)
間接経費	750,000		
	(　　　)		(　　　)

仕掛品

月初有高	245,000	当月完成高	(　　　)
直接材料費	(　　　)	月末有高	300,000
直接労務費	780,000		
製造間接費	(　　　)		
	(　　　)		(　　　)

			利益準備金	(　　)	
			繰越利益剰余金	(　　)	(　　)
			純資産合計		(　　)
資産合計		(　　)	負債及び純資産合計		(　　)

	利益剰余金				株主資本合計	その他有価証券評価差額金	評価・換算差額等合計	純資産合計
	利益準備金	その他利益剰余金		利益剰余金合計				
		別途積立金	繰越利益剰余金					
当期首残高	750	200	1,250	2,200	30,400	50	50	30,450
当期変動額								
新株の発行					(　)			(　)
剰余金の配当	(　)		△(　)	△(　)	△(　)			△(　)
別途積立金の積立		(　)	△(　)	－	－			－
当期純利益			(　)	(　)	(　)			(　)
株主資本以外の項目の当期変動額（純額）						(　)	(　)	(　)
当期変動額合計	(　)	(　)	(　)	(　)	(　)	(　)	(　)	(　)
当期末残高	(　)	(　)	(　)	(　)	(　)	(　)	(　)	(　)

4	(　　)		(　　)	
	(　　)		(　　)	
	(　　)		(　　)	
5	(　　)		(　　)	
	(　　)		(　　)	
	(　　)		(　　)	
	(　　)		(　　)	
	(　　)		(　　)	

5

問２　完成品総合原価　＿＿＿＿＿＿円

問３　完成品総合原価（A製品）　＿＿＿＿＿＿円

問４　完成品総合原価（C製品）　＿＿＿＿＿＿円

6　減価償却費	(　　)	
7　退職給付費用	(　　)	(　　)
営業利益		(　　)
Ⅳ 営業外収益		
1　有価証券評価益		(　　)
Ⅴ 営業外費用		
1　支払利息		(　　)
経常利益		(　　)
Ⅵ 特別利益		
1　固定資産売却益		(　　)
Ⅶ 特別損失		
1　投資有価証券売却損		(　　)
税引前当期純利益		(　　)
法人税、住民税及び事業税		(　　)
当期純利益		(　　)

(1)		(　　)		(　　)	
		(　　)		(　　)	
		(　　)		(　　)	
		(　　)		(　　)	
(2)	①	(　　)		(　　)	
		(　　)		(　　)	
		(　　)		(　　)	
		(　　)		(　　)	
	②	(　　)		(　　)	
		(　　)		(　　)	
		(　　)		(　　)	
		(　　)		(　　)	
	③	(　　)		(　　)	
		(　　)		(　　)	
		(　　)		(　　)	
		(　　)		(　　)	

4	(　　)		(　　)	
	(　　)		(　　)	
	(　　)		(　　)	
5	(　　)		(　　)	
	(　　)		(　　)	
	(　　)		(　　)	
	(　　)		(　　)	
	(　　)		(　　)	